MANUAL DE TIPOLOGIA BÍBLICA

2ª EDIÇÃO

Dados Internacionais de Catalogação na Publicação (CIP)
(Câmara Brasileira do Livro, SP, Brasil)

Habershon, Ada, 1861-1918
Manual de tipologia bíblica : como reconhecer e interpretar símbolos, tipos e alegorias das escrituras sagradas / Ada Habershon ; tradução Gordon Chown. -- 2. ed. -- Guarulhos, SP : Editora Vida, 2023.

Título original: *The Study of the Types*

ISBN 978-65-5584-421-4

1. Bíblia N.T. Estudo e ensino 2. Escrituras cristãs 3. Símbolos 4. Tipologia (Teologia). I. Chown, Gordon. II. Título.

23-153553 CDD-220.07

Índice para catálogo sistemático:

1. Escrituras Sagradas : Estudo 220.7
Tábata Alves da Silva - Bibliotecária - CRB-8/9253-0

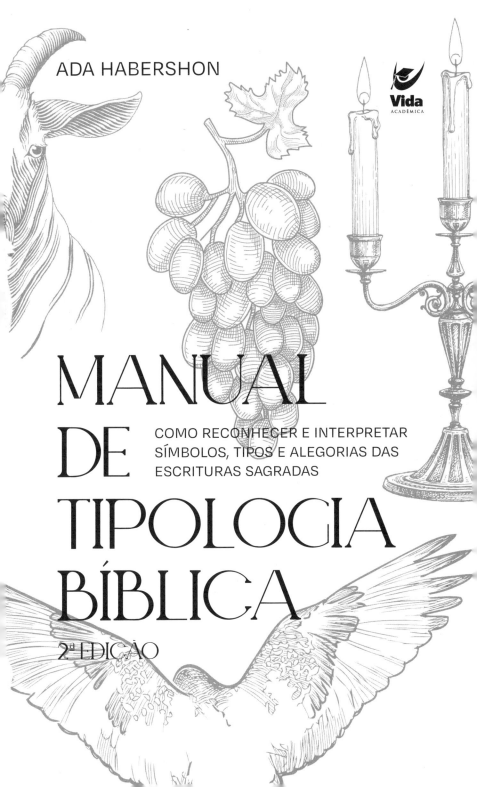

MANUAL DE TIPOLOGIA BÍBLICA
©1957 e 1974, de Ada Habershon
Originalmente publicado nos EUA
com o título *Study of the Types*
Edição brasileira © 2003, 2023, Editora Vida
Publicação com permissão contratual da
KREGEL PUBLICATIONS (Grand Rapids,
Michigan 49501, EUA)

EDITORA VIDA
Rua Conde de Sarzedas, 246 — Liberdade
CEP 01512-070 — São Paulo, SP
Tel.: 0 xx 11 2618 7000
atendimento@editoravida.com.br
www.editoravida.com.br
@editora_vida /editoravida

Todos os direitos desta edição em língua
portuguesa reservados e protegidos por Editora
Vida pela Lei 9.610, de 19/02/1998.

É proibida a reprodução desta obra por quaisquer
meios (físicos, eletrônicos ou digitais), salvo em
breves citações, com indicação da fonte.

■

Exceto em caso de indicação em contrário,
todas as citações bíblicas foram extraídas de *Nova Versão
Internacional* (NVI) © 1993, 2000, 2011 by International
Bible Society, edição publicada por Editora Vida.
Todos os direitos reservados.

Todas as citações bíblicas e de terceiros foram adaptadas
segundo o Acordo Ortográfico da Língua Portuguesa,
assinado em 1990, em vigor desde janeiro de 2009.

■

Editor responsável: Gisele Romão da Cruz
Editor-assistente: Aline Lisboa M. Canuto
Revisão de provas: Contexto
Revisão do Acordo Ortográfico: Emanuelle G. Malecka
Tradução: Gordon Chown
Projeto gráfico e diagramação: Marcelo Alves de Souza
Capa: Thiago Bech

As opiniões expressas nesta obra refletem o ponto de vista
de seus autores e não são necessariamente equivalentes
às da Editora Vida ou de sua equipe editorial.

Os nomes das pessoas citadas na obra foram alterados nos
casos em que poderia surgir alguma situação embaraçosa.

Todos os grifos são do autor, exceto indicação em contrário.

1. edição: 2003
2. edição: maio 2023

Esta obra foi composta em *Adobe Garamond Pro*
e impressa por Promove Artes Gráficas sobre papel
Pólen Natural 70 g/m² para Editora Vida.

SUMÁRIO

■ **PRIMEIRA PARTE**
O ESTUDO DOS TIPOS

PREFÁCIO **9**

INTRODUÇÃO **11**

1. Razões para estudar os tipos **19**
2. Tipos duplos **25**
3. O agrupamento dos tipos.................................... **33**
4. Tipos do Calvário **39**
5. Tipos da ressurreição.. **51**
6. Habitações de Deus **59**
7. A arca da aliança **67**
8. A sétupla provisão de Deus para a purificação... **77**
9. As ofertas... **93**
10. Cores e substâncias típicas **105**
11. As roupas do crente **113**
12. Lugares típicos.. **121**
13. Personagens típicas **133**
14. Tipos de Cristo como o pastor.......................... **147**
15. Tipos do Espírito Santo.................................... **155**
16. A majestade dos céus.. **167**

- **APÊNDICES**
  1. Verbos típicos... **177**
  2. Moisés, um tipo de Cristo............................. **179**
  3. José, um tipo de Cristo.................................. **185**

- **SEGUNDA PARTE**

  ## SACERDOTES E LEVITAS COMO TIPOS DA IGREJA

  INTRODUÇÃO.. **195**
  1. Os sacerdotes e os levitas são tipos da igreja.... **205**
  2. O lugar do serviço... **229**
  3. Todos os tipos de serviço.............................. **237**
  4. Repouso e serviço futuros............................. **265**

PRIMEIRA PARTE

O ESTUDO DOS TIPOS

PREFÁCIO

O conteúdo destes capítulos já foi apresentado em vários estudos bíblicos. O objetivo deles não é tanto a tentativa de explicar os tipos individuais, a respeito dos quais foram escritos tantos volumes, quanto despertar interesse pelo estudo como um todo e enfatizar a importância de comparar um tipo com outro. Além de esse método parecer ser o modo mais seguro de chegar ao significado dos tipos separadamente, também é valioso por oferecer evidências da presença de um só Espírito que inspira a totalidade.

Não foi possível fazer mais que sugerir alguns dos vários métodos segundo os quais os tipos possam ser agrupados entre si, e oferecer amostras da grande variedade que existe entre eles.

Esses estudos são leves esboços, muito imperfeitos, de um panorama. Em muitos casos, preencher pormenores em demasia teria envolvido a perda de vista dos contornos principais dos quadros; mas, se alguns se sentirem induzidos a explorar por conta própria, descobrirão as belezas ilimitadas que os envolvem por todos os lados.

Seria impossível reconhecer todos os canais através dos quais foram recebidas tantas informações preciosas no tocante aos tipos. Lemos um livro ou escutamos uma preleção, e algum pensamento nos chamou a atenção; tomamos nota dele e se torna nosso. Outros pensamentos são acrescentados a respeito do mesmo assunto, e não demoramos para nos esquecer por meio de quem vieram. Se são dados por Deus, a identificação de suas origens não importa muito; isso porque, no estudo da Bíblia, qualquer coisa que seja realmente original, qualquer coisa que é simplesmente nossa, não vale a pena transmitir a outra pessoa. Mas se, no decurso do nosso estudo, Deus abrir nossos olhos para contemplarmos coisas maravilhosas, então devemos contar aos outros o que vimos. Quando olharem por conta própria, e virem as mesmas coisas, logo se esquecerão de quem as indicou. Pode ser totalmente desconhecido o homem que achou ouro, ou seu nome pode ser logo esquecido, mas o ouro passa de mão em mão e outros são enriquecidos.

Aquele que é prefigurado nos tipos não é um mero homem, mas é Javé Deus — o grande Eu Sou; e o cenário principal prenunciado é o evento mais solene que aconteceu na terra. Ao considerarmos os tipos, portanto, e ao falar deles com nossa limitação, a terra em que pisamos é terra santa.

Seja perdoada qualquer informação nestas páginas que porventura contrarie os pensamentos de Deus e isso por amor ao grande sumo sacerdote que carrega sobre si a iniquidade nas nossas coisas santas; que ele use o que provém de si mesmo para estimular muitas pessoas a estudar de modo mais profundo e reverente sua Palavra, a fim de que o seu nome seja glorificado.

INTRODUÇÃO

—

A consideração dos tipos no Antigo Testamento é um dos assuntos mais interessantes e edificantes para o estudo da Bíblia e, ao mesmo tempo, é totalmente necessário para entendermos corretamente a Palavra de Deus.

O Antigo Testamento é frequentemente tratado como se não passasse de uma coletânea de relatos históricos, que apresenta a história do povo judeu e que ilustra os modos e costumes orientais; útil como fonte de histórias de escola dominical para crianças, mas de pouca importância prática quanto ao ensino espiritual.

A Bíblia pode ser comparada com aqueles volumes, ilustrados, que são tão frequentemente publicados, e que possuem várias gravuras de pinturas selecionadas no começo do livro, seguidas por capítulos de letras impressas que descrevem os quadros, que contam a história deles ou que narram alguma coisa a respeito do pintor. Seria difícil conceber que alguém tentasse compreender semelhantes descrições sem se referir aos quadros propriamente ditos; mas é frequentemente assim que a Bíblia é tratada.

Deus nos ofereceu uma série de quadros nos primeiros livros da Bíblia. O Novo Testamento se refere a eles e os explica; entretanto, muitas pessoas se contentam em ler o Novo Testamento sem nenhuma referência aos tipos no Antigo Testamento. Não acreditam no que Agostinho acredita: "O Novo está contido no Antigo; o Antigo é explicado pelo Novo".

"Toda a Escritura é inspirada por Deus e útil [...] para que o homem de Deus seja apto e plenamente preparado para toda boa obra"; apesar disso, existem tantas pessoas que se contentam em saber pouco ou nada a respeito de partes da Bíblia que claramente nos foram dadas por Deus com algum propósito.

Temos o privilégio de viver em tempos de muitas atividades cristãs, mas, embora exista tanta energia e zelo, é possível ocupar-se com "boas obras" sem estar "totalmente equipado" — e, assim, as próprias obras sofrem. Maria fez uma "boa obra" quando quebrou seu vaso de alabastro cheio de unguento, ungindo, assim, o Senhor; mas isto era resultado da "boa parte" que escolhera quando "se sentava aos pés de Jesus e escutava a sua palavra". Foi provavelmente ali que ficou sabendo do propósito de Jesus no tocante à ressurreição e percebeu que, se não o ungisse para o sepultamento "de antemão", não teria outra oportunidade. Jesus ainda quer que seus filhos adotem aquela postura e, em humilde dependência dele, descubram o que ele quer ensinar. Ele não pretende que leiamos o Antigo Testamento conforme leríamos a história da Grécia ou da Roma antigas. Pelo contrário, mediante o estudo cuidadoso, orientado pelo próprio Jesus, devemos descobrir seus motivos para levar os eventos a acontecer, ou permitir que acontecessem, e para nos transmitir o registro desses eventos.

O desenvolvimento e o sucesso dos empreendimentos cristãos são uma das características luminosas dos dias em que vivemos, mas não podemos fechar os olhos diante do lado escuro do quadro. Existem outras coisas que também estão crescendo e entre elas há o avanço marcante da disseminação da doutrina heterodoxa. Muitos estão abrindo mão das verdades simples da Palavra de Deus. A inspiração das Escrituras é atacada por todos os lados; a doutrina da expiação mediante a substituição é negada, ou levada em pouca conta. Ao mesmo tempo, estão sendo pregadas outras coisas, contrárias à Palavra. Isso não aconteceria tão frequentemente se os diferentes

Introdução

tipos do Antigo Testamento fossem estudados com mais cuidado e ensinados de forma mais ampla.

A tipologia do Antigo Testamento é o próprio abecedário da linguagem em que a doutrina do Novo Testamento é escrita. E, posto que muitos dos nossos grandes teólogos são reconhecidamente ignorantes quanto à tipologia, não precisaremos nos sentir surpreendidos se nem sempre são os expositores mais seguros das doutrinas.[1] Além disso, é grande a perda pessoal para quem não estuda por conta própria esse aspecto do texto bíblico. Mesmo assim, é frequente conhecermos pessoas que são crentes durante anos e que nunca dedicaram atenção aos tipos.

Muitas razões são apresentadas por essa negligência. Alguns acham que os tipos são difíceis; outros dizem que esse estudo é fantasioso; outros, que não é interessante; assim, por um motivo ou outro, ignoram o rico tesouro que, de outra forma, poderiam obter. Nem todas as coisas preciosas afloram à superfície. Precisamos escavar a fim de achá-las. Assim como escavar o primeiro poço, a obra pode ser laboriosa no início e exigir diligência, mas, quando alcançamos um rico filão de minério, somos bem recompensados ao descobrirmos que alcançamos uma mina de riquezas inexauríveis.

É muito importante entendermos qual é o significado de um tipo. Em 1Coríntios 10 lemos no tocante às várias experiências dos filhos de Israel no deserto que "Essas coisas aconteceram a eles como exemplos [lit. de modo típico]", e Paulo explica que o registro desses eventos nos é oferecido na Bíblia visando ao propósito especial, que é ensinar-nos certas lições. Essa passagem bíblica parece abranger tudo quanto aconteceu ao povo remido por Deus, na viagem do lugar da escravidão até a terra prometida. Daí podemos também chegar à conclusão de que as demais porções da história também nos foram dadas com propósito semelhante. Contudo, esses incidentes, além de nos ensinar

---

1. ANDERSON, Robert. **The literal interpretation of Scripture**. London, 1897.

lições espirituais, realmente aconteceram. Alguns que estão abandonando a fé na inspiração da Bíblia gostariam de nos levar a acreditar que, embora haja significado espiritual nessas histórias antigas, não passam de tradições e fábulas. Não seriam registros de eventos reais, mas meramente alegorias, que não devem ser entendidas literalmente, como *O peregrino,* de Bunyan. A nós, basta que o próprio Senhor e os escritores do Novo Testamento os consideravam registros verídicos de eventos que realmente aconteceram.

Certas personagens são claramente referidas no Novo Testamento como tipos. Aquelas eram pessoas vivas e reais, não personagens mitológicas que nunca viveram; fica claro que o registro da história delas foi feito para nos ensinar a respeito daqueles cuja vinda prenunciavam. A história de José é exemplo notável desse fato; quando vemos na sua vida um retrato dos "sofrimentos de Cristo e da glória que se seguiria", e do livramento que Cristo levou a efeito, entendemos por que uma porção tão grande do livro de Gênesis é dedicada à história de José. Este é provavelmente o tipo mais completo do nosso Senhor que podemos descobrir; e, de modo diferente de tantos heróis do Antigo Testamento, parece não existir nenhuma mancha em sua vida que maculasse o quadro.

No entanto, além de incidentes típicos e personagens típicas, existe outra classe muito importante de tipos, isto é, todas as coisas que foram expressamente ordenadas por Deus em conexão com os sacrifícios no tabernáculo e no templo, os quais, em todos os seus pormenores foram claramente dados como tipos, pois "O Espírito Santo assim significava" — algumas lições a respeito do Senhor e da sua obra. Alguns gostariam de nos levar a acreditar que a religião hebraica, conforme descrita nos livros de Moisés, foi meramente tomada de empréstimo das religiões pagãs em derredor; contudo, o estudo cuidadoso dos tipos não deixa lugar para duvidarmos de que a totalidade da economia levítica foi divinamente instituída para prenunciar a obra e a pessoa do próprio Senhor Jesus Cristo.

Não poderemos declarar com certeza que algo é um tipo a não ser que tenhamos alguma justificativa para tanto. Se não pudermos indicar nenhum texto do Novo Testamento com nossa autoridade, ou se não existir nenhuma expressão ou analogia que indique o antítipo, será mais seguro e mais correto chamá-lo ilustração.

Enquanto visitávamos Northfield, alguns entre nós estavam admirando o belo modelo do templo de Salomão, projetado pelo sr. Newberry, que está na biblioteca do Seminário do sr. Moody; uma senhora que escutara a nossa conversa disse não acreditar em nenhum dos tipos em si — achava tudo isso fantasioso. Procuramos explicar-lhe que um tipo legítimo era algo que Deus havia projetado para nos ensinar uma lição; e, se esse fato for comprovado genuíno no Novo Testamento, não haverá nenhum receio de sermos fantasiosos. Perguntamos a ela se não existia nenhum tipo em que ela pudesse acreditar.

— Não — disse ela. — Nenhum.

— Você não acredita que, quando João Batista disse "Vejam o Cordeiro de Deus", ele queria dizer que todos os cordeiros oferecidos em sacrifício antes eram tipos do Senhor Jesus?

— Sim — disse ela —, consigo enxergar isso.

— Você não acha que, quando Pedro fala dos crentes em termos de pedras vivas edificadas sobre uma casa espiritual, e de sacerdócio real, podemos entender que as pedras do templo e o sacerdócio levítico são tipos dos crentes?

— Sim, posso enxergar isso.

— Então, já que Hebreus nos diz que o Senhor Jesus Cristo consagrou para nós um caminho novo e vivo, "através do véu, isto é, da sua carne", não podemos dizer, sem receio, que o véu era um tipo da encarnação, e que o véu rasgado representava sua morte?

Sim, isso ela conseguia ver. Assim, depois de ter sido obrigada a reconhecer cinco ou seis tipos muito evidentes, recomendamos que ela os estudasse com eficiência, e dissemos que tínhamos certeza de que ela desejaria estudar mais sobre eles. Não demorou para ela se interessar muito por esse estudo.

Nestes dias de muitas conferências, por que nunca ouvimos falar de uma delas para o estudo dos tipos? Existem cultos para a pregação do evangelho; existem conferências sobre as verdades fundamentais; sobre a inspiração da Palavra; sobre a segunda vinda do nosso Senhor e outros assuntos proféticos; sobre a união e os privilégios da igreja, e convenções para "o aprofundamento da vida espiritual". Todos esses assuntos estão incluídos no estudo dos tipos. Onde poderemos achar mais belos temas do *evangelho* que nas cenas do Antigo Testamento, tais como o levantamento da serpente de bronze, o sacrifício do cordeiro pascal, e muitos outros? As *verdades fundamentais* são explicadas e ilustradas com clareza; isso porque doutrinas, tais como a expiação, a substituição, o valor do sangue, são ensinadas com maior clareza nos tipos que em qualquer parte das Escrituras — excetuando-se nos relatos do próprio Calvário, que os tipos prenunciavam. Nossa crença na *inspiração da Bíblia* não pode deixar de ser fortalecida por esse estudo. Acharemos *retratos proféticos* notáveis no Antigo Testamento, pois é impossível enxergar a plena beleza de muitas das instituições levíticas à parte da verdade reveladora.

No tocante aos assuntos relacionados com os privilégios e a unidade da igreja, estes também estão prenunciados repetidas vezes pelos tipos. Às vezes, declara-se que a igreja não é o assunto das profecias no Antigo Testamento; mesmo se for assim, a igreja não precisa ser excluída dos tipos. Já no segundo capítulo da Bíblia, vemos a igreja sendo prenunciada, pois ali temos o relato da formação de Eva, e da sua união com Adão, a qual, segundo Paulo nos diz em Efésios 5, é um tipo do nosso relacionamento com Cristo. Citando Gênesis 2.24: "[...] os dois se tomarão uma só carne", acrescenta: "Este é um mistério profundo; refiro-me, porém, a Cristo e à igreja".

A maioria esmagadora das convenções realizadas visam ao "aprofundamento da vida espiritual"; nos tipos, o assunto da *santidade* parece ser enfatizado mais do que todos os demais.

Nos livros de Moisés, aprendemos com maior clareza, que em qualquer outro lugar, a termos um conceito correto da santidade de

Introdução   17

Deus e da nossa necessidade. Testemunhas oculares dos sofrimentos de Cristo nos têm oferecido, nos evangelhos, daquele grande antítipo, a cruz do Calvário; mas é possível não enxergar todos os seus variados aspectos sem a ajuda dos tipos. Os pormenores que nos apresentam nas instruções no tocante às ofertas e às instituições do tabernáculo nos ensinam muitas lições e enfatizam muitas verdades que, de outra forma, deixaríamos despercebidas. Como poderíamos deixar de aprender cada vez mais a respeito de como Deus abomina o pecado, e da nossa necessidade constante da purificação, ao vermos as provisões maravilhosas que ele tem feito para todos os tipos de contaminação? Assim, vemos prefigurada nos tipos "toda a vontade de Deus".

Sem as revelações mais plenas da verdade nas epístolas, não poderiam ser totalmente compreendidos, mas com esses ensinos percebemos significados que, por certo, estavam encobertos dos que viviam nos tempos do Antigo Testamento.

Alguns têm dito que os tipos são apenas um pedacinho da Bíblia, e é provável que esta seja uma opinião geral; mas é correta? Os tipos não percorrem a Bíblia inteira, não envolvem no seu estudo uma familiaridade crescente com a totalidade da Palavra de Deus? Nos livros de Moisés e nos livros históricos, temos personagens, eventos, e instituições típicas; nos livros poéticos, temos declarações típicas de personagens típicas; nos profetas, voltamos a ter personagens e eventos típicos, e o cumprimento dos tipos é predito; ao passo que, na totalidade do Novo Testamento, são constantemente referidos e explicados, e o grande antítipo é apresentado.

CAPÍTULO 1

RAZÕES PARA ESTUDAR OS TIPOS

Existem muitas razões pelas quais, em nosso estudo da Palavra de Deus, não devemos negligenciar os tipos que ocupam uma posição de tanto destaque.

O próprio Deus lhes atribui muito valor. Foi seu Espírito quem os projetou; Hebreus nos ensina, pois, que na construção do tabernáculo todos os pormenores foram por ele planejados. Ao falar do véu que dividia o Lugar Santo do Santo dos Santos, o escritor diz: "Dessa forma, o Espírito Santo estava mostrando que ainda não havia sido manifestado o caminho para o Santo dos Santos, enquanto permanecia o primeiro tabernáculo".

Havia significado naquele véu; não era mera cortina divisória entre as duas partes do tabernáculo, mas tinha o propósito de transmitir uma lição grandiosa. Outros pormenores do tabernáculo e de todos os tipos devem ser de igual significância; embora nem todos sejam explicados com igual clareza, nós podemos, com a ajuda do autor, procurar descobrir o que ele quer dizer. Sem semelhante Mestre, a dificuldade do estudo poderia realmente nos desanimar; mas temos a promessa do Senhor: "[...] lhes ensinará todas as coisas", "[...] ele os guiará a toda a verdade", "[...] receberá do que é meu e o tomará conhecido a vocês". Quando lemos nos evangelhos a respeito do véu sendo rasgado, podemos nos lembrar do trecho de Hebreus a respeito do véu, e escrever na margem da nossa Bíblia: "o Espírito Santo assim mostra que o caminho para o Santo dos Santos" *agora* foi manifesto. A mão invisível rasgou o véu "de cima para baixo"; não de baixo para cima, pois nesse caso poderia ter parecido que o homem tivesse algo que ver com o assunto. O próprio Deus completava o tipo, e acrescentava ao quadro os retoques finais.

A imensa importância que Deus atribui aos tipos é demonstrada por ele não se ter esquecido, num momento tão importante, de marcar a significância daquele evento ao que tantos tipos apontavam, de rasgar o véu e declarar que o caminho fechado foi aberto mediante a morte do seu Filho. "A partida de Jesus, que estava para se cumprir em Jerusalém" tinha sido o assunto quando Moisés e Elias conversavam com o Senhor Jesus Cristo no monte da transfiguração; a partir de então, todo o céu deve ter se ocupado daquilo que acontecia no Calvário; mas nem por isso os tipos foram esquecidos por Deus.

Todos os pormenores são tão exatos, que cada um deve ser cumprido pelo grande antítipo no seu advento. Não somente são retratos de eventos que já se passaram em tempos distantes, que podemos comparar com aquilo que aconteceu depois, como também eram planos com os quais os eventos subsequentes devem se corresponder. É por isso que lemos, no relato da crucificação em João:

> "Mas quando chegaram a Jesus, percebendo que já estava morto, não lhe quebraram as pernas [...] Estas coisas aconteceram para que se cumprisse a Escritura: 'Nenhum dos seus ossos será quebrado'". ∎

E essa Escritura está na ordenança da Páscoa, "nem quebrem nenhum dos ossos". Nosso Senhor tinha os tipos em alta estima. Repetidas vezes se referia a eles e demonstrava como apontavam para ele mesmo. Que estudo bíblico maravilhoso foi dado àqueles dois discípulos no caminho de Emaús, quando "começando por Moisés e todos os profetas, explicou-lhes o que constava a respeito dele

Razões para estudar os tipos

em todas as Escrituras"; e pelas mesmas Escrituras respondeu à sua própria pergunta: "Não devia o Cristo sofrer estas coisas, para entrar na sua glória?". Os sofrimentos e a glória foram preditos nos tipos, tanto quanto nas profecias diretas; não era de se admirar que o coração ardia dentro deles naquela caminhada memorável, e mais tarde, ao anoitecer, quando "lhes abriu o entendimento para que pudessem compreender as Escrituras". Os eventos que tinham acabado de acontecer estavam todos prefigurados nas Escrituras; no entanto, eles não tinham compreendido os antigos textos familiares até Jesus lhes mostrar como era "necessário que se cumprisse tudo o que a meu respeito [de Jesus] estava escrito na Lei de Moisés, nos Profetas e nos Salmos". Aqueles que negligenciam o estudo dos tipos deixam de perceber quanto de Cristo se acha na Lei de Moisés.

Em Apocalipse, é como o antítipo de todos os sacrifícios que Jesus é visto principalmente. É referido como o Cordeiro nada menos do que 28 vezes. Mesmo no capítulo 5, no qual o apóstolo está esperando que o Leão de Judá se apresente na sua força, este aparece como Cordeiro; o discípulo amado o vê de novo como o viu pela primeira vez naquele dia inesquecível quando João Batista o indicou como "o Cordeiro de Deus, que tira o pecado do mundo".

Os tipos falam a respeito de Jesus. Se quisermos "crescer na graça, e no conhecimento do nosso Senhor e Salvador Jesus Cristo", não podemos fazer nada melhor do que estudar o que eles nos contam a respeito da sua pessoa e da sua obra. Disse aos judeus, enquanto estava na terra: "Se vocês cressem em Moisés, creriam em mim, pois ele escreveu a meu respeito". Com exceção de algumas passagens tais como Deuteronômio 18.15-19, texto no qual fica claramente predito o advento do Messias, era nos tipos que Moisés escrevia a respeito de Cristo. Todos eles falavam a seu respeito: o tabernáculo, as ofertas, as festas, contavam a respeito de aspectos diferentes da sua obra em nosso favor; e, assim como "no seu templo todos clamam 'Glória!' ", assim também em cada um desses tipos anteriores.

Os escritores do Novo Testamento lhes dão destaque. São referidos como "a Escritura", e sabemos que "a Escritura não pode ser desfeita". Os tipos e sombras do Antigo Testamento precisam ser cumpridos no Novo Testamento. Lemos, por exemplo, em 1Coríntios 15.4, que Cristo "ressuscitou ao terceiro dia, segundo as Escrituras". Porventura a ressurreição de Cristo não é profetizada nos tipos de modo mais claro do que em qualquer outro lugar? No mover do feixe dos primeiros frutos "no dia seguinte ao sábado", imediatamente após a Páscoa (Levítico 23), o próprio dia é predito; e sabemos, por outro versículo em 1Coríntios 15 que se trata de uma referência à sua ressurreição, pois Paulo fala de "Cristo, o primeiro; depois, quando ele vier, os que lhe pertencem".

Várias passagens no Novo Testamento não podem ser entendidas de outra forma. Hebreus consiste quase inteiramente em referências ao Antigo Testamento: Cristo, como a substância, revela ser melhor do que as sombras — melhor do que Moisés, do que Josué, do que Abraão, do que Arão, do que o primeiro tabernáculo, do que os sacrifícios levíticos, do que a totalidade da nuvem de testemunhas na galeria dos heróis da fé; finalmente, seu sangue revela ser melhor do que o sangue de Abel.

Às vezes nos esquecemos de que os escritores do Novo Testamento eram estudiosos do Antigo Testamento; de que era a Bíblia deles, e de que naturalmente se referiam repetidas vezes aos tipos e sombras, na expectativa de que seus leitores também tivessem familiaridade com eles. Se deixamos de perceber essas alusões, perdemos boa parte da beleza dessas passagens, e não conseguimos entendê-las corretamente. Quando, por exemplo, em Atos 3, Pedro, ao falar da segunda vinda do Senhor, diz: "É necessário que ele permaneça no céu até que chegue o tempo em que Deus restaurará todas as coisas [...]", deixaremos totalmente de perceber o significado de ver o tipo ao qual ele evidentemente se refere. Lemos em Levítico 25 que, quando a trombeta é soada: "[...] cada um de vocês voltará para a propriedade da sua própria família e para o seu próprio clã". E: "No ano do Jubileu as terras serão devolvidas àquele

Razões para estudar os tipos **23**

de quem ele as comprou" (Levítico 27.24). É isso que acontecerá em Israel quando lhes aparecer o Messias. O país voltará a pertencer ao povo de Deus, e o Filho de Davi voltará à sua família e à sua terra. Essa expressão em Atos é um exemplo de como a interpretação primária de uma passagem pode passar despercebida por falta de enxergar o tipo veterotestamentário ao qual a alusão está sendo feita; é frequentemente usada, pois, como alicerce sobre o qual são edificadas as mais diversas teorias que não se acham na Bíblia.

No Evangelho de João existem referências constantes aos tipos. No primeiro capítulo, nossa atenção é focalizada no Cordeiro de Deus, e nossos pensamentos voltam imediatamente a todos os cordeiros que tinham sido sacrificados desde os tempos antigos, desde o cordeiro de Abel, em Gênesis 3, até ao último a ser oferecido no templo. No versículo final existe referência evidente à escada de Jacó. No versículo 14, Cristo é mostrado como antítipo do tabernáculo, pois nos conta como "A Palavra tornou-se carne e viveu [tabernaculou] entre nós"; ao passo que no capítulo 2, Cristo diz: "Destruam este templo, e eu o levantarei em três dias" (v. 19). No capítulo 3, vemos Cristo como a serpente de bronze; no capítulo 4, ele se compara com o poço de Jacó; no capítulo 6, ele nos diz que era o maná verdadeiro; no capítulo 7 relembramos a rocha ferida, pois Cristo mesmo era a rocha de dentro da qual fluiriam os rios de água viva. Nos capítulos 8 e 9, Jesus é a luz do mundo; no capítulo 10, o antítipo de todos os pastores no Antigo Testamento; no capítulo 12, é o grão de trigo que produziu o feixe das primícias; no capítulo 13, temos a bacia; e no capítulo 15, a videira verdadeira por contraste com a videira que ele trouxe do Egito. Portanto, em quase todos os capítulos, um tipo veterotestamentário é trazido à nossa atenção.

Se compararmos o Evangelho de João a meramente um tipo, o tabernáculo, houve quem indicou que parece se dividir em três pátios. Nos doze primeiros capítulos, temos o ministério de nosso Senhor na terra, no pátio externo ao qual todo o povo era admitido; e temos suas últimas palavras dirigidas aos de fora nos versículos finais do capítulo 12. Assim como no tabernáculo a primeira coisa a ser vista era o altar com o cordeiro, assim também temos no primeiro capítulo o Cordeiro de Deus que tira o pecado do mundo. No capítulo 13, Cristo está preparando seus discípulos para o serviço no Lugar Santo mediante o emprego da bacia. Nos capítulos 14, 15, e 16, vemos Cristo com eles no tabernáculo; e ele lhes ensina muitas coisas a respeito do Espírito Santo, tipificado pelo azeite para o candelabro; e a respeito da oração em seu nome, tipificado pelo incenso no altar de ouro; ao passo que no capítulo 17 temos o sumo sacerdote sozinho no Santo dos Santos.

Já vimos que os tipos parecem abranger a gama total dos ensinamentos do Novo Testamento. Não somente os tipos são desdobrados no Novo Testamento, como também o próprio Novo Testamento está envolvido neles.

Esse estudo oferece um antídoto seguro para o veneno da chamada "alta crítica". Se reconhecermos a intenção divina em todos os pormenores dos tipos, embora talvez não compreendamos todos os seus ensinamentos e se crermos que existe uma lição em cada incidente registrado, os ataques da crítica moderna não nos lesarão. Mesmo que não tenhamos a inteligência suficiente para compreender o que os críticos dizem, nem para responder às suas críticas — se nossos olhos tiverem sido abertos para enxergar a beleza dos tipos, as dúvidas sugeridas por semelhantes autores não nos perturbarão, e teremos uma ocupação mais proveitosa do que ler as obras deles. Com tantas críticas destrutivas andando soltas, não podemos fazer melhor do que conclamar a todos — até mesmo aos cristãos mais novos — a adotarem o estudo típico da Palavra de Deus; porque, embora Deus tenha encoberto essas coisas dos sábios e prudentes, ele as revela a criancinhas.

A alta crítica e o estudo dos tipos não podem andar de mãos dadas; isso porque ninguém que aprendeu os ensinos espirituais dos retratos no Antigo Testamento creria, ou procuraria comprovar, que a Bíblia não é aquilo que ela declara ser.

CAPÍTULO 2

TIPOS DUPLOS

Os tipos são mera "sombra dos bens que hão de vir, e não a realidade dos mesmos" (Hebreus 10.1); e, portanto, assim como todas as sombras, oferecem meramente uma representação imperfeita, de modo que frequentemente precisamos olhar para vários deles juntos para obtermos uma ideia completa da própria substância.

A maioria dos objetos lança sombras de formas diferentes, à medida que a luz incide sobre eles de várias direções; e, ao fazermos uma comparação entre eles, poderemos delineá-los corretamente, ainda que o próprio objeto não esteja dentro do nosso campo de visão. Se as sombras variam entre si em alguns pormenores, ao passo que se correspondem em outros, podemos imediatamente chegar à conclusão de que, embora o objeto seja o mesmo, a luz é lançada sobre ele de direções diferentes, e revela sombras lançadas de lados opostos: assim acontece nos tipos.

Às vezes, no mesmo tipo, vemos lados diferentes da verdade representados por duas coisas semelhantes. Por exemplo: na purificação do leproso há *duas aves:* uma, sacrificada sobre águas correntes; a outra, solta para voar pelos campos — e tipificam, por certo, a morte e a ressurreição de Cristo.

No Dia da Expiação havia *dois bodes: o* primeiro, a parte de Deus, era sacrificado, e o sangue era levado para dentro do véu; e o outro, o bode expiatório, que levava embora a iniquidade de Israel à terra desabitada — o primeiro simbolizava as exigências de Deus, e o outro, a necessidade humana.

Em outros casos, a fim de completar o quadro, temos dois tipos estreitamente vinculados entre si, mutuamente semelhantes em muitos aspectos, mas que enfatizam verdades diferentes. Por exemplo: na viagem do Egito para o Canaã, os israelitas tinham que passar pelo *mar Vermelho* e pelo *Jordão,* e, nos dois casos, foi feito um caminho para atravessarem em terra seca. Somos informados em Êxodo 13.17 que poderiam ter ido pela rota da terra dos filisteus, e assim não teriam tido a necessidade de passar pelo mar nem pelo rio, mas recebemos a explicação de por que Deus não os guiou por essa rota, pois disse: "Se eles se defrontarem com a guerra, talvez se arrependam e voltem para o Egito". Se o mar Vermelho não tivesse espumejado entre eles e o Egito, poderiam facilmente ter voltado; e parece claro que essa é a chave da verdade ensinada pela travessia do mar Vermelho. Tanto essa travessia quanto a travessia do Jordão nos falam da morte e ressurreição de Cristo; a primeira nos conta do livramento *de dentro do* Egito, e a segunda, da entrada *para dentro da* terra.

Duas vezes, os israelitas, quando atravessaram o Jordão, receberam a ordem de levantar *doze pedras* como memorial: uma pedra por tribo; doze no meio do Jordão, e doze no outro lado. Parece que as pedras tipificam a posição do crente, no seu aspecto duplo. Aquelas no meio do rio da morte nos contam que estamos mortos com Cristo; e aquelas na terra, que estamos ressurretos nele.

Da mesma forma, temos o alimento de Israel, *o maná* e *o trigo existente.* Em João 6, o Senhor explicou que ele mesmo era o pão enviado do céu. O maná, portanto, claramente representa Cristo na sua encarnação, a provisão para as necessidades no deserto; ao passo que o trigo já existente na terra e a colheita que já estava madura quando atravessaram o Jordão, da qual comeriam três ou quatro dias depois, uma vez apresentados e cerimonialmente movidos, o feixe dos primeiros frutos, falam de Cristo na ressurreição.

Tipos duplos

No estudo desses tipos duplos, e de outros tantos, é necessário colocar os dois, lado a lado, para enxergarmos o significado integral; erros de interpretação surgem frequentemente do não seguimento desse plano. Um desses tipos duplos não exclui o outro, pois em muitos casos os dois são igualmente válidos ao mesmo tempo. Podemos alimentar-nos do maná, embora tenhamos o trigo também.

Existem alguns mestres que somente tiram lições da experiência de Israel *no deserto,* e que não percebem que nossa posição também está *na terra* como vencedores tomando posse, passo a passo, daquilo que é nosso em Cristo. Outros dedicam sua atenção inteiramente à sua posição na terra, e dizem que nem sequer devemos estar no deserto, de modo algum. Não seria melhor ficar com ambos? Conforme disse alguém: "Nós estamos, quanto ao nosso corpo, no Egito; quanto à nossa experiência, no deserto; e pela fé, na terra prometida". Somos representados por Pedro como "estrangeiros e peregrinos" passando por um deserto; e ao mesmo tempo estamos, em conformidade com Efésios, na terra prometida, nos lugares celestiais em Cristo Jesus. No devido tempo futuro, quando a fé for transformada em vista, estaremos na terra prometida, quanto ao nosso corpo e quanto à nossa experiência.

No sinal duplo de que Deus deu a Moisés a fim de lhe dar confiança para comparecer diante de faraó, havia provavelmente um prenúncio do poder de Deus sobre o pecado e Satanás. A *vara* que foi transformada em serpente, ao ser tomada firmemente por Moisés, fala do poder de Deus sobre Satanás; mas *a mão* que se tomou leprosa e que depois foi curada fala do poder sobre o pecado. O povo redimido por Deus seria livrado desses dois inimigos.

O *tabernáculo* e o *templo* nos oferecem aspectos diferentes das habitações de Deus; e em Gênesis 22 temos um tipo duplo do nosso Senhor Jesus — primeiramente no próprio *Isaque, e* depois no carneiro que Deus providenciou.

Existe uma cena típica notável em Deuteronômio 21, a qual, segundo tem sido indicado, é um retrato do grande inquérito feito por Deus a respeito do seu Filho. No campo, *alguém é achado morto,* e precisa haver inquérito a respeito de quem é o culpado; depois de condenada a cidade mais próxima do cadáver, a *novilha* é morta para remover a culpa. Aqui, decerto, temos outro tipo duplo; pois a morte do Senhor é prenunciada naquele que foi achado morto, bem como na novilha: o primeiro conta a respeito da culpa dos seus assassinos; e o outro, como a culpa foi tratada.

Se estudarmos os personagens no Antigo Testamento que tipificam nosso Senhor Jesus Cristo nos seus ofícios diferentes, descobriremos repetidas vezes que parecem estar vinculados aos pares. Temos, por exemplo, dois sumos sacerdotes, dois reis, e dois profetas, que tanto separadamente quanto juntos eram tipos, e que estavam estreitamente associados entre si durante sua vida. *Arão* e *Eleazar* igualmente o tipificavam como o sumo sacerdote, e em alguns aspectos seus ofícios eram diferentes entre si. Mesmo enquanto Arão ainda vivia, Eleazar tinha certas coisas designadas a ele no serviço do tabernáculo. Em Números 20.26, temos o relato da morte de Arão, e de Eleazar recebendo as vestimentas para assumir o seu lugar; prefigurando o grande sumo sacerdote que agora vive segundo "o poder de uma vida infinda". Eleazar, portanto, parece ser o tipo do sumo sacerdote na vida ressurreta, no poder do Espírito Santo, pois tinha ligação muito especial com o azeite que tipificava o Espírito Santo. Eleazar ficou encarregado "do azeite para a iluminação, do incenso aromático, da oferta costumeira de cereal e do óleo da unção [...] de todo o tabernáculo [...]" (Números 4.16). Era o "principal líder dos levitas" (Números 3.32), e nos faz lembrar de Jesus que, na ressurreição, é o Pastor Principal. As duas ordens do sacerdócio, a de Arão e de *Melquisedeque,* são apresentadas diante de nós em Hebreus como tipos do sacerdócio do Senhor.

Davi e *Salomão* nos apresentam aspectos diferentes do seu caráter real. Davi, o rei-pastor, que matou Golias, que passou a ser fugitivo e peregrino e, depois, o conquistador de todos os seus inimigos, nos fala a respeito dos sofrimentos e rejeição do Ungido de Deus, e finalmente

Tipos duplos

das suas conquistas; Salomão, a quem o Senhor se refere em Mateus 12, como tipo dele mesmo na sua glória, na sua sabedoria, nas suas riquezas e no seu reinado de paz tipifica o reino de nosso Senhor. Embora Salomão fosse príncipe de paz, ele tira do seu reino, ao assumir o trono, "todas as coisas que ofendem, e aqueles que praticam a iniquidade", nas pessoas de Adonias, Joabe, Simei, assim como fará aquele que é maior do que Salomão quando vier na sua glória (Mateus 13.41). Na conexão entre eles e o templo, também precisamos do tipo duplo. Davi fez os preparativos para sua construção, e comprou o terreno; ao passo que Salomão completou a obra. Se os estudarmos separadamente, apenas, o retrato fica incompleto.

Temos, ainda, os dois grandes profetas, *Elias* e *Eliseu,* que tinham estreita conexão entre si durante a sua vida e eram tipos de Cristo, conforme ele mesmo demonstra em Lucas 4.25-27. Elias jejuou durante quarenta dias. Ressuscitou mortos e realizou muitos outros milagres. Subiu ao céu, e uma porção dupla do seu espírito veio sobre seu seguidor. Eliseu curou o leproso, ressuscitou mortos, alimentou a multidão e mesmo no seu sepulcro fez os mortos viverem. Diz-se que o nome de Elias significa "o Senhor forte"; e o de Eliseu: "Deus, meu Salvador". Seus nomes parecem, portanto, significar o caráter geral do seu testemunho — o primeiro, o do juízo, e o segundo, o da graça.

Portanto, nos tipos de Cristo como profeta, sacerdote e rei, achamos exemplos de como duas personagens estão ligadas a fim de nos apresentar lados diferentes do quadro. A estes poderíamos acrescentar muitos outros, tais como os dois líderes, *Moisés* e *Josué;* mas aqueles que já foram indicados já bastaram para demonstrar como é importante estudar juntos, bem como individualmente, tipos que estão tão obviamente associados entre si.

Além de existirem muitos que assim formam pares, devemos nos lembrar em nosso estudo que numerosos tipos, e talvez até mesmo muitos deles, provavelmente têm um *duplo sentido.* Uma só interpretação não esgotará tudo quanto se possa aprender deles; isso porque descobrimos que, assim como tantas outras partes da Palavra de Deus, podem ser entendidos de várias maneiras.

Por exemplo: entre as personagens que acabam de ser mencionadas, quando Elias é o mestre, e Eliseu, o discípulo, Elias representa Cristo, e Eliseu, o servo; e cada um dos que prenunciaram Cristo também transbordam com ensinamentos como crentes individuais. Temos outra ilustração desse ensino duplo no Dilúvio e na arca. A salvação para todos dentro da arca é um assunto evangélico predileto; e isso com razão. Noé achou graça aos olhos de Deus, e segurança, não em si mesmo, mas no lugar de refúgio destinado por Deus. O primeiro "venha" na Bíblia é o convite de Deus a Noé, um "venha" da salvação; e pode muito bem ser comparado com a palavra amorosa do Senhor: "Venham a mim". Entretanto, quando Jesus se refere aos dias de Noé em Mateus 24, vemos que o juízo que veio naqueles tempos pode ser entendido em outro sentido: como representação dos juízos que sobrevirão à terra na sua vinda em glória. "Como foi nos dias de Noé, assim também será na vinda do Filho do homem (v. 37)". O Dilúvio era inesperado — assim também é a segunda vinda: houve destruição sobre todos aqueles que não estavam prontos para o Dilúvio — e assim será quando Jesus voltar a esta terra.

> "Pois nos dias anteriores ao Dilúvio, o povo vivia comendo e bebendo, casando-se e dando-se em casamento, até o dia em que Noé entrou na arca; e eles nada perceberam até que veio o Dilúvio e os levou a todos. Assim acontecerá na vinda do Filho do homem." ∎

Não são mencionados grandes pecados, mas não estavam preparados.

Depois, surge aquela frase frequentemente citada: "Um será levado e o outro deixado"; e examinando-a assim no seu contexto, vemos que aqueles que serão levados naquele dia serão tirados pelo juízo como nos dias de Noé, e aqueles que ficarem serão deixados para a bênção. No seu significado primário, portanto, esse versículo parece não se

Tipos duplos

referir à vinda do Senhor para levar sua igreja aos ares, mas à sua vinda subsequente com seus santos para a terra.

Podemos enxergar ainda um terceiro significado, no Dilúvio e naqueles que passaram por ele com segurança; pois o cenário ilustra "o tempo da aflição de Jacó" e a preservação do remanescente crente. Lemos em Apocalipse 12 que "a serpente fez jorrar da sua boca água como um rio, para alcançar a mulher e arrastá-la com a correnteza" (v. 15). O primeiro versículo do capítulo nos faz lembrar o sonho de José: muitos entendem que a mulher representa Israel; e que o período da perseguição mencionado com tanta exatidão nos versículos 6 e 14 corresponde à grande tribulação antes da volta do Senhor à terra. Um remanescente de Israel será preservado durante a tribulação, assim como Noé e seus filhos foram preservados durante o Dilúvio; ao passo que a igreja terá sido levada embora, assim como Enoque foi arrebatado antes de o Dilúvio ter vindo sobre a terra. Muitos acreditam ser este o ensino de Apocalipse 3.10; e que ser guardado da hora da provação deve significar ser levado embora antes de ela chegar.

Outros tipos poderão ter uma interpretação dispensacionalista além da sua aplicação geral. Existe um aspecto judaico que percorre todas as instituições levíticas; e muitas delas, dessa forma, passam a oferecer ensinos proféticos, ao passo que, ao mesmo tempo, estão repletas de verdades preciosas para nós agora. Da mesma forma, ao considerarmos José como tipo de Cristo, vemos que todos nós podemos tirar suprimentos dos seus armazéns, mas também conseguimos perceber que o tratamento de José para com seus irmãos prenuncia como os irmãos do Senhor segundo a carne finalmente reconheceram que eram "realmente culpados" no tocante ao seu irmão.

Estêvão nos conta que, na segunda vez, "[...] José fez-se reconhecer por seus irmãos". Na primeira viagem ao Egito para buscar trigo, não reconheceram aquele que lhes franqueara os armazéns, mas, quando foram forçados pela fome de sete anos de duração a voltar à presença de José, este se fez reconhecer por eles. Quando chegou Jesus, de quem

José era um tipo, seus irmãos não o reconheceram. "Veio para o que era seu, mas os seus não o reconheceram"; quando ele chegar pela segunda vez, "será removido o véu"; e ele diz: "olharão para mim, a quem traspassaram, [...] e lamentarão amargamente por ele".

Assim, não somente temos tipos duplos — aqueles que precisam ser colocados lado a lado a fim de completar o quadro —, mas descobrimos que esses próprios tipos têm duplo significado. Ver neles uma interpretação judaica ou dispensacional não lhes despoja, de modo algum, do seu profundo ensino espiritual, mas somente tende a demonstrar que a Bíblia é o Livro divino.

CAPÍTULO 3

O AGRUPAMENTO DOS TIPOS

—

Existem muitas maneiras construtivas de agrupar os tipos. Por exemplo: frequentemente descobrimos que aqueles que diferem entre si em muitos aspectos têm um único fator em comum; quando assim acontecer, podemos garantir que o ensino transmitido por aquele único fator é o mesmo em todos os casos, e por ligar todos eles, esse ensino é enfatizado e nos impressiona.

Dessa forma, no tabernáculo e seu serviço, e em outros lugares, vemos repetidas vezes os sofrimentos do Senhor Jesus Cristo tipificados pelo esmagamento ou moedura de diferentes substâncias. No próprio tabernáculo, o ouro para a tampa e para o candelabro não era somente ouro puro, mas também ouro batido. As especiarias para o óleo para as unções, para o incenso e para o incenso aromático, deviam ser moídas, porque, caso contrário, não liberariam o seu perfume; e o perfume assim preparado devia ser moído muito fino (Êxodo 30.36). O azeite com o qual se compunha o óleo para as unções, e o óleo para a oferta de cereais, era azeite batido; e para o candelabro "azeite puro batido para a lâmpada". O trigo para a oferta de cereal era moído dos grãos cheios; e a farinha para a mesma oferta, que nos fala do Senhor Jesus Cristo que oferece a Deus uma vida imaculada, era farinha fina, como também era a farinha para os pães da Presença. Nele não havia nada de desigualdade. O Autor da nossa salvação foi tornado "perfeito, mediante o sofrimento" (Hebreus 2.10). Em todos os seus seguidores, mesmo naqueles que são mais semelhantes a ele, existem muitas desigualdades: têm alguns belíssimos traços de caráter; mas o próprio fato de semelhantes traços se destacarem sugere que provavelmente não apresentem alguma característica. Nosso Senhor não tinha um só atributo individual que se destacasse, pois era perfeito em todos. Era como a farinha fina, perfeitamente liso e homogêneo; e ser esmagado e triturado serviu para comprovar isso. Em Isaías 28.28, lemos que "É preciso moer o cereal para fazer pão [...]", e o maná precisava ser moído ou batido num morteiro. Todos esses quadros diferentes nos falam dos sofrimentos do nosso Senhor no decurso da sua vida. Sabemos que Getsêmani significa "prensa de azeitonas"; e que não foi apenas naquela última noite terrível que Jesus o visitou, pois lemos que "Jesus muitas vezes se reunira ali com os seus discípulos". Sua vida inteira era de sofrimento; e já que esse fato é apresentado diante de nós repetidas vezes nesses tipos, aprendemos algo das seguintes palavras "[...] agradou ao Senhor moê-lo" (Isaías 53.10, ACF) e do desejo de Paulo: "Quero conhecer Cristo [...] participar de seus sofrimentos".

É interessante, também, ligar entre si tipos que, se assemelham estreitamente uns com os outros, especialmente aqueles que representam aspectos diferentes da vida e da obra de Cristo. Por exemplo: Cristo é frequentemente prefigurado pelo pão e pelo trigo nas suas várias formas. Já examinamos o maná e o trigo antigo, o feixe dos primeiros frutos, e também mencionamos o trigo e a farinha fina na oferta de cereal. Cristo era tipificado também pelos pães asmos que eram comidos na festa da Páscoa. Não devia existir fermento em nada que tipificasse Cristo; por essa razão era proibido oferecê-lo na oferta de cereal, pois na totalidade da Palavra sempre representa o mal. Em João 12, nosso Senhor se compara com o grão de trigo que permanece sozinho a não ser que caia na terra e morra, mas, se morrer, produz muitos frutos. Na ceia memorial, partiu o pão, e disse: "Isto é o meu corpo dado

O agrupamento dos tipos

em favor de vocês [...]" (Lucas 22.19). No tabernáculo, o vemos em conexão com Israel, representado por doze pães; ao passo que é dito a respeito da igreja unida com Cristo: "Nós, sendo muitos, somos um só pão" (1Coríntios 10.17, ACF). E, finalmente, no Apocalipse, o maná escondido é prometido aos vencedores. Esses tipos que são tão semelhantes entre si parecem abranger a totalidade da vida de nosso Senhor, e até mesmo dar uma olhada para a eternidade passada. O maná que caía em derredor do acampamento de Israel representa a encarnação do Senhor Jesus Cristo. Ele mesmo diz: "é meu Pai quem lhes dá o verdadeiro pão do céu. Pois o pão de Deus é aquele que desceu do céu e dá vida ao mundo". Mas também percebemos nessa passagem que, antes de ele se tornar maná para nós, era o pão de Deus; isso porque esses tipos não somente falam do Senhor Jesus Cristo como o alimento dos seres humanos, mas também nos contam a respeito daquele em quem o coração do Pai se deleitava. Esse pensamento ocupa lugar de destaque na oferta de cereal, na qual um punhado da melhor farinha era queimado no altar, para representar a porção de Deus, ao passo que o restante era dado aos sacerdotes; esse fato nos conta a respeito da comunhão do crente com Deus, tendo como base a pessoa do seu Senhor.

No salmo 78, é muito bela a descrição de como o maná foi dado, pois nos conta como Deus "[...] deu ordens às nuvens e abriu as portas dos céus; fez chover maná para que o povo comesse, deu-lhes o pão dos céus. Os homens comeram o pão dos anjos [...]". O maná, antes de cair à terra, era "o pão de Deus" — "o pão dos céus". É necessário abrir as comportas dos céus, e esvaziá-los a fim de que a terra ficasse cheia. Assim, percebemos que o maná nos fala primeiramente de Cristo, desde toda a eternidade, e depois, de Cristo na carne. A melhor farinha, conforme vimos no grupo anterior de tipos, nos conta da sua vida perfeita na terra, e dos sofrimentos que padeceu; o grão de trigo que cai na terra e morre, a fim de produzir muitos frutos, claramente tipifica o Calvário; e assim também o pão partido, que nos faz lembrar o seu corpo quebrado.

O trigo antigo da terra, do qual os israelitas passaram a se alimentar quando cessou o maná, parece falar de Cristo ressurreto; ou pode relembrar Cristo, reservado desde toda a eternidade para ser a provisão do seu povo. O feixe dos primeiros frutos, que moviam no primeiro dia da semana, no dia depois do sábado, profetizaram com clareza a sua ressurreição. Esse mover dos primeiros frutos deve ter sido um dos primeiros atos dos israelitas depois de terem entrado na terra; e poderiam ter se alimentado do trigo velho da terra, por si só, por dois ou três dias, apenas. A narrativa nos conta que atravessaram o Jordão no período da colheita; acamparam-se em Gilgal no décimo dia do mês; sacrificaram o cordeiro da Páscoa no dia quatorze; e moveram o feixe dos primeiros frutos no dia seguinte ao sábado que se seguiu imediatamente após a Páscoa.

O feixe dos primeiros frutos também fala da sua segunda vinda, pois representa "Cristo, as primícias, e depois, os que são de Cristo na sua vinda" e os "muitos frutos" produzidos pela morte do grão de trigo também prenunciam aquele dia em que a igreja estará completa, e em que "[d]epois do sofrimento de sua alma, ele verá a luz e ficará satisfeito [...]". O pão que partimos na ceia do Senhor é o vínculo entre a sua morte e a sua segunda vinda, pois nos lembramos do seu corpo rompido e do seu sangue vertido "até que ele venha". Entre a sua ressurreição e a sua segunda vinda, temos Cristo, o alimento do seu povo, na oferta do cereal, da qual os sacerdotes se alimentava, bem como na festa dos pães sem fermento depois da Páscoa. "[...] Pois Cristo, nosso Cordeiro pascal, foi sacrificado. Por isso, celebremos a festa [...]" (1Coríntios 5.7,8).

Os pães da Presença, ou "pães dos rostos", e o maná escondido prometido aos vencedores no Apocalipse, falam de Cristo que, com a glória da ascensão, sempre está na presença de Deus em nosso favor. Portanto, nesse grupo de tipos, a totalidade da sua vida e obra é apresentada diante de nós.

Outros tipos podem ser acrescentados a essa lista, e especialmente as muitas cenas que retratam a provisão de Deus nos tempos de fome;

O agrupamento dos tipos

mas talvez o mais belo desses retratos seja o do trigo nos armazéns de José.

Tanto José quanto o trigo que armazenava são claramente prefigurações de Cristo — outro exemplar dos tipos duplos referidos anteriormente; e a história familiar está repleta de ensinos a respeito do suprimento maravilhoso que se acha em Cristo, Pão da Vida. O trigo que José armazenava era de tal quantidade "que ele parou de anotar, porque ia além de toda medida", nos faz pensar nas "riquezas inescrutáveis de Cristo". Os armazéns abertos, que supriam os seus irmãos necessitados "tanto quanto conseguem levar" nos oferece, na forma tipológica, a plenitude daquele em quem habita toda a plenitude. Não somente nos dará quanto possamos levar, como também nos dará um suprimento abundante do trigo, para que nossos celeiros fiquem repletos de abundância, e que, além de termos bastante para as nossas necessidades, possamos também suprir as necessidades dos outros.

O trigo recolhido nos armazéns maravilhosos de José fornecia alimentos para os famintos, e também sementes para aqueles que, depois de alimentados, pudessem sair para semear os campos. José lhes disse: "aqui estão as sementes para que cultivem a terra [...] sementes para os campos e como alimento para vocês [...]" (Gênesis 47.23,24). Achamos também nos armazéns que Deus nos providenciou, na Palavra encarnada e na Palavra escrita, "sementes para o semeador e pão para quem comer".

Antes, porém, de José enviar os egípcios para fazerem esse serviço, eles precisavam comparecer diante dele, necessitados: "Não temos como esconder de ti, meu senhor, que uma vez que a nossa prata acabou [...] nada mais resta para oferecer, a não ser os nossos próprios corpos e as nossas terras". Tinham chegado ao fim dos seus próprios recursos; e justamente quando nós, como míseros pecadores, chegamos a esgotar nossas próprias capacidades que sobra lugar para a plenitude de Cristo. Foi depois de o filho pródigo "ter gasto tudo" que disse: "Eu me porei a caminho e voltarei para meu pai [...]", sabendo que na casa do pai tinha comida de sobra. Foi quando a pobre mulher com hemorragia "gastara tudo" que chegou até Jesus e tocou na orla das suas vestes. Foi quando os dois devedores "não tinham com que pagar" que seu credor perdoou totalmente a ambos. Devemos levar aos armazéns de José nossos vasilhames vazios. Da mesma forma que esses egípcios, nós tampouco podemos semear antes de primeiramente termos sido alimentados; somente podemos semear o mesmo tipo de grãos que satisfizeram a nossa própria necessidade. É do próprio José que precisamos obter o trigo, tanto para nossa mesa quanto para nosso cesto de semeador. Conforme disse Paulo aos santos em Corinto: "Aquele que supre a semente ao que semeia e o pão ao que come, também lhes suprirá e multiplicará a semente [...]" (2Coríntios 9.10).

Se quiséssemos continuar esse estudo, poderíamos acrescentar a esses tipos alguns dos incidentes que aconteceram em Belém — "a Casa do Pão". Foi ali que nasceu Jesus, o Pão de Deus enviado do céu. "Mas tu, Belém-Efrata, embora pequena entre os clãs de Judá, de ti virá para mim aquele que será o governante sobre Israel. Suas origens estão no passado distante, em tempos antigos" (Miqueias 5.2). Foi até Belém que Noemi viajou, proveniente de país distante, e achou, não a fome, mas uma colheita abundante; e um parente rico, que de início permitiu que Rute respigasse nos seus campos, depois a tomou em esposa e fez dela a dona em conjunto de todos os bens dele. Belém era a cidade de Davi, onde aquele a quem o Senhor dissera: "Você apascentará meu povo Israel", foi ungido rei. Antes disso, alimentara e guardara as ovelhas do seu pai nos campos de Belém, os próprios campos onde aqueles outros pastores, muitos anos depois, estavam guardando os seus rebanhos quando o anjo anunciou, pela primeira vez, o nascimento do Filho de Davi, maior do que este. Existem muitas belas lições a serem aprendidas dos significados dos nomes bíblicos; podemos ter certeza de que não foi por acidente que esses eventos, e outros tantos, aconteceram na cidade cujo nome significava "a Casa do Pão".

CAPÍTULO 4

TIPOS DO CALVÁRIO

—

Nos presentes dias, nos quais a doutrina da expiação vicária é tão frequentemente negada, o estudo dos tipos é da máxima importância. Tem sido frequentemente notado que a linha vermelha do sangue percorre a totalidade do Antigo Testamento, e que assim somos constantemente lembrados do sangue derramado, sem o qual não há remissão. Nas muitas prefigurações da obra do Calvário, vemos uma vida entregue em lugar de outra, não meramente como exemplo do amor abnegado, conforme as pessoas agora procuram ensinar. Deve ter sido com base nesses tipos no Antigo Testamento que o Senhor respondeu à sua própria pergunta: "Não devia o Cristo ter sofrido essas coisas?"; e à medida que os estudamos, vemos as razões pelos seus sofrimentos.

Se os discípulos tivessem entendido que ele era o grande antítipo que todos tinham prefigurado, sua fé não teria ficado tão abalada — pois teriam entendido que era somente através da sua morte que ele podia redimir os seres humanos. É, portanto, da máxima importância que tenhamos familiaridade com as cenas e instituições no Antigo Testamento que tipificavam a morte de Jesus, até mesmo a morte na cruz. Paulo nos diz em 1Coríntios 15 que "Cristo morreu pelos nossos pecados, segundo as Escrituras". A sua morte não precisava do testemunho das Escrituras, mas a razão da sua morte somente podia ser compreendida mediante o estudo das profecias e dos tipos do Antigo Testamento.

Enumerar cada um destes últimos seria impossível, mas, se forem estudados apenas os mais conhecidos, perceberíamos como todos eles prenunciam o grande evento que foi o centro da história do mundo: e, por outro lado, quão variado é esse ensino, pois cada tipo parece enfatizar alguma verdade específica em especial.

Os tipos que prenunciavam a morte do nosso Senhor podem ser divididos em vários grupos.

Primeiro, temos aqueles nos quais houve, literalmente, derramamento do sangue. Antes de as ofertas terem sido instituídas em Levítico, muitos animais tinham sido mortos em sacrifício. É só virarmos uma única página na nossa Bíblia para ver como Deus ensinou, por certo, Adão e Eva a oferecer sacrifícios. As *roupas de pele* com que Deus os vestiu devem indicar esse fato, pois para fornecê-las deve ter havido morte; e assim as roupas que Deus nos fornece, somente podem ser nossas mediante a morte de Cristo. Na parte anterior do mesmo capítulo, Gênesis 3, vemos Adão e Eva juntando folhas de figueira para se cobrir, roupas indignas para usar na divina presença; mas Deus os veste de roupas que falam de Cristo. No capítulo seguinte, *o cordeiro* oferecido por Abel, em contraste com os frutos da terra apresentados por Caim, ensina enfaticamente, já no começo da Palavra de Deus, que "sem o derramamento de sangue não há remissão" e também demonstra que, assim como Abel, podemos saber mesmo agora que somos aceitos por Deus, por causa do Cordeiro que foi morto em nosso lugar. Tanto no terceiro capítulo de Gênesis, quanto no quarto, temos o contraste entre o caminho do homem e o caminho de Deus. As folhas de figueira e as roupas de pele, os frutos e o cordeiro nos contam que o melhor da parte do homem não é suficiente, mas que Deus deu do seu melhor. Decerto, Deus ensinara a Abel a necessidade do sangue; Hebreus 11.4 nos conta que "pela fé" ofereceu o cordeiro, e sabemos que "a fé vem pelo ouvir". Deus deu testemunho dos sacrifícios: mas o

Tipos do Calvário

sacrifício de Caim, embora fosse de aparência bela, e fruto de muitos trabalhos árduos, era uma oferta falsa. Lemos em Provérbios 25.14 que "Como nuvens e ventos sem chuva é aquele que se gaba de presentes que não deu"; e o apóstolo Judas, ao falar do caminho de Caim e dos seguidores deste, diz: "[...] São nuvens sem água, impelidas pelo vento [...]" (v. 12). A religião sem Cristo, sem a sua morte, é um presente falso.

O belo quadro em Gênesis 22 enfatiza os pensamentos da provisão e da substituição; pois *o carneiro* preso nas ramagens foi oferecido em lugar de Isaque. Trata-se de outra exemplificação dos tipos duplos, pois tanto Isaque quanto o carneiro são tipos de Cristo no Calvário — Isaque, o filho bem-amado, a quem o pai não poupou; e o carneiro, o substituto que o próprio Deus providenciou, e por causa de quem conquistou o título glorioso: Jeová-Jiré: "O Senhor proverá". Esse título é frequentemente citado em conexão com o suprimento das necessidades temporais; embora estas estejam incluídas na dádiva maior, o nome Jeová-Jiré foi usado pela primeira vez na ocasião em que Abraão disse: "Deus mesmo há de prover o cordeiro para o holocausto, meu filho". E porque Deus "não poupou seu próprio Filho, mas o entregou por todos nós" que ele pode dar "juntamente com ele, gratuitamente todas as coisas".

Um dos tipos mais familiares é o do *cordeiro pascal*. A totalidade do capítulo doze de Êxodo está repleta de ensinos; mas o pensamento principal fica obviamente contido nas palavras: "Quando eu vir o sangue, passarei adiante". A redenção mediante o sangue é o único meio de livramento da ira; e nos fala da necessidade da apropriação pessoal, por não haver somente o sangue derramado, mas também o sangue aspergido. Além de o cordeiro ser sacrificado em favor de todo o Israel, o sangue deve ser derramado numa bacia e aspergido na viga superior e nas laterais das portas, em favor do primogênito de cada família individual.

Muitas pessoas acreditam no derramamento do sangue; acreditam que o Senhor Jesus morreu, mas não se apropriaram da obra dele, e por isso não depositam sua confiança no sangue aspergido. Ter confiado somente no fato de o cordeiro ter sido morto não teria produzido segurança, mas, depois de fazer o que Deus lhes mandara, os israelitas estavam em segurança. Nada, senão o sangue, poderia ter mantido fora das casas o anjo destruidor; as construções mais fortes no país são mencionadas de modo especial, mas nem o trono, nem a masmorra estavam seguros — nem os guardas do palácio, nem os muros das prisões podiam garantir a segurança. Lemos que "não havia casa que não tivesse um morto" e, embora a referência seja feita primariamente às casas dos egípcios, assim acontecia no país inteiro, inclusive nas casas dos israelitas; pois em cada lar devia haver morte — ou do primogênito, ou do cordeiro.

Em Levítico, temos o relato completo da instituição das ofertas, que foram repetidas no decurso de todos os séculos que se seguiram, até chegar Jesus, o Cordeiro de Deus, o antítipo de todas elas.

O *holocausto,* assim como o sacrifício de Abel, nos fala da aceitação; a *oferta da comunhão,* conforme subentende o seu nome, fala da comunhão com Deus mediante a morte do sacrificado. A morte do Senhor Jesus leva à paz com Deus e à comunhão com ele, pois os sacerdotes podiam se alimentar do sacrifício, já que uma mera porção era consumida no altar como a porção de Deus, sendo o restante reservado para Arão e seus filhos.

Nosso tempo se esgotaria se nos concentrássemos em todos os pormenores da obra do Calvário trazidos diante de nós de modo tão maravilhoso nos sacrifícios. Eles, por si mesmos, formam um grupo de tipos inesgotáveis que devem ser estudados juntos. A palavra-chave em Levítico 1 no tocante ao holocausto parece se achar no versículo 4, no qual lemos que a oferta será "aceita" em favor do ofertante; nos capítulos 4 e 5, cujo assunto é *a oferta pelo pecado,* a frase central, frequentemente repetida, é "lhe será perdoado". Essas duas palavras: *"aceito"* e *"perdoado"* demonstram com clareza o pensamento nas duas ofertas; a primeira nos fala a respeito do sacrifício perfeito de Cristo a Deus como fundamento da nossa aceitação, a segunda, de como ele

Tipos do Calvário

carregou o nosso pecado. Nos dois casos (1.4 e 4.4), o ofertante era ordenado a impor a mão na cabeça da oferta, e acontecia uma transferência maravilhosa, mas na direção oposta. No holocausto, a aceitação da oferta passava ao ofertante, e este era aceito; na oferta pelo pecado, o pecado do ofertante passava à oferta, e o ofertante era perdoado. Existem muitos crentes que conhecem o Senhor Jesus Cristo como sua oferta pelo pecado, mas que parecem não possuir a alegria de conhecê-lo como seu holocausto, e de verem que realmente foram "aceitos no amado".

Cada vez que as ofertas eram repetidas, prenunciavam a morte de Cristo, e a doutrina é a mesma; mas algumas das cenas acrescentam toques de beleza especial, como, por exemplo, em 1 Samuel 7, quando Samuel conduz os israelitas na sua volta ao Senhor. Tinham pecado, a glória do Senhor partira, a arca fora capturada; mas aqui, confessam o seu pecado, e derramam água diante do Senhor como reconhecimento do seu desamparo total. Então lemos que "Samuel pegou um cordeiro ainda não desmamado e o ofereceu inteiro como holocausto ao Senhor. Ele clamou ao Senhor em favor de Israel, e o Senhor lhe respondeu" (v. 9); e o versículo seguinte nos diz que o Senhor trovejou com fortíssimo estrondo contra os filisteus. Essa foi a resposta de Deus ao povo que, reconhecendo a sua própria fraqueza, se identificou com a fraqueza do cordeirinho. O incidente tem sido comparado em sua beleza com a passagem em Romanos 5: "quando ainda éramos fracos", tipificado pelo derramamento da água "quando ainda éramos pecadores" que corresponde à confissão deles: "pecamos" e "Cristo morreu por nós", prefigurado pela oferta do cordeiro.

A *oferta pelo pecado* e a *oferta pela culpa*, o grande Dia da Expiação, a purificação pela *novilha vermelha*, e a provisão pela *purificação do leproso*, todos falam do remédio que Deus oferece pela contaminação; e repetem, vezes sem conta, que a cruz de Cristo é o único fundamento para a purificação. Juntamente com dois ou três outros tipos, formam um agrupamento muito importante que deve ser considerado separadamente.

No último dos tipos a serem mencionados, a purificação do leproso, o pensamento de maior destaque parece o da justificação mediante a morte e a ressurreição de Cristo (v. cap. 9). Não era nenhuma oferta cara que se exigia. As duas aves — estariam dentro do alcance dos mais pobres; e vêm à nossa mente as palavras do nosso Senhor: "Não se vendem dois pardais por uma moedinha? Contudo, nenhum deles cai no chão sem o consentimento do Pai de vocês" (Mateus 10.29). Isso se pode dizer do passarinho que foi sacrificado como tipo do seu Filho. Era morto num vaso de barro, e nosso Senhor precisava de um vaso de barro no qual pudesse morrer. "Portanto, visto que os filhos são pessoas de carne e sangue, ele também participou dessa condição humana, para que, por sua morte, derrotasse aquele que tem o poder da morte [...]". A mesma palavra é empregada no salmo 22, em que ele diz: "Meu vigor secou-se como caco de barro [...]".

Referência já foi feita entre os tipos duplos àquele *que foi achado morto* no campo em Deuteronômio 21, e ao inquérito realizado a respeito da sua morte, o que nos ensina que Deus requererá a morte do seu Filho. O povo exclamou: "Seu sangue seja sobre nós, e sobre os nossos filhos"; e lemos em Números 35.33: "O derramamento de sangue profana a terra, e só se pode fazer propiciação em favor da terra em que se derramou sangue, mediante o sangue do assassino que o derramou". Vemos, porém, no caso em pauta, que a novilha foi morta para cobrir semelhante culpa.

Existem muitas outras prefigurações da morte de Cristo, nas quais não há menção do derramamento de sangue, e várias destas são cenas que descrevem sua passagem *pelas águas do juízo e da morte.* Da mesma forma que tantas outras substâncias típicas nas Escrituras, a água tem vários significados, que podem geralmente ser descobertos com facilidade segundo o contexto. Quando o pensamento em pauta era a purificação, a água, segundo parece, tipifica a "lavagem na água pela Palavra", como no caso da Pai, e em João 13, e em outros lugares. Quando há refrigério e poder vivificante, assim como no caso da água

Tipos do Calvário

que fluiu da rocha ferida, do poço em João 4 e de outros poços, dos rios em João 7, do rio de Deus e das chuvas que refrescam a terra, sabemos que o Espírito Santo é prefigurado.

Por outro lado, a instabilidade, o tumulto e o desassossego do mar frequentemente simbolizam a inquietude nas nações da terra, assim como em Ezequiel 31.4; Salmos 17.4; Apocalipse 17.15; mas "as torrentes levantam as suas ondas, o SENHOR nas alturas é mais poderoso do que o som de muitas águas". A água derramada no chão indica a fraqueza do homem, como no tipo ao qual acabamos de nos referir (1Samuel 7) e em Salmos 22.14. Mas as águas profundas são um elemento de perigo e de destruição, e nos falam da tristeza e da morte; assim tipificam as águas de juízo através das quais o Senhor Jesus passou na morte por nós.

É nesta última conexão que as águas são tão frequentemente referidas em Salmos, em muitos dos quais temos as declarações do nosso Senhor mesmo. "Tua ira pesa sobre mim; com todas as tuas ondas me afligiste" (Salmos 88.7); "[...] todas as tuas ondas e vagalhões se abateram sobre mim" (Salmos 42.7);

> Salva-me, ó Deus, pois as águas subiram até o meu pescoço. [...] Entrei em águas profundas; as correntezas me arrastam. [...] liberta-me dos que me odeiam e das águas profundas. Não permitas que as correntezas me arrastem, nem que as profundezas me engulam [...] (Salmos 69.1,2,14,15). ∎

Outro salmo nos diz que as decisões de Deus são "insondáveis como o grande mar" (Salmos 36.6); parece claro que, assim, vários dos retratos no Antigo Testamento tipificam o Senhor Jesus Cristo no Calvário passando pelas águas do juízo e da morte, em nosso favor.

Sabemos, pelos próprios lábios do Senhor, que *Jonas é* um tipo dele mesmo, pois disse: "Pois assim como Jonas esteve três dias e três noites no ventre de um grande peixe, assim o Filho do homem ficará três dias e três noites no coração da terra" (Mateus 12.40). A linguagem da oração de Jonas no capítulo 2 nos faz lembrar de muitas das declarações de Salmos, quando o profeta exclama: "Jogaste-me nas profundezas, no coração dos mares; correntezas formavam um turbilhão ao meu redor; todas as tuas ondas e vagas passaram sobre mim" (Jonas 2.3).

Noé foi conservado em segurança, e as águas do Dilúvio não tocaram nele, pois estava em segurança *na arca,* mas a arca precisa passar pelas águas, e as ondas precisam bater contra ela; assim nos conta de Cristo, que, tendo enfrentado a tempestade por nós, é nosso lugar de segurança.

No *mar Vermelho* e no *Jordão,* através dos quais passou o povo redimido de Deus, voltamos a ter retratos da morte de Cristo; aquele, conforme já notamos, nos ensina a respeito do livramento do Egito, e a travessia do Jordão, da entrada na terra prometida, no lugar da bênção. A travessia do mar Morto aponta aquilo que ficou para trás; a passagem do Jordão àquilo que está na frente. A arca do testemunho, que desceu diante de todos para dentro do rio, e ali permaneceu até todos terem atravessado, prefigurava Cristo, o Alfa e Ômega da nossa salvação, que desceu até à morte por nós e a enfrentou plenamente; pois a narrativa nos diz que o Jordão foi atravessado na estação em que o rio transbordava as suas ribanceiras. As pedras que foram colocadas no Jordão, conforme vimos, falam da participação que os crentes têm na morte de Cristo; e aquelas, na terra prometida, por terem ressuscitado com ele das águas da morte.

No incidente em *Mara,* onde as águas amargas foram tornadas doces por meio da árvore que nelas foi lançada, provavelmente temos outra prefiguração da mesma coisa; conforme disse alguém:

> Belíssimo tipo de Cristo, que foi lançado nas águas amargas da morte a fim de que aquelas águas passassem a nos render nada senão a doçura para sempre. Podemos dizer com verdade que a amargura da morte passou, e que nada permanece para nós senão os doces eternos da ressurreição. ■

Tipos do Calvário

A cena foi muito semelhante àquela que aconteceu nos tempos de Eliseu nas ribanceiras do Jordão, quando *a cabeça do machado* foi levada a flutuar; e, por analogia, ambas parecem ser mais do que meras ilustrações daquilo que o Senhor tem feito ao descer nas águas da morte. Na primeira cena, o amargo tomou-se doce; em 2Reis 6, aquilo que fora perdido e afundado foi erguido e restaurado. Nos dois casos, foi por meio da árvore ou galho lançados nas águas.

Existem outros tipos da morte de nosso Senhor que não podem ser incluídos em nenhuma das duas divisões anteriores, por não falarem do derramamento literal do sangue nem das águas da morte. Entre eles, existem mais dois quadros do deserto que não devem ser omitidos.

A *rocha ferida* foi fonte dos rios de água; assim como a morte de Cristo deve anteceder à descida do Espírito Santo. Ao prometer os rios transbordantes de água em João 7, parece claro que o Senhor se referia a este tipo. Lemos: "Ele estava se referindo ao Espírito, que mais tarde receberiam os que nele cressem. Até então o Espírito ainda não tinha sido dado, pois Jesus ainda não fora glorificado". O apóstolo Paulo nos diz que "aquela rocha era Cristo", mas precisava ser ferida uma só vez. Moisés, na segunda ocasião, foi ordenado a falar a ela; mas, pela sua desobediência a essa ordem, não recebeu licença de entrar na terra prometida. Deus tem seus retratos em alta estima; por isso, não permitiu que uma mão apressada acrescentasse mais um golpe de pincel que estragasse o quadro inteiro e o tornasse uma representação incorreta daquilo que visava tipificar.

Quando, longos séculos depois, a oração de Moisés foi atendida, e lhe foi permitido "atravessar e ver a boa terra além do Jordão, e aquela linda montanha", quando ele e Elias ficaram ao lado do Senhor no monte da transfiguração, o assunto da conversa foi a partida que Jesus levaria a efeito em Jerusalém — como antítipo da rocha ferida. Por certo, Moisés passou a entender plenamente o significado do tipo que maculara.

A cena em Números 21, quando a *serpente de bronze* foi levantada, é bem conhecida por todos por causa da referência em João 3, como prefiguração do levantamento de Cristo no Calvário; e aqui a verdade enfatizada é que a morte de nosso Senhor é o antídoto para a picada do pecado. "Há vida em olhar para o Crucificado." Tomou sobre si a forma daquilo que fizera o dano; foi feito "pecador por nós". O antídoto era para todos quantos tivessem sido picados. Lemos (Números 21.8,9) que era por todo e qualquer um; semelhante à obra de Deus referida por Jó, que "toda a humanidade vê; de lugares distantes os homens as contemplam".

A prefiguração mais antiga da morte do Senhor parece ter sido dada no *sono profundo* que Deus fez cair sobre Adão quando formou Eva. Sabemos, baseando-nos em Efésios 5, que se trata de um retrato de Cristo e da igreja, e que foi mediante o sono profundo de Cristo que a igreja pôde ser edificada.

Ser rasgado o véu do templo no momento em que nosso Senhor entregou o seu espírito foi o cumprimento dos tipos no Antigo Testamento. O véu que, até então, ficava dependurado entre o Lugar Santo e o Lugar Santíssimo tinha servido para "dividir" os dois (Êxodo 26.33) e nos ensina que a encarnação de nosso Senhor, que é tipificada pelo véu, não podia, por si só, nos levar a Deus. O caminho só foi aberto quando aquele véu foi rasgado. Agora, pela fé, podemos entrar com ousadia para dentro, "para onde nosso Precursor já entrou por nós". O véu rasgado deixaria aqueles que serviam no templo verem para dentro do Lugar Santíssimo; e esse é o nosso privilégio agora. Nosso Senhor disse: "O mundo não me vê mais, mas vocês me veem"; e nós, pela fé, podemos contemplá-lo aparecendo como o grande sumo sacerdote "na presença de Deus por nós".

Em outro grupo de tipos, já mencionamos *o grão de trigo*, o qual, caindo na terra, morre, e assim produz muitos frutos. Aqui, o Senhor ensina que era necessário a sua própria morte a fim de que ele tivesse uma colheita gloriosa.

Tipos do Calvário

Já foram escritos muitos volumes a respeito desses tipos maravilhosos, e outros tantos ainda poderão ser escritos, mas nesse estudo breve vemos que, ao agruparmos aqueles que nos falam da cruz de Cristo, colocamos diante de nós todas as bênçãos principais que ela tem comprado para nós.

Temos, em Gênesis 3, uma cobertura que nos deixa em condições de comparecer na presença de Deus; temos a aceitação mediante o cordeiro de Abel e do holocausto; a substituição fornecida por Deus em Gênesis 22, bem como nas ofertas; livramento da ira, mediante o cordeiro pascal; paz e comunhão na oferta de comunhão; perdão e purificação nas ofertas pelo pecado e pela culpa; no grande Dia da Expiação; na novilha vermelha; e a justificação tipificada pela ave sacrificada para purificar o leproso.

Depois, também vemos o livramento dos nossos inimigos na travessia do mar Vermelho, e a entrada na bênção na travessia do Jordão; nas pedras, vemos a união do crente com Cristo na sua morte e ressurreição; o amargo transformado em doce em Mara; o afundado recuperado em 2Reis 6; o dom do Espírito Santo, na rocha ferida; a cura da peçonha do pecado quando foi levantada a serpente de bronze; a edificação da igreja em Gênesis 2; o único meio de segurança na arca; acesso à presença de Deus no véu rasgado; e no grão de trigo, a colheita do plantio dos cereais. Na história de Jonas, temos prefigurado o período exato que decorreria entre a morte e a ressurreição de Cristo; e na cena em Deuteronômio 21 aprendemos que Deus requererá a morte do Filho.

Esses são apenas alguns dos pensamentos de maior destaque que esse rico conjunto de tipos nos apresenta; mas existe, em cada um deles, muitos pormenores que estão repletos de beleza.

O Senhor, ao instituir a ceia, nos oferece um tipo, que é constantemente repetido, da sua morte — uma sombra que ele deixou conosco ao voltar à luz da casa do Pai. O fato de ele nos ter ordenado a nos lembrar do amor com que nos amou até à morte, através dos emblemas do *pão partido* e do vinho derramado, nos conta que ele dá valor aos nossos pensamentos. Conforme disse o salmista: "Seja-lhe agradável a minha meditação [...]" (Salmos 104.34). O coração de Jesus se alegra com nosso estudo quando, com coração grato, e através dos tipos, "contemplamos a maravilhosa cruz na qual morreu o Príncipe da glória".

Vale a pena, portanto, dedicarmos tempo ao estudo dos quadros que, de modo tão maravilhoso, apresentam isso diante de nós; se são tão preciosos para nós aqui na terra, cujo significado vemos de modo ofuscado, certamente poderemos antegozar os tempos em que os entenderemos plenamente, quando o *Cordeiro* que foi morto será o centro da glória, e sua morte, o tema da nossa conversa.

CAPÍTULO 5

TIPOS DA RESSURREIÇÃO

Os tipos da ressurreição do Senhor Jesus Cristo não são tão numerosos quanto os da sua morte; mas essa ressurreição foi claramente prenunciada no Antigo Testamento. Paulo nos diz em 1Coríntios 15, como parte do seu evangelho, que Cristo "ressuscitou ao terceiro dia, segundo as Escrituras" e parece claro que se referia principalmente aos tipos que prefiguravam esse fato. Alguns destes já foram aludidos anteriormente, mas seria proveitoso agrupá-los entre si. Se, conforme já vimos, a arca que passava pelas águas do dilúvio era um tipo da morte de Cristo, logo, *a arca que repousa no monte Ararate,* com Noé saindo para andar na terra nova, prefiguraria a vida ressurreta futura. Todos os tipos são imperfeitos, e assim também a arca não basta; isso porque, diferentemente de Noé, nunca deixamos o nosso abrigo seguro — é "abrigo na tempestade", e não existe segurança a não ser em permanecermos ali.

É notável que é citada a data em que a arca repousou nos montes de Ararate; aquela data provavelmente coincida com a manhã da ressurreição. Tratava-se de alguma casualidade, de uma mera coincidência — ou não era, pelo contrário, uma indicação de que Deus já sabia o dia em que diria "Tu és o meu Filho; hoje te gerei"?

A Bíblia nos conta que a arca repousou no sétimo mês, e no dia dezessete desse mês. O sétimo mês era o mês *abibe;* mas desde a data da primeira páscoa se tornou o início dos meses e "o primeiro mês do ano" (Êxodo 12.2). O cordeiro foi sacrificado no dia quatorze do mesmo mês; e o terceiro dia depois era o dia dezessete — o dia em que a arca pousou. Muitos, portanto, acham que realmente prefigurava o dia da ressurreição.

Outro tipo — o de mover ritualmente o *feixe do primeiro cereal*, ao qual já nos referimos — claramente profetizava o dia da semana em que aconteceria a ressurreição. Devia ser no primeiro dia da semana; pois lemos em Levítico 23.11: "O sacerdote moverá ritualmente o feixe perante o SENHOR [...] no dia seguinte ao sábado." O grão de trigo caíra na terra e morrera: tinha sido semeado "no campo" (Êxodo 23.16), no campo do mundo; e o feixe dos primeiros frutos era penhor da colheita gloriosa que brotaria daquele grão de trigo. "Cristo, as primícias; e depois aqueles que são de Cristo, na sua vinda". A ressurreição de Cristo é a garantia da ressurreição do seu povo quando, então, na sua vinda nos ares, "os mortos em Cristo ressuscitarão primeiro"; e na sua vinda à terra, serão ressuscitados todos os demais que estão incluídos na primeira ressurreição.

Embora o dia da semana esteja claramente incluído nesse tipo, não somos deixados na dúvida quanto a qual sábado antecederia à manhã da ressurreição. Seria o sábado depois da Páscoa; e sabemos que assim aconteceu, "a fim de que sejam cumpridas as Escrituras".

Em Números 17, temos um belo quadro da ressurreição do Senhor Jesus Cristo, no *florescimento da vara de Arão*. As doze varas foram depositadas diante do Senhor. Todas eram igualmente mortas, e não havia nelas nenhum sinal de vida; quando raiou a manhã, acontecera um milagre maravilhoso — uma das varas, na qual estava escrito o nome de Arão, ficara cheia de vida: brotos, flores e frutos tinham aparecido, todos eles. Nenhum olho viu a transformação acontecer; mas, quando Moisés veio de manhã, havia evidência abundante de vida, o que nos faz lembrar daquela manhã na qual as mulheres chegaram ao sepulcro quando o sol se levantou e descobriram que aquele que procuravam

Tipos da ressurreição 53

não estava morto, mas havia ressuscitado. Em seguida, a vara com os brotos e flores foi mostrada ao povo. O milagre foi atestado por muitas testemunhas; e assim lemos em Atos dos Apóstolos do nosso Senhor ressurreto: "Depois do seu sofrimento, Jesus se apresentou a esses homens e deu-lhes muitas provas, provas indiscutíveis de que estava vivo" (Atos 1.3). "Deus, porém, o ressuscitou no terceiro dia e fez que ele fosse visto, não por todo o povo, mas por testemunhas que designara de antemão [...]." (Atos 10.40,41)

A ressurreição é um dos temas principais de Atos, pois era a ela que os discípulos davam testemunho. Não precisavam testificar da sua morte, pois esta era conhecida em toda a cidade de Jerusalém; mas crer no fato da ressurreição era crer em Cristo como Messias e na sua obra consumada. Deus fez a vara de Arão brotar, para comprovar que este era o escolhido por Deus; e Jesus Cristo, nosso Senhor "mediante o Espírito de santidade foi declarado Filho de Deus com poder, pela sua ressurreição dentre os mortos [...]" (Romanos 1.4). Não poderia haver dúvida de que Jesus tivesse sido aceito por Deus, que o ressuscitou dentre os mortos. Depois de a vara de Arão ter sido mostrada ao povo, foi guardada na presença do Senhor; da mesma forma, "foi visto durante muitos dias por aqueles que subiram com ele da Galileia a Jerusalém", e depois "se assentou à direita da majestade nas alturas". A vara de Arão era "para a tribo de Levi"; e a ressurreição de Cristo, conforme vimos no tipo anterior, era a garantia de que seu povo seria ressuscitado: pois, "se o Espírito daquele que ressuscitou a Jesus dentre os mortos habita em vocês, aquele que ressuscitou a Cristo dentre os mortos também dará vida a seus corpos mortais, por meio do seu Espírito, que habita em vocês" (Romanos 8.11).

Esse tipo é imperfeito porque a vara devia ser conservada como sinal contra os rebeldes. A ressurreição de Cristo, por outro lado, não nos relembra do pecado, mas da justificação; pois ele foi "entregue pelas nossas iniquidades, e ressuscitado para a nossa justificação". A vara, embora seja mencionada em Hebreus como um dos objetos contidos na arca, não se achava ali nos tempos de Salomão; e a razão disso parece ser que no templo, que prefigura Cristo e sua igreja na glória da ressurreição, nada existia como lembrança do fracasso no deserto.

É provável que haja uma referência à vara de Arão em Números 20, quando Moisés foi ordenado a pegar a vara e falar à rocha a fim de que esta jorrasse água. A rocha já fora ferida anteriormente, e isso nos fala da morte de Cristo; Moisés devia segurar na mão o símbolo da ressurreição, e assim fluiriam as águas, assim como lemos em João 7 no tocante aos rios de água: "Ele estava se referindo ao Espírito, que mais tarde receberiam os que nele cressem. Até então o Espírito ainda não tinha sido dado, pois Jesus ainda não fora glorificado" (v. 39).

Lemos que Moisés pegou a vara que estava diante do Senhor; existe, sem dúvida, uma conexão entre esses tipos: a rocha que fora ferida; a vara que brotara e que, a partir de então, estivera na presença de Deus; e as águas que jorraram. Pedro nos conta em Atos 2.23 a respeito da rocha ferida: "Este homem lhes foi entregue por propósito determinado e pré-conhecimento de Deus; e vocês, com a ajuda de homens perversos, o mataram, pregando-o na cruz". Nos versículos 24 e 33, fala do antítipo da vara que brotara e que fora colocada na presença do Senhor, e dos rios de água: "Mas Deus o ressuscitou dos mortos [...]. Exaltado à direita de Deus, ele recebeu do Pai o Espírito Santo prometido e derramou o que vocês agora veem e ouvem".

Na purificação do leproso, conforme já mencionamos, existe uma prefiguração da ressurreição. Duas aves vivas e puras deviam ser apresentadas em favor do leproso curado. Uma das aves era morta num vaso de barro em cima de água corrente, e *a ave viva* devia ser mergulhada no sangue daquela e deixada solta para o campo aberto. O sangue derramado da primeira ave fala-nos a respeito da morte de Cristo; e a segunda ave, da ressurreição de Jesus Cristo, que "foi para o céu e está à mão direita de Deus". A ave levantou voo em direção ao céu, com sangue nas suas asas; e o Senhor "pelo seu próprio sangue entrou no Santo dos Santos, uma vez por todas, e obteve eterna redenção".

Ao agruparmos os tipos da redenção, existe um deles ao qual já nos referimos, mas que não podemos omitir aqui: a entrada dos israelitas na terra prometida depois de *passarem pelo rio Jordão*. O Jordão nos fala da morte de Cristo, e a travessia desse rio nos fala da união dos crentes com Cristo na morte e na ressurreição. Colossenses nos apresenta essas duas verdades — "Vocês morreram" — tipificadas pelas doze pedras colocadas no Jordão, por cima das quais o rio fluiu imediatamente depois de o povo ter atravessado. "Ali estão até ao dia de hoje." Nossa união com Cristo envolveu uma união com a sua morte que nunca poderá ser mudada; mas existe o outro lado da verdade: "Portanto, já que vocês ressuscitaram com Cristo, procurem as coisas do alto, onde Cristo está assentado à direita de Deus (v. 1)".

Esse fato foi tipificado pelas *pedras* tiradas do meio do Jordão e colocadas na terra prometida; conforme lemos em Efésios 2: "Deus nos ressuscitou com Cristo e com ele nos fez assentar nas regiões celestiais em Cristo Jesus" (v. 6). Essas pedras representam a condição de todos os crentes — mortos com Cristo, e ressuscitados com ele.

Nosso lugar, aos olhos de Deus, está na terra prometida; pois ele "nos abençoou com todas as bênçãos espirituais nas regiões celestiais em Cristo" (Efésios 1.3). Embora seja verdade que não devemos nos dar por satisfeitos a não ser que a nossa experiência corresponda com a nossa condição, a doutrina da Bíblia não parece justificar, conforme as vezes se ensina, que essas coisas são necessariamente uma experiência paulatina, ou que acontecem como segunda bênção à parte da conversão. Se, por falta de ensinamento, deixamos de perceber qual é a nossa posição, não altera o fato de que, quando fomos unidos a Cristo pela fé, fomos participantes da sua morte e ressurreição, por estarmos em Cristo. A partir de então, nossa posição tem estado na terra prometida; e as lutas começaram a fim de tomarmos posse, passo a passo, daquilo que Deus nos tem dado. Não precisamos nos mortificar ou nos sepultar, conforme alguns ensinam; mas só reconhecer que em Cristo morremos, e que fomos ressurretos a fim de andarmos na novidade da vida.

Três *dias e três noites* frequentemente tipificam a morte e a ressurreição; assim como, por exemplo, na história de Jonas, cujos "três dias e três noites" são mencionados pelo Senhor como tipos do período que ele mesmo passaria no coração da terra. É provável que a morte e a ressurreição sejam tipificadas na resposta de Moisés ao faraó: "Faremos três dias de viagem no deserto, e ofereceremos sacrifícios ao Senhor, o nosso Deus [...]" (Êxodo 8.27). O faraó queria que sacrificassem no país dele, ou que não se afastassem muito, mas o propósito de Deus é que haja um rompimento completo com o deus deste mundo, rompimento este que somente pode acontecer quando tomarmos a nossa posição em terreno da ressurreição. A arca da aliança do Senhor, em certa ocasião, foi diante dos israelitas durante uma viagem de três dias a fim de procurar um lugar de repouso para eles.

Em Hebreus 11 vemos que *Isaque,* ao ser recebido de volta por Abraão depois de este o ter oferecido voluntariamente, era uma figura da ressurreição; e, posto que sabemos que Abraão é um tipo do Pai, que não poupou seu Filho, e que Isaque é tipo do Cordeiro fornecido por Jeová-Jiré, não podemos estar errados ao enxergarmos a cena como prenúncio da morte e da ressurreição de Jesus Cristo. Nem é destituído de relevância o fato de esse relato ser seguido em Gênesis 24 por um belo quadro do servo fiel que saiu para buscar uma noiva para o filho, que figuradamente passou pela vida e pela ressurreição.

Existe uma cena profética em 2Reis na qual parece haver, no mínimo, uma referência à ressurreição. A filha de Jezabel, Atalia, procurara destruir toda a descendência da realeza; mas, embora ela pensasse ter conseguido, um *"dentre os mortos"* foi levado e escondido no templo do Senhor até o tempo certo para a sua proclamação como rei. Era herdeiro do trono, mas uma usurpadora reinava; assim como agora o herdeiro do mesmo trono, o trono de Davi e o trono do Senhor (1Crônicas 29.23), fica encoberto por algum tempo na presença de Deus, e não será visto pelo mundo até o "dia da coroação que está para vir em breve". O usurpador pensou ter destruído Jesus

Tipos da ressurreição

no Calvário, mas o Senhor ressuscitou dentre os mortos, e não demorará para assumir publicamente o seu poder e o seu reinado. Vemos em Apocalipse 2.20,23 que Jezabel e seus filhos são evidentemente tipos do poder de Satanás e dos sistemas malignos que este tem introduzido; e o reinado de Atalia é um retrato notável da cristandade conforme ela é agora.

A posição dos levitas, que são um tipo de igreja, ilustra nossa atitude de esperarmos o sinal que nos chamará para o lado do Filho do Rei que "reinará", a fim de que "acompanhemos o rei aonde quer que ele for". Os levitas de todas as cidades de Judá, e os líderes dos batalhões de Israel foram informados pelo sumo sacerdote, do segredo que lhes transformou a vida: "mostrou-lhes o filho do rei" (2Reis 11.5). Ficaram sabendo que não estava morto, mas vivo; quando chegasse o momento certo, seria proclamado rei. A fé na ressurreição do Senhor Jesus Cristo tem transformado a vida das pessoas desde quando aquela ressurreição ocorreu; pois lemos: "Se você confessar com a sua boca que Jesus é Senhor e crer em seu coração que Deus o ressuscitou entre os mortos, será salvo" (Romanos 10.9). Já não somos servos do usurpador, mas, sabendo que seu domínio cessará em breve, esperamos o Filho proveniente do céu, quando, então, seremos arrebatados para nos encontrar com ele na sua glória. "[...] 'Sim, venho em breve!' Amém. Vem, Senhor Jesus!" (Apocalipse 22.20).

CAPÍTULO 6

HABITAÇÕES DE DEUS

Um estudo muito interessante é o de comparar entre si os lugares da habitação de Deus por todas as partes da Bíblia. O primeiro é o *tabernáculo,* a respeito do qual ele disse: "Façam-me um santuário, a fim de que eu habite entre eles". Foi essa a primeira ocasião em que Deus habitou entre os seres humanos. Descia para visitar Adão no Éden, quando, então, andava no jardim no frescor do entardecer. Enoque e Noé andavam com Deus, que chamava Abraão de amigo; mas nunca antes descera para habitar. Em Gênesis 9.27, em que é profetizado: "Habitará nas tendas de Sem", é possível que haja uma alusão ao tabernáculo. Durante mais de quinhentos anos, era sua habitação na terra. Andava "de tenda em tenda, e de tabernáculo em tabernáculo", até dar instruções para Salomão construir para ele uma casa, e o *templo* passou a ser seu santuário, pois "o palácio não será feito para homens, mas para o SENHOR, o nosso Deus" (1 Crônicas 29.1).

Estes dois, o tabernáculo e o templo, eram sucessivamente sua habitação nos tempos do Antigo Testamento. Mas depois de decorrerem muitos anos, veio *o Senhor Jesus Cristo;* e nele, na terra como também agora no céu, "[...] habita corporalmente toda a plenitude da divindade" (Colossenses 2.9). Lemos que "a Palavra tornou-se carne e viveu [lit.: tabernaculou] entre nós". Era Emanuel, Deus conosco, o antítipo do tabernáculo, e também do templo; pois ele era "[...] maior do que o templo" (Mateus 12.6), e mais de uma vez se compara com este.

Disse: "Destruam este templo, e eu o levantarei em três dias. [...] Mas o templo do qual ele falava era o seu corpo" (João 2.19,21). Durante 33 anos, andou por esta terra e, quando ascendeu, Deus veio habitar em outro templo. Agora habita *na igreja,* não meramente nos corpos dos crentes individuais que são templos do Espírito Santo, mas na "igreja, que é o seu corpo". Conforme lemos em Efésios 2.20-22: "[...] tendo Cristo Jesus como pedra angular, no qual todo o edifício é ajustado e cresce para tornar-se um santuário santo no Senhor. Nele vocês também estão sendo juntamente edificados, para se tomarem morada de Deus por seu Espírito". Tem sido ressaltado que nessa passagem temos a igreja como antítipo do templo e do tabernáculo. No versículo 22 há um edifício já completado no qual Deus agora habita — edifício montado como o tabernáculo, nas areias do deserto. No versículo 21, é referido um santuário que continua crescendo, que somente estará completo quando ele apresentar "a si mesmo como igreja gloriosa, sem mancha nem ruga ou coisa semelhante [...]" (Efésios 5.27). O tabernáculo parece ser tipo de Cristo e da sua igreja agora; o templo, de Cristo e da sua igreja na glória ressurretos, conforme lemos em Pedro: "vocês também estão sendo utilizados como pedras vivas na edificação de uma casa espiritual [...]". Ainda não está terminada. Assim como o templo de Salomão "foi construído de pedras preparadas antes de serem levadas para lá" — assim também cada pedra no templo deve ser escavada da pedreira, cortada e lavrada.

O próprio Salomão adotou o plano que recomenda em Provérbios 24: "Termine primeiro o seu trabalho a céu aberto; deixe pronta a sua lavoura. Depois constitua família" (v. 27). Deus está fazendo isso agora. O campo é o mundo, e as pedras estão sendo preparadas aqui, uma por uma.

Está escrito a respeito dos vasos do templo que "na planície do Jordão o rei os moldou em terreno argiloso"; e assim também deve ser com "os vasos de misericórdia que antes preparara para a glória". Toda a obra de moldagem e de corte deve ser feita aqui; e a construção não

Habitações de Deus

será completada até cada pedra ter sido totalmente acabada, e então "[e]le colocará a pedra principal aos gritos de 'Deus abençoe! Deus abençoe!' " (Zacarias 4.7). A pedra angular em Efésios 2.20 é a pedra fundamental, e fala do primeiro advento de Cristo; a pedra angular em Salmos 118.22, e a pedra principal referida em Zacarias 4, refere-se à sua segunda vinda.

Existe menção de *uma habitação futura* em Ezequiel 37.26,27, e em outras passagens semelhantes, nas quais Deus promete que seu santuário estará no meio de Israel. Em Apocalipse 15.5 João vê "nos céus o santuário, o tabernáculo da aliança"; e em 21.3 ouve uma voz dizer: "Agora o tabernáculo de Deus está com os homens, com os quais ele viverá [...]". Não sabemos a que ponto estas são referências à igreja glorificada, mas sabemos que, quando ele vier e os mortos em Cristo forem ressuscitados, e nós, que estivermos vivos e permanecermos, seremos "arrebatados para nos encontrar com o Senhor nos ares", nunca mais seremos separados dele; pois "assim estaremos para sempre com o Senhor". João nos diz no mesmo capítulo do Apocalipse que na Nova Jerusalém: "Não vi templo algum na cidade, pois o Deus Todo-poderoso e o Cordeiro são o seu templo" (21.22); e sabemos que então terá sido atendida a oração do Senhor Jesus Cristo: "[...] para que todos sejam um, Pai, como tu está em mim e eu em ti. Que eles também estejam em nós [...]" (João 17.21). É possível, portanto, que esse templo futuro seja Cristo e a sua igreja. Quando Adão caiu, o Senhor disse: "Agora o homem se tornou como um de nós [...]" (Gênesis 3.22); e por isso o expulsou para longe da árvore da vida. Mas a oração de Cristo em João é "que sejam um em nós"; e no Apocalipse o homem é acolhido de volta à árvore da vida, e a oração de Cristo é atendida.

Ao estudarmos essas habitações — o tabernáculo, o templo, nosso Senhor mesmo e a igreja — podemos rastrear muitos pensamentos a respeito de cada um deles, compará-los e contrastá-los entre si.

Primeiro, há o *modelo* para cada um deles. Moisés é ordenado a fazer o tabernáculo, e todos os seus utensílios, segundo o modelo que lhe foi mostrado no monte (Êxodo 25.9, 40). Quando Davi deu a Salomão o projeto para todas as partes do templo, ele disse: "Tudo isso a mão do SENHOR me deu por escrito [...] para executar todos esses projetos (1Crônicas 28.19)". Sabemos que o Senhor Jesus Cristo é a imagem exata da pessoa de Deus, e que cada membro da igreja deve ser conformado com a imagem do seu Filho, "até que todos alcancemos a unidade da fé e do conhecimento do Filho de Deus, e cheguemos à maturidade, atingindo a medida da plenitude de Cristo" (Efésios 4.13). Na habitação de Deus, não há lugar para projetos, desígnios ou invenções do homem. O padrão para todos é o próprio Cristo.

Existe *preparação* em cada um dos casos. Forçosamente, o tabernáculo estava na mente de Deus quando mandou o povo pedir aos egípcios joias de ouro e joias de prata, e quando colocou no coração daqueles que tinham sido seus opressores a disposição de lhes entregar tudo quanto pediram. Deus dissera a Abraão que os israelitas "sairiam com muitos bens"; portanto, quando em Êxodo 25 Deus lhes mandou trazer contribuições, estavam bem supridos. Quando Deus nos pede que lhe entreguemos alguma coisa, ele sempre a dá primeiramente a nós. Ele faz os preparativos e depois nos deixa dizer que nós "lhe prepararemos habitação". Quando os materiais tinham sido entregues, Deus chamou Bezalel, a quem encheu "do Espírito de Deus, dando-lhe destreza, habilidade e plena capacidade artística [...] para todo tipo de obra artesanal" (Êxodo 35.31-33), e o dispôs a ensinar outros, a fim de que a obra fosse realizada segundo o modelo de Deus.

Davi fez muitos preparativos para o templo; pois disse:

> "[...] o templo que será construído para o SENHOR deve ser extraordinariamente magnífico, famoso e cheio de esplendor à vista de todas as nações. Por isso deixarei tudo preparado para a construção." Assim, Davi deixou tudo preparado antes de morrer (1Crônicas 22.5). ∎

Habitações de Deus

Seis vezes em 1Crônicas 29 esses preparativos são mencionados; pois quando Davi preparou, o povo também fez preparativos, e podiam dizer, assim como seus pais no deserto podiam ter dito: "[...] toda essa riqueza que ofertamos para construir um templo em honra ao teu santo nome vem das tuas mãos, e toda ela pertence a ti" (v.16). Este é o sentido bíblico da consagração — encher nossa mão da parte da mão de Deus, e depois oferecer de volta a ele (1Crônicas 29.5,14). Salomão também, conforme vimos, fez preparativos cuidadosos antes de começar a construir a casa. Quando o Senhor Jesus veio e viveu ("tabernaculou") entre os seres humanos, disse: "Um corpo tu me preparaste". Sua saída era certa "como a alva" (Oseias 6.3, ARC); e Simeão podia dizer: "Ó Soberano, como prometeste, agora podes despedir em paz o teu servo. Pois os meus olhos já viram a tua salvação, que preparaste à vista de todos os povos (Lucas 2.29-31)". Agora Deus habita num "povo preparado para o Senhor" — na terra em humilhação, assim como no tabernáculo; posteriormente na glória, assim como no templo, quando, então, "[...] tornar conhecidas as riquezas de sua glória aos vasos de sua misericórdia, que preparou de antemão para glória" (Romanos 9.23). Existem também preparativos para a habitação futura de Deus. Em Isaías 2.2 lemos: "Nos últimos dias o monte do templo do Senhor será estabelecido como o principal; será elevado acima das colinas, e todas as nações correrão para ele"; e em Apocalipse 21.2,3 João vê "a Cidade Santa, a nova Jerusalém, que descia dos céus, da parte de Deus, preparada como uma noiva adornada para o seu marido"; ao mesmo tempo, ouve "uma forte voz vinda do trono, dizendo: 'Agora o tabernáculo de Deus está com os homens [...]' ".

Acima do tabernáculo repousava a *nuvem* da *shekiná* que indicava a presença de Deus. Lemos que, quando Moisés armou o tabernáculo:

> "Então a nuvem cobriu a Tenda do Encontro, e a glória do Senhor encheu o tabernáculo. Moisés não podia entrar na Tenda do Encontro, porque a nuvem estava sobre ela, e a glória do Senhor enchia o tabernáculo" (Êxodo 40.34,35). ■

Terminadas todas as obras que Salomão, todos os objetos foram levados para dentro e colocados nos seus devidos lugares, e o templo foi dedicado a Deus:

> Os que tocavam cornetas e os cantores, em uníssono, louvaram e agradeceram ao SENHOR. Ao som de cornetas, címbalos e outros instrumentos, levantaram suas vozes em louvor ao SENHOR e cantaram: "Ele é bom; e seu amor dura para sempre." Então uma nuvem encheu o templo do SENHOR, de forma que os sacerdotes não podiam desempenhar o seu serviço, pois a glória do SENHOR encheu o templo de Deus (2Crônicas 5.13,14). ■

Uma nuvem brilhante apareceu sobre o Senhor Jesus no monte da transfiguração; e assim como no deserto Deus falou a Israel a da nuvem, assim também falou aos discípulos. Da nuvem saiu uma voz que dizia: "Este é o meu Filho amado em quem me agrado. Ouçam-no!". A nuvem foi vista de novo quando o Senhor Jesus ascendeu; pois, enquanto os discípulos estavam reunidos em seu redor no monte das Oliveiras, "[...] foi elevado às alturas enquanto eles olhavam, e uma nuvem o encobriu da vista deles" (Atos 1.9).

Lemos em 1Coríntios 10.2 que todos os israelitas "estiveram sob a nuvem e todos passaram pelo mar. Em Moisés, todos eles foram batizados na nuvem e no mar". Isso parece indicar que a nuvem era um tipo do Espírito Santo, pois "por um só Espírito todos nós fomos batizados em um só corpo". Finalmente, na visão de João das coisas que virão a acontecer, lemos que "O santuário ficou cheio da fumaça da glória de Deus e do seu poder, e ninguém podia entrar no santuário [...]" (Apocalipse 15.8).

O *ouro*, que é entendido como tipificação do divino, acha-se em cada um. As tábuas no tabernáculo eram revestidas de ouro; também o altar de ouro, a mesa dos pães da Presença e a arca, ao passo que a tampa e o candelabro eram de ouro maciço.

Nada de madeira, que é considerado representação da humanidade, podia se ver no tabernáculo nem no templo; neste último, "não se via nenhuma pedra". Tudo era revestido de ouro puro. A respeito de nosso Senhor pessoalmente, lemos: "No princípio era a Palavra, e a Palavra estava com Deus, e a Palavra era Deus". Era o Deus-homem; e o ouro, o divino, embora estivesse frequentemente encoberto da vista, via-se, no decurso da totalidade da vida de Jesus, nos milagres que operava e nas palavras que falava. No monte da Transfiguração, essa glória foi plenamente vista mesmo quando Jesus se humilhou e se tornou obediente à morte, à morte da cruz, o centurião e aqueles que estavam com ele disseram: "Verdadeiramente este era Filho de Deus".

A igreja, que é a habitação de Deus agora, também precisa do ouro; e todo membro da igreja precisa ser nascido de novo e participante da natureza divina.

Quando, em Apocalipse 3, Cristo se lamenta por causa da mornidão dos laodiceus, diz: "Eu o aconselho a comprar de mim ouro refinado no fogo, para que se torne rico, e roupas brancas para vestir [...] e colírio para ungir os seus olhos, a fim de que você veja"; e lemos em 1Coríntios 3 que no tribunal de Cristo, quando, então, as obras dos crentes serão testadas, o ouro, a prata e as pedras preciosas resistirão ao fogo.[1] No templo de Salomão, "[...] revestiu de ouro os pisos, tanto na parte interna como na externa do templo" (1Reis 6.30); e os pés dos sacerdotes pisavam nesse ouro, por contraste com a areia do deserto que servia de piso no tabernáculo no deserto; ao passo que na Nova Jerusalém, na qual o próprio Senhor Deus e o Cordeiro são o templo, lemos que as ruas da cidade eram de ouro puro.

---

1. É possível que o ouro, as vestes brancas e o colírio representem o próprio Deus — Pai, Filho, e Espírito Santo: pois lemos em Jó 22.25: "o Todo-poderoso será o seu ouro [...]"; em Romanos 13.14: "[...] revistam-se do Senhor Jesus Cristo [...]"; e em 1João 2.20: "[...] vocês têm uma unção do Santo, e sabem todas as coisas". Era do próprio Deus que a igreja de Laodiceia precisava; e ele estava disposto a entrar e morar com todo aquele que atendesse à sua voz e abrisse a porta para ele.

O *exterior* dessas habitações merece uma comparação e um contraste. O tabernáculo estava coberto de couros, e ficavam encobertas as belezas por dentro. Não podia ter havido nada de atraente na sua aparência; e era muito diferente da glória do templo de Salomão, que era "ornamentado com pedras preciosas". Nosso Senhor, enquanto estava na terra, era semelhante ao tabernáculo, de modo que o profeta podia dizer:

> [...] Ele não tinha qualquer beleza ou majestade que nos atraísse, nada havia em sua aparência para que o desejássemos. Foi desprezado e rejeitado pelos homens [...]. Como alguém de quem os homens escondem o rosto, foi desprezado, e nós não o tínhamos em estima (Isaías 53.2,3) ∎

— e assim acontece com a igreja hoje. "O discípulo não está acima do seu Mestre, nem o servo acima do seu Senhor"; no seu caráter de peregrina, a igreja também é desprezada e rejeitada pelos homens. Não se considerava que o grupinho em Éfeso tivesse muita importância. Enquanto o apóstolo lhes escrevia a sua carta e comparava-os com o templo e com o tabernáculo, é provável que estivesse pensando naquele outro templo em Éfeso, uma das sete maravilhas do mundo, a respeito do qual lemos em Atos 19 que Demétrio tinha medo de "[...] o templo da grande deusa Artêmis cair em descrédito e de a própria deusa, adorada em toda a Província da Ásia e em todo o mundo, ser destituída de sua majestade divina" (v. 27). Aquele templo foi destruído há muito tempo, e podemos ver seus restos no Museu Britânico; mas os crentes de Éfeso formavam parte de um templo que, de modo semelhante ao de Salomão, será "extraordinariamente magnífico, famoso e cheio de esplendor à vista de todas as nações". Quando Cristo na sua glória ressurreta vier com a sua igreja, para ser admirado entre todos aqueles que creem, a beleza daquele templo será vista pelo universo inteiro.

Muitos outros pensamentos podem ser rastreados através das habitações de Deus nos vários períodos bíblicos.

CAPÍTULO 7

A ARCA DA ALIANÇA

Embora seja útil comparar os tipos entre si, também é necessário estudar cada um separadamente. Por exemplo, no tabernáculo é bom examinar cada peça da mobília e rastrear por toda a Palavra as várias referências a ela feitas. Notaremos, dessa forma, várias alusões ao candelabro, desde os tempos em que foi feito no deserto até quando foi empregado na festa de Belsazar, e a escrita do juízo foi vista "perto do candelabro". Trata-se de uma advertência solene de não usar para outros propósitos aquilo que foi dedicado ao serviço do Senhor. Da mesma maneira, veremos o altar de bronze nos tempos de Salomão, de Acaz, e de Ezequias — usado por Salomão ao oferecer mil holocaustos; deixado de lado por Acaz, que colocou no seu lugar um altar copiado de um rei pagão; e depois restaurado e purificado por Ezequias, em meio a cânticos de regozijo.

A condição do povo podia ser julgada com base no valor atribuído ao altar de Deus, e assim acontece hoje; se, pois, a obra vicária de nosso Senhor Jesus Cristo é tida em pouca estima, forçosamente a vida espiritual na igreja ou no indivíduo será fragilizada.

A arca da aliança é, porém, o objeto mais frequentemente aludido, e está repleta de ensinos espirituais nos vários incidentes da sua história, à medida que a seguirmos através do deserto e do Jordão até Gilgal, em derredor das muralhas de Jerico, até Siló; depois, até a terra dos filisteus, e de volta através de Bete-Semes, Quireate-Jearim, e a casa de Obede-Edom, até finalmente repousar no seu lugar na tenda em Jerusalém e no templo de Salomão. A história da nação tinha íntima conexão com a história da arca. Quando a arca estava no cativeiro, os israelitas tinham angústia e aflição, mas, quando ocupava o seu devido lugar, ficavam prósperos e felizes.

Embora no tabernáculo e no templo tudo proclamasse a glória de Deus, a arca, mais do que qualquer outro objeto ali, parece prefigurar o Senhor Jesus. Não há dúvida quanto a ela ser um tipo dele mesmo. O propósito para o qual foi feito comprova esse fato; pois Deus disse a Moisés: "Ali me encontrarei com você, e me comunicarei com você de cima da tampa da arca". Lemos em Romanos 3 a respeito de Cristo Jesus: "Deus o apresentou como sacrifício para propiciação mediante a fé, pelo seu sangue [...]" (v. 25). [O "sacrifício para propiciação" representa a palavra traduzida por "tampa" no Antigo Testamento]. Ele mesmo é o trono da graça, onde Deus se reúne com o pecador; é o lugar de encontro entre Deus e o homem.

Nota-se que o apóstolo fala dele aqui com o título de "Cristo Jesus". A ordem do seu nome não é sem relevância; e aqui se trata do ungido e exaltado, que antes era o homem sofredor na terra. O nome Jesus não é usado sozinho aqui — pois nesse caso nos falaria da sua vida de humilhação na terra — nem é colocado em primeiro lugar, como se ainda enfatizasse seu caráter como o Sofredor; pelo contrário, é "o Homem na glória" que agora é o sacrifício para propiciação, para cobrir o passado, e graça para o presente e o futuro.

A arca era feita de acácia, revestida de ouro; e isso é geralmente entendido como representação da dupla natureza de nosso Senhor: o humano e o divino. Tem sido dito que os materiais dos quais a arca se compunha representavam a sua pessoa; e os propósitos para os quais a arca era usada, a obra dele.

A arca era o lugar no qual as tábuas de pedra foram depositadas em segurança quando Deus lhes deu a Moisés pela segunda vez. Na primeira ocasião em que desceu o monte e ouviu o som de gritos no

A arca da aliança

acampamento, jogou as tábuas de pedra no chão e assim as despedaçou — o que simboliza como o povo violava a lei de Deus, conforme o homem sempre tem feito. Na segunda vez, as providências já tinham sido tomadas. As tábuas eram colocadas diretamente na arca, e Moisés acrescenta: "Ali permanecem"; o que nos faz lembrar de Jesus, a respeito de quem está escrito: "A tua lei está dentro do meu coração" — o único lugar onde ela tem permanecido sem ser quebrada. Mas as tábuas de pedra também eram a aliança; e era conforme esse aspecto que Salomão se referiu a elas ao dizer: "[...] construí o templo em honra ao nome do SENHOR, o Deus de Israel. Coloquei nele a arca, na qual estão as tábuas da aliança do SENHOR, aliança que fez com os israelitas". As tábuas da aliança estavam em segurança dentro da arca, o que o fez lembrar que Deus era um Deus que guarda as suas alianças (2Crônicas 6.10,11,14). Israel podia falhar, mas Deus nunca falharia.

Não estamos debaixo da mesma aliança que eles, pois há muito tempo tem sido comprovado que o homem nunca conseguiu cumprir a sua parte; mas Cristo se tornou para nós "garantia de uma melhor aliança superior", que é entre ele e o Pai. Por um lado, trata-se de uma promessa da vida eterna, que Deus, que não pode mentir, prometeu ao seu Filho antes dos tempos eternos quando, então, essa dádiva foi dada à igreja (Tito 1.2; 2Timóteo 1.9); por outro lado, a garantia da parte do Filho de que guardaria aquilo que o Pai lhe dera. A aliança com Israel estava em segurança na arca. As promessas de Deus à igreja "nele são sim e amém".

Outras coisas estavam na arca nos dias do tabernáculo — a vasilha de maná, e a vara de Arão que brotou; comprovantes das provisões que Deus supriu no deserto e da sua escolha do Ungido. Mas no templo, vemos que já não estão ali dentro; provavelmente porque essas duas coisas tinham sido guardadas diante do Senhor como advertência contra os rebeldes (Números 17.10), ao passo que, na glória, nada sobrará para nos lembrar disso.

Os querubins foram feitos como parte integrante da tampa — sendo tudo uma única peça de ouro maciço. Várias interpretações diferentes são oferecidas para os querubins. Alguns os consideram os atributos de Deus; outros, como seu executivo na terra; ainda outros, como emblemas do homem redimido. O fato de serem um só com a tampa e de estarem representados no véu e, portanto, de serem rasgados com este, indica preferivelmente essa última interpretação; as figuras dos seres viventes em Ezequiel e Apocalipse 5 também parecem justificar essa conclusão, por retratarem o ministério perfeito na terra ou na glória.

As três pessoas da Trindade, na forma tipológica, estão todas vinculadas entre si em conexão com a arca, pois, embora esta prefigurasse a obra e a pessoa do Senhor Jesus, a nuvem que repousa sobre ela parece tipificar o Espírito Santo; e Deus Pai falava ao povo de cima da tampa da arca.

O tipo estaria incompleto se nada houvesse no tocante à tampa para falar da morte de nosso Senhor Jesus Cristo; mas isso também temos, por se tratar de uma "tampa manchada de sangue". O sangue dos sacrifícios — primeiramente do boi, e depois do bode — era aspergido nela no Dia da Expiação. Os querubins olhavam para aquele sangue, e o olhar de Deus repousava sobre ele; por causa do sangue, podia aceitar o povo. Era uma expiação, ou tampa de cobertura, uma vez que o próprio Deus não olha através do sangue precioso. É uma tampa totalmente suficiente para o nosso pecado, de modo que lemos: "Naquele dia o sacerdote fará expiação por vocês, a fim de purificá-los, a fim de estejam puros dos seus pecados diante do Senhor". Pode ser dito a respeito deste tipo, o que foi dito na Páscoa: "Quando eu vir o sangue, passarei por cima de vocês". Em cada caso, o sangue era para ser visto por Deus somente; pois ninguém podia entrar no Lugar Santíssimo senão o sumo sacerdote, e, mesmo ele, somente nessa única ocasião.

A arca nunca foi exposta aos olhares do povo, pois, mesmo quando era carregada de lugar em lugar, estava coberta pelo véu, pelos couros e pelo pano azul. Quando o tabernáculo estava para ser removido, o véu era descido sobre a arca, a fim de que ninguém a contemplasse;

A arca da aliança

da mesma forma, o véu da encarnação cobria nosso Senhor enquanto ele viajava por esta terra. Um duplo sentido é atribuído a esses couros: primeiro, que seu exterior pouco atraente representava a humilhação de nosso Senhor, que encobria a sua glória de tal modo que fosse desprezado e rejeitado pelos homens; em segundo lugar, eram os couros que serviam de proteção contra a contaminação pelo mal — e é provável que haja verdade em ambas as interpretações. Acima dos couros, havia o pano azul; quando a arca estava sendo carregada nos ombros dos sacerdotes, aquela única peça azul se destacaria no meio da congregação, pois era o único objeto do tabernáculo a ser coberto assim. O azul é sempre tomado por representação do celestial; e sabemos que, enquanto o Senhor Jesus estava na terra, esse era realmente o seu caráter (João 3.13). Enquanto o levamos agora, nosso testemunho deve ser, acima de tudo, celestial.

A arca devia ser o centro do acampamento — "Jesus no meio"; quando o acampamento viajava, cada um devia avançar segundo a posição que ocupava ali. Se cada um adotar sua posição certa com relação ao próprio Senhor, também estará na posição certa com referência aos seus irmãos cristãos.

Uma só vez, nas peregrinações no deserto, ouvimos falar da arca deixar sua posição central e sair defronte do povo; e mesmo então, foi como repreensão a Moisés por sugerir que precisavam de outra pessoa, que não fosse o próprio Deus, para ser "o nosso guia" (Números 10.32). Deus não aprovou que outra pessoa escolhesse o caminho do seu povo e assim alterou a ordem do seu acampamento. "A nuvem do SENHOR foi à frente deles durante aqueles três dias para encontrar um lugar para descansarem" (Números 10.33).

Deve também haver aqui um retrato daquilo que nosso Senhor tem feito pessoalmente ir à frente do seu povo naquela viagem maravilhosa, de três dias de duração, da sua morte e ressurreição. Realmente, por meio dessa viagem, ele achou para os seus um lugar de descanso, e foi adiante para lhes preparar lugar.

Temos, em seguida, o relato da arca no Jordão. As palavras de Josué 3: "Quando virem a arca da aliança do SENHOR [...] saiam e sigam-na" nos relembra Hebreus 12.1,2: "[...] corramos [...] tendo os olhos fitos em Jesus [...]". Aqui, também a arca foi adiante, e permaneceu "até que toda a nação o atravessou pisando em terra seca" (v. 17). Cristo é "o autor e consumador da nossa fé" — ele a iniciou e completou; ele é "o Alfa e o Ômega, o que é, o que era e o que há de vir" (Apocalipse 1.8). Os israelitas foram ordenados a se santificar; nós, a nos livrar de tudo que nos atrapalha". A arca entrou no Jordão e ali permaneceu até que cada um entre o povo atravessasse pisando em terra seca; ele, "pela alegria que lhe fora proposta" — a de levar "muitos filhos à glória" — "suportou a cruz".

É em estreita associação com essa cena que temos, pela primeira vez, menção de "o SENHOR de toda a terra". E um título usado somente em intima relação com os israelitas na sua própria terra. Pela primeira vez como nação, seus pés se estabeleceram ali e, pela primeira vez, Deus adotou esse nome. Em relação com a volta de Israel a essa terra do cativeiro babilônico, quando, então, em Jesus, se tornarão o centro de bênção da terra inteira, o título volta a ser usado em Isaías 54.5; Miqueias 4.13; Zacarias 4.14 e 6.5. Durante o cativeiro, Deus é chamado, repetidas vezes, "o Deus do céu".

Imediatamente depois da travessia do Jordão, lemos a respeito da arca sendo levada para dar uma volta ao redor da cidade, uma vez por dia, até que, no sétimo dia, os sacerdotes rodearam a cidade sete vezes com a arca, e o muro caiu. Jericó, segundo se nos diz, significa "fragrante com especiarias", e talvez represente as seduções do mundo que são tão frequentemente apresentadas diante do crente depois de este ter atravessado o Jordão e se colocado em pé na terra.

Não fomos ordenados a lutar contra o mundo, mas a levar Cristo conosco contra as tentações, e assim teremos a vitória. João diz: "O que é nascido de Deus vence o mundo; e esta é a vitória que vence o mundo; a nossa fé. Quem é que vence o mundo? Somente aquele que crê que Jesus é o Filho de Deus" (1João 5.4,5). Nessa última frase,

A arca da aliança

temos sua dupla natureza; e esta, conforme já vimos, era representada na madeira de acácia e no ouro do qual a arca era feita.

Pouco depois de Jerico ter sido conquistada, lemos do fracasso em Ai por causa da excessiva autoconfiança do povo, que subestimou o inimigo; quando Josué fica totalmente esmagado pelo fracasso e derrota dos israelitas, prostra-se em terra diante da arca, em confissão. Sabemos que o trono da graça é o lugar para onde podemos comparecer a fim de obter misericórdia pelas derrotas passadas, e graça para as vitórias futuras.

Em Josué 8.33,34, vemos que a arca está no meio quando a lei, a bênção e a maldição, é lida diante do povo, "segundo o que está escrito no Livro da Lei". Aquele que é simbolizado pela arca estará no meio como juiz, no dia em que Deus determinou, "[...] em que há de julgar o mundo com justiça, por meio do homem que designou [...]" (Atos 17.31); e agora ele está andando no meio dos candelabros, julgando as suas obras, e pronunciando bênçãos e advertências.

Em 1Samuel 4, temos uma descrição da arca caindo nas mãos dos filisteus. "A arca de Deus foi tomada"; ou, conforme o salmista descreveu o acontecimento, Deus "abandonou o tabernáculo de Siló, a tenda onde habitava entre os homens. Entregou o símbolo do seu poder ao cativeiro, e o seu esplendor nas mãos do adversário" (Salmos 78.60,61). É assim que lemos que o Senhor Jesus foi capturado. Assim como os filisteus, assim também os inimigos do Senhor Jesus Cristo: "Não terias nenhuma autoridade sobre mim se esta não te fosse dada de cima [...]" (João 19.11). Tanto a respeito da arca, quanto a respeito de Cristo, a quem prefigurava, podia ser dito: "[...] vocês, com a ajuda de homens perversos, o mataram [...]" (Atos 2.23). Os israelitas "fugiram, cada homem para a sua tenda"; e a Jesus "todos o abandonaram e fugiram".

Embora leiamos no capítulo 4 de 1 Samuel que os filisteus revelaram ser mais fortes do que Israel, no capítulo 5 lemos que o Senhor era mais forte que Dagom. Esse ídolo caiu quando a arca de Deus foi colocada no templo; da mesma forma, quando Cristo entra no coração os ídolos caem. É semelhante àquilo que o hino diz: "Todos os ídolos foram arrancados do meu coração, agora ele me guarda pelo seu poder".

Somente a presença de Cristo pode fazer isso. O homem forte e armado pode guardar a sua casa, mas, quando entrar o mais forte do que ele, aquele é dominado. Nós não conseguimos expulsar o homem forte, nem derrubar os seus ídolos. Mesmo se conseguíssemos esvaziar a casa, mas não a enchêssemos da presença de Cristo, o espírito maligno voltaria de novo. Não bastam as nossas melhoras; precisa haver Cristo no coração.

Quando, no jardim, os chefes dos sacerdotes entraram para prendê-lo, bastou Jesus proclamar seu próprio nome: "Sou eu", "[...] eles recuaram e caíram por terra" (João 18.5); e assim foi demonstrado que nele habitava o mesmo poder que na arca nos tempos antigos.

A história da arca naquela ocasião nos fornece uma ilustração maravilhosa da verdade em 2Coríntios 2.15,16: "[...] para Deus somos o aroma de Cristo entre os que estão sendo salvos e os que estão perecendo. Para estes somos cheiro de morte; para aqueles fragrância de vida [...]". Durante os sete meses que a arca permaneceu na terra dos filisteus, só produzia morte e destruição. Era levada de lugar em lugar; mas os castigos se tornavam cada vez piores. Que contraste com a história da sua permanência na casa de Obede-Edom, onde ela só trazia bênçãos! (2Samuel 6.10). Para os filisteus, era "cheiro de morte para os que estão perecendo"; para Obede-Edom, "fragrância de vida para os que estão sendo salvos". "Tudo que lhe pertencia" recebia sua parte na bênção; e a notícia se espalhou, até o rei ouvir a respeito. Assim acontecerá naquele em cujo coração o Senhor Jesus fizer habitação — outros ouvirão falar a respeito, e desejarão obter a mesma bênção. Nessas alturas, o tipo é insuficiente, pois Obede-Edom precisou perder a presença da arca na sua casa quando Davi a levou para Jerusalém, embora não se nos diz que aquele perdeu a bênção. "Viremos a ele e habitaremos com ele", é a promessa feita a todo aquele que o ama e guarda as suas palavras; se outros ganharem a bênção através de nós, não sairemos perdendo com isso.

Os juízes que caíram em conexão com a arca são muito sugestivos. Os homens de Bete-Semes foram feridos por olharem para dentro dela;

A arca da aliança

o que demonstra que era demasiadamente sagrada para ser olhada com olhos curiosos. "Ninguém sabe quem é o Filho, a não ser o Pai"; e o mistério de sua encarnação e da sua divindade não deve ser sujeitado a nossa tentativa de perscrutar com intimidade demasiada. Quantas pessoas se desviaram na tentativa de se intrometer nessas coisas! Se Moisés não tinha permissão para se aproximar da sarça em chamas para ver "por que" não se queimava — pois Deus disse: "[...] Não se aproxime. Tire as sandálias dos pés, pois o lugar em que você está é terra santa" (Êxodo 3.3-5) — decerto esse mistério muito maior deve ser tratado por nós com reverência ainda mais profunda.

O juízo que caiu sobre Uzá nunca teria acontecido se as instruções de Deus tivessem sido obedecidas. Ao enviarem para casa a arca, os governantes dos filisteus a tinham colocado numa carroça nova puxada por duas vacas que deram cria; e "as vacas foram diretamente para Bete-Semes, mantendo-se na estrada e mugindo por todo o caminho; não se desviaram nem para a direita nem para a esquerda [...]" (1Samuel 6.12). Ao buscar a arca em Quiriate-Jearim, Davi abandonou o modo "antiquado" que Deus ordenara. Deus ordenara que fosse carregada nos ombros dos sacerdotes, mas Davi usou um carroção novo, imitando os filisteus. Quando os bois tropeçaram, a arca foi sacudida, e Uzá esticou o braço para segurá-lo, e foi ferido diante da arca (2Samuel 6.3-7). O que Deus tolera entre seus inimigos não serve para o seu povo, que possui a sua Lei. Conforme disse alguém: "Quanto mais perto de Deus uma pessoa ficar, com tanta mais gravidade e rapidez será julgado por qualquer iniquidade: o julgamento precisa começar na casa de Deus". Procurar melhorar aquilo que Deus instituiu, por meio de imitar a religião do mundo, provocará juízo certeiro; quantos estão fazendo assim nos dias atuais!

Davi ficou com muito medo diante dessa manifestação de poder, e ficou como Pedro quando este gritou "Afasta-te de mim, Senhor, pois sou pecador"; mas aprendeu a lição que Deus quis transmitir: pois em 1Crônicas 15 o vemos dizer ao povo que o juízo havia caído porque "não o tínhamos consultado sobre como proceder" (v. 13). E lhes diz: "Somente os levitas poderão carregar a arca de Deus, pois para isso o SENHOR os escolheu e para ficarem sempre a seu serviço" (v. 2); assim "[...] os levitas carregaram a arca de Deus apoiando as varas da arca sobre os ombros, conforme Moisés tinha ordenado, de acordo com a palavra do SENHOR" (v. 15). Dessa vez, "[...] Deus havia poupado os levitas que carregavam a arca [...]" (v. 26), pois sempre ajuda aqueles que seguem as suas instruções.

Referência é feita no salmo 132 à ocasião em que a arca foi trazida da casa de Abinadabe: "Soubemos que a arca estava em Efrata (Belém), mas nós a encontramos nos campos de Jaar (Quiriate-Jearim)". Davi estava cheio de júbilo diante da perspectiva de tê-la. Sempre há regozijo quando podemos dizer, juntamente com Filipe: "Nós o achamos". (O assunto do ministério diante da arca é amplo demais para ser tratado aqui.)

Quando o homem segundo o coração de Deus foi rejeitado por Jerusalém, e o usurpador foi acolhido no seu lugar, a arca de Deus foi levada para fora de Jerusalém e atravessou o ribeiro Cedrom juntamente com o rei rejeitado; o que nos relembra Jesus que, na hora mais sombria da sua rejeição, atravessou com seus discípulos o vale do Cedrom (João 18.1).

Quando o templo foi completado e dedicado ao Senhor, vemos que a arca foi levada ao lugar do seu repouso, e colocada no centro do cenário que prefigurava tão maravilhosamente o dia em que o templo de Deus estiver completado, e os redimidos se reunirão em redor do próprio Deus. João, na sua visão, teve um vislumbre da arca; pois "foi aberto o santuário de Deus no céu, e foi vista dentro do seu templo a arca da sua aliança [...]" (Apocalipse 11.19).

Quando chegar aquele dia, já "não haverá necessidade de carregar o tabernáculo, nem qualquer utensílio para o seu serviço"; pois o Senhor Deus terá "dado repouso ao seu povo". Assim como Deus escolheu os levitas na antiguidade, assim ele escolheu a nós para levarmos o seu nome agora; mas, naquele dia futuro, nosso testemunho terá chegado ao fim.

CAPÍTULO 8

A SÉTUPLA PROVISÃO DE DEUS PARA A PURIFICAÇÃO

Ao estudarmos os tipos ligados com o tabernáculo e seu serviço, é bom agruparmos não somente aqueles que se assemelham mutuamente quanto à forma externa — tais como as ofertas etc. —, mas também considerar, ao mesmo tempo, aqueles que parecem ter sido instituídos visando propósitos semelhantes, embora sejam bastante diferentes em si mesmos.

Uma série importantíssima de tipos nos é apresentada naqueles que representam a provisão feita para lidar com a impureza. É impossível obtermos uma vista nítida do seu significado espiritual se forem considerados apenas individualmente; ao examinarmos essa maravilhosa prefiguração sétupla da provisão divina, vemos com quanta perfeição Deus cumpriu suas próprias exigências e satisfez às nossas necessidades, mediante a morte do seu Filho. Segue-se a lista desses sete tipos, e do caráter específico de impureza para a qual cada um foi designado.

1. O grande *Dia da Expiação* era o dia em que a culpa de Arão e da sua casa, e da congregação inteira, era removida.

2. A *oferta pelo pecado* era uma satisfação pelos pecados de ignorância "contra qualquer dos mandamentos do Senhor".

3. A *oferta pela culpa* era provisão a) por escutar juramentos falsos, sem testemunhar contra eles (o pecado da nação em Mateus 26.60,61); b) por tocar em coisas impuras sem o saber; c) por fazer um juramento precipitado; d) pelos pecados da ignorância nas coisas santas do Senhor; e) por determinados pecados contra o oitavo, o nono e o décimo mandamento.

4. As *cinzas da novilha vermelha* eram antídoto para a impureza provocada pelo contato com a morte.

5. A *purificação de leproso* lidava com a impureza deixada pela lepra.

6. A *bacia* era para lavar as mãos e os pés, a fim de remover a contaminação do contato com a terra etc.

7. *O diadema de ouro* no turbante do sumo sacerdote, com sua inscrição: "Santidade ao Senhor", devia ser usada na testa, para "levar a iniquidade das coisas santas que os israelitas consagrarão em todas as suas dádivas santas."

Os quatro primeiros nos oferecem aspectos diferentes da obra no Calvário; o quinto, conforme já vimos, acrescenta a esta o conceito da ressurreição; o sexto representa a lavagem na água pela Palavra; o sétimo representa a obra do sumo sacerdote.

Embora todos esses tipos falem em Cristo, a impureza que é para ser removida e os métodos da purificação variam muito entre si. Não se pode dizer, portanto, que um deles relega outro; porque cada um tem um ensino distinto a transmitir. Nenhum deles deve ser omitido, pois só assim teremos um quadro completo da provisão divina para a nossa necessidade; quanto mais os estudarmos, tanto mais completa será a nossa vista da santidade de Deus, da estimativa do pecado, e da nossa necessidade constante da purificação.

1. O primeiro tipo dessa série, o grande *Dia da Expiação*, tinha um aspecto coletivo e nacional, e a culpa do acúmulo de todas as iniquidades, transgressões e pecado de um ano inteiro era posta de lado. O culto do dia é dividido em duas partes — a oferta dos dois bodes a favor de Arão e a sua casa, e a oferta dos dois bodes a favor da

A sétupla provisão de Deus para a purificação

congregação, e é provável que haja dupla doutrina nisso. Arão e sua casa parecem ter referência especial à igreja; ao passo que a congregação de Israel representaria a própria nação, para a qual o Dia da Expiação terá seu cumprimento mais literal no grande dia da sua humilhação nacional, quando olharem para aquele que traspassaram, e se lamentarão por causa dele. Isso se vê claramente em Levítico 23, onde se vê que o Dia da Expiação vem depois da Festa das Trombetas — a convocação da nação e a Festa das Cabanas — o Reino de Cristo na terra. Mas, além dessa interpretação judaica, há uma aplicação para nós agora. Segundo parece, referência é feita a esse tipo em Hebreus 9, onde o escritor fala dos três aparecimentos do Senhor. Primeiro, no *passado:* "[...] ele apareceu uma vez por todas [...] para aniquilar o pecado mediante o sacrifício de si mesmo" (v. 26) — representado pelo sacrifício do boi e do bode; agora, no *presente,* "[...] se apresentar diante de Deus em nosso favor" (v. 24) — como o sumo sacerdote, ao entrar com o sangue no Lugar Santíssimo; e finalmente, no *futuro,* "[...] não para tirar o pecado, mas para trazer salvação aos que o aguardam" (v. 28) — saindo com bênçãos, como Arão na antiguidade, tendo sido resolvida a questão do pecado para todos aqueles em favor dos quais levara para dentro o sangue — cada um dentre a hoste dos redimidos do seu povo.

2 e 3. A *oferta pelo pecado* e a *oferta pela culpa* são frequentemente consideradas juntas; embora estejam muito semelhantes entre si, diferem em certos aspectos. A oferta pelo pecado, conforme se nota tão frequentemente, lida com a própria raiz do pecado, não somente com os pecados e as transgressões, que são o seu fruto; mas é importante notar que cada uma incluía os pecados da ignorância.

Se um israelita se desculpasse, dizendo que não conhecia a lei de Deus, isto não o isentaria da responsabilidade. "Embora não o soubesse, não deixa de ser culpado". Nós também não estamos livres de culpa aos seus olhos, mesmo quando for por ignorância que deixamos de praticar a sua vontade. Essas ofertas comprovam que não basta ficarmos satisfeitos conosco, pensando que estamos andando "segundo nossa consciência"; devemos, pelo contrário, buscar "a plenitude do conhecimento da sua vontade", sabendo que qualquer coisa menos do que isso tem a certeza de nos levar ao pecado. Paulo se chamava "o principal dos pecadores", embora seu pecado tivesse sido cometido com ignorância e incredulidade.

A palavra traduzida por "pecado" significa *ser insuficiente,* ou *errar o alvo.* Segundo *The Englishman's Hebrew Concordance,* a expressão usada em Juízes 20.16: "[...]cada um deles podia atirar com a funda uma pedra num cabelo *sem errar",* poderia também ser traduzida por "não pecar". Existem duas maneiras de errar um alvo — podemos mirar numa direção errada, ou podem nos faltar forças para atirar tão longe. Muitos deixam desapercebida essa última maneira de errar o alvo, e acham que se mirarem corretamente, não há pecado. Somos advertidos quanto ficarmos aquém da *glória* de Deus (Romanos 3.23), da *graça* de Deus (Hebreus 12.15), e do *repouso* de Deus (Hebreus 4.1). "[A]quele que de mim se afasta, a si mesmo se agride [...]" (Provérbios 8.36), por contraste com o versículo anterior, que diz: "[...] todo aquele que me encontra, encontra a vida [...]".

Seguem-se algumas das definições bíblicas do pecado: "[...] o pecado é a transgressão da Lei" (1João 3.4); "Toda injustiça é pecado [...]" (1João 5.17); "[...] tudo que não provém de fé é pecado" (Romanos 14.23); "[...] pecado, porque os homens não creem em mim" (João 16.9); "[...] Quem sabe que deve fazer o bem e não o faz comete pecado" (Tiago 4.17); e lemos que "A vida de pecado dos ímpios se vê no olhar orgulhoso e no coração arrogante" (Provérbios 21.4); "A intriga do insensato é pecado [...]" (Provérbios 24.9); também é pecado ser injusto com um irmão pobre (Deuteronômio 15.9; 24.15); e defraudar a Deus (Deuteronômio 23.21).

4. A purificação por meio *da novilha vermelha* parece, à primeira vista, assemelhar-se em certos aspectos à oferta pela transgressão, pois ambas eram estipuladas no caso de se tocar em coisa impura; portanto, por falta de estudar as duas juntas, a purificação por meio

A sétupla provisão de Deus para a purificação **81**

da novilha vermelha é geralmente considerada a substituição da oferta pela transgressão. Repetidas vezes, lemos nos comentários que a novilha vermelha era para a impureza no deserto; nenhuma distinção é feita entre ela e as ofertas pelo pecado e pela culpa. Segundo parece, era providenciada para lidar com um tipo diferente de impureza; embora enfatize o conceito de o sacrifício ter sido oferecido de uma vez por todas, outras verdades se destacam nos demais tipos. Dessa forma, a purificação do leproso parece ser o único entre esses sete tipos que, além de falar da morte de Cristo, também fala da sua ressurreição; e a oferta pela culpa acrescenta o pensamento da reparação a Deus e aos homens. Na realidade, cada um dos sete acrescenta alguma verdade que é omitida nos demais.

Na ordenança da novilha vermelha, em Números 19, nada existe para indicar que a impureza foi contraída por ignorância ou por descuido, que é o caso da oferta pela culpa. Poderia ter sido necessária e legítima, pois forçosamente alguém estaria junto na tenda quando uma pessoa morresse ali (v. 14); seria necessário alguém tocar no corpo (v. 11,13); seria necessário fazer o sepultamento; embora o contato fosse necessário, era contraída a impureza, e Deus estipulava uma oferta pelo pecado (Números 19.9) para lidar com essa impureza.

O único registro histórico do uso das cinzas da novilha parece confirmar esse pensamento. Em Números 31, os israelitas foram ordenados a se armar e atacar os midianitas para "executarem a vingança do Senhor" contra os midianitas; tendo feito isso, "vocês que mataram alguém ou que tocaram em algum morto" são ordenados a se purificar segundo a lei em Números 19. Isso parece indicar que a impureza removida pela purificação pela novilha vermelha pudesse ser necessária e legítima, mas não deixava de ser impureza, e somente podia ser removida mediante a aplicação do remédio estipulado.

Na nossa vida diária, e no trabalho para o Senhor, estamos constantemente obrigados a entrar em contato com a morte espiritual; de modo que não podemos deixar de contrair a impureza, que prejudicará a comunhão, a não ser que vivamos no poder da obra consumada por Cristo; isso porque existe uma afinidade entre o pecado que em nós habita e o pecado que anda solto no mundo. As cinzas falam da obra consumada; pois demonstram que o sacrifício foi aceito. Ao que parece, é feita referência a esse tipo em Hebreus 9.13, e possivelmente em Hebreus 10.22.

A sugestão de que a novilha vermelha era a provisão de Deus para a contaminação inevitável não subentenderia que oferecesse uma desculpa pelo pecado, nem que fosse necessário ceder diante da tentação; ensinaria, pelo contrário, que tamanha é a santidade de Deus, que nosso coração, no contato com a morte espiritual ao nosso redor, fica contaminado, e que a morte de Cristo é o remédio que Deus oferece para isso, bem como todas as outras formas do pecado. Esse é um tipo de contaminação bem diferente daquela para a qual provisões foram oferecidas nos demais tipos desse grupo.

É provável que a *novilha vermelha* tenha uma aplicação judaica especial em conexão com a culpa de sangue dos israelitas por causa da morte do seu Messias.

Em Números 19, devia ser usada para a purificação individual, e não foi instituída como ordenança nacional, conforme acontecia no grande Dia da Expiação; mas as duas passagens proféticas que se referem a esse tipo parecem falar nele como uma purificação nacional, em conexão com o futuro de Israel.

Em Ezequiel 36.24,25, lemos: "Pois eu os tirarei dentre as nações, os ajuntarei do meio de todas as terras e os trarei de volta para a sua própria terra. Aspergirei água pura sobre vocês e ficarão puros; eu os purificarei de todas as suas impurezas [...]"; e em Zacarias 13.1: "Naquele dia uma fonte jorrará para os descendentes de Davi e para os habitantes de Jerusalém, para purificá-los do pecado e da impureza".

Já vimos que a água da purificação, que era usada com as cinzas da novilha vermelha, era para a purificação da contaminação provocada pelo contato com a morte. Ageu nos diz que Israel, como nação, ficou contaminada assim diante de Deus:

A sétupla provisão de Deus para a purificação 83

> Em seguida, perguntou Ageu: "Se alguém ficar impuro por tocar num cadáver e depois tocar em alguma dessas coisas, ela ficará impura?" "Sim", responderam os sacerdotes, "ficará impura". Ageu transmitiu esta resposta do SENHOR: "É o que acontece com este povo e com esta nação. Tudo o que fazem e tudo o que me oferecem é impuro". (Ageu 2.13,14) ■

O povo de Israel se tornara impuro por causa do sangue que derramou. O mesmo capítulo de Ezequiel que conta a respeito de serem aspergidos com água pura, oferece essa mesma razão pelo derramamento da ira de Deus sobre eles (Ezequiel 36.18). A promessa de uma fonte que jorrará "para purificá-los do pecado e da impureza", em Zacarias 13.1 (a mesma palavra usada no tocante à novilha vermelha em Números 19.13), segue imediatamente após a menção da culpa da nação por ter assassinado o seu Messias, pois os versículos finais do capítulo 12 falam em olharem para aquele que traspassaram e chorarem por ele. Em seguida lemos: "Naquele dia uma fonte jorrará para os descendentes de Davi e para os habitantes de Jerusalém [...]". Os judeus disseram: "Seu sangue seja sobre nós e sobre nossos filhos"; mas Jesus orou: "Pai, perdoa-os, porque não sabem o que fazem" — e aqui Deus faz provisão para purificá-los da contaminação.

Se um indivíduo tivesse matado um homem na batalha, precisava da purificação da novilha vermelha; se tivesse meramente tocado no cadáver de um homem, sem depois se purificar, lemos que "será eliminado de Israel. Ficará impuro porque a água da purificação não foi derramada sobre ele; sua impureza permanece sobre ele". Assim, Israel como nação foi eliminada. "[I]mpuro por tocar algum cadáver [...]" (Números 9.10), não consegue observar a festa da Páscoa; mas aqui uma fonte foi aberta para purificá-los do pecado e da impureza. De fato, eram assassinos do seu Messias; eles mesmos o "traspassaram", e nenhum sacrifício nas ofertas levíticas era providenciado no caso do pecado do assassinato; mas Jesus orou: "Pai, perdoa-os, pois não sabem o que fazem". No mesmo dia em que eles olharão para aquele que traspassaram, e lamentarão por ele, certamente Jesus, assim como José, consolará seus irmãos culpados, e lhes dirá: "Não foram vocês que me mandaram para cá, mas Deus"; e lhes dirá que Deus quem o feriu, o mesmo Deus que dissera: "Levante-se, ó espada, contra o meu pastor, contra o meu companheiro!".

Como resposta à oração de Moisés, Miriã foi curada da lepra; embora fosse considerada impura, sua impureza foi considerada muito menos do que aquela que realmente contraíra. É possível, portanto, que, como resposta à oração do grande Intercessor, de quem Moisés era um tipo, Israel como nação, embora fosse eliminada por algum período, seja julgada impura, mas não como assassina — como se apenas tivesse estado presente na morte do seu Messias.

Os habitantes de Jerusalém são mencionados de modo especial em Zacarias 13; e nos surge à lembrança o cerimonial estipulado em Deuteronômio 21, no caso de um cadáver ser achado nos campos, quando, então, as distâncias até as cidades vizinhas deviam ser medidas, e as autoridades da cidade mais próxima ao morto deviam levar uma novilha e matá-la num vale não cultivado. A novilha, assim como aquela mencionada em Números 19, devia ser uma que não tinha sido usada em nenhum serviço, e que não arara com jugo:

> Então todas as autoridades da cidade mais próxima do corpo lavarão as mãos sobre a novilha cujo pescoço foi quebrado no vale, e declararão: "As nossas mãos não derramaram este sangue, nem os nossos olhos viram quem fez isso. Aceita, SENHOR, esta propiciação em favor de Israel, o teu povo, a quem resgataste, e não consideres o teu povo culpado do sangue de um inocente". Assim a culpa do derramamento do sangue será propiciada. Desse modo vocês eliminarão de vocês mesmos a culpa pelo derramamento de sangue inocente, pois fizeram o que o SENHOR aprova" (v. 6-9). ∎

A sétupla provisão de Deus para a purificação **85**

Naquele dia, os habitantes de Jerusalém, a cidade mais próxima do homem morto, não poderão apresentar tal petição, pois suas mãos derramaram o seu sangue; apesar disso, a fonte será aberta para eles, e serão aspergidos de água pura.

Fica bem evidente que, no caso de Israel, bem como em nosso próprio caso, o aspecto da novilha vermelha na obra de Cristo não substituirá a oferta pelo pecado e a oferta pela culpa. Depois da volta dos israelitas do cativeiro para a terra prometida, temos muitas referências aos sacrifícios; são mencionados a Páscoa, os holocaustos, as ofertas de cereal, as ofertas de comunhão, as ofertas de bebida e os primeiros frutos. Devem ser oferecidos como antes; em Ezequiel 40.26 temos uma sugestão do uso individual da água da purificação.

5. *A purificação do leproso.* A lepra é sempre considerada uma tipificação do pecado; pois era uma doença incurável. Somente podia ser removida por poder milagroso; por isso, quando pediram ao rei de Israel que curasse Naamã, exclamou: "Porventura sou Deus, para matar e para dar vida?".

Os vários milagres de cura que nosso Senhor realizou durante seu ministério público colocam diante de nós os aspectos diferentes da ruína provocada pelo pecado e por Satanás bem como demonstram como Cristo consegue vencer o poder deles, desfazer a obra deles e restaurar aquilo que ele não tirara. Três vezes, ressuscitou um morto, como sinal de que sua voz podia alcançar aqueles que estavam mortos nos seus delitos e pecados — a morte natural era apenas uma figura da morte espiritual. A paralisia pode ser tida como representação do enfraquecimento provocado pelo pecado; a febre, da inquietude e contágio do pecado; a cegueira, da ignorância à qual leva o pecado; a possessão demoníaca, da inimizade que é o pecado; a surdez, da incapacidade de escutar; e a mudez, da incapacidade de testificar. No homem com a mão atrofiada, vemos a incapacidade de trabalhar; no aleijado, a incapacidade de andar; na mulher encurvada com o espírito de enfermidade, a tendência do pecado à degradação e à depressão.

Muitas dessas enfermidades são negativas no seu caráter, mas a lepra representa a corrupção do pecado e nos fala da sua atividade e progresso. Os dois capítulos em Levítico que tratam a respeito (13 e 14) estão repletos de ensinos tipológicos, embora haja uma grande diferença entre os dois. No capítulo 13, quem tivesse algo que pudesse ser "sinal de lepra" devia ser levado ao sacerdote, a fim de este declarar se era lepra, ou não. Várias instruções são dadas, segundo as quais o sacerdote pudesse distinguir essa praga de alguma coisa que lhe fosse semelhante a ela; o teste individual mais importante era se ela se propagava. Se, depois de observada durante alguns dias, revelasse ser lepra mesmo, o homem seria declarado impuro, e morar "fora do acampamento". Se a doença não se espalhasse, ou se cobrisse o corpo inteiro sem haver carne viva (v. 12,13), o sacerdote saberia que não era a lepra verdadeira; e que só precisaria lavar as suas roupas. O cerimonial estipulado em Levítico 14 não era, nem para o leproso que é descrito no capítulo 13.45,46, nem para o homem que o sacerdote declarara puro, por não ser leproso. Esses ritos não podiam remover a praga, mas eram destinados para aquele que sofrera da lepra e que fora curado. Eram para "o dia da sua purificação" e subentendiam a sua confissão de que tinha sido leproso, e que Deus o curara (v. 2,3). Forçosamente, deve ter havido um milagre para transformar o homem descrito nos versículos 45 e 46 do capítulo anterior no ofertante curado em Levítico 14. No capítulo 13, era vítima de uma doença abominável e morava sozinho — "fora do acampamento"; no capítulo 14, depois da cura da lepra, o sacerdote "sairá do acampamento" até ele, e depois de seguir a regulamentação acerca da purificação, o declarará puro, e o apresentará "diante do SENHOR"— expressão esta que é empregada oito vezes no capítulo 14.

Esse capítulo 14, portanto, não parece ensinar (do modo que é geralmente declarado) que a aplicação da morte e ressurreição de Cristo possa remover a lepra do pecado. Esse último fato é apresentado diante de nós em outros textos da Bíblia. Aqui, o conceito é mais da

A sétupla provisão de Deus para a purificação

justificação do que do perdão. As várias ofertas pelo pecado às quais já nos referimos falam da remoção da culpa do pecado; o presente capítulo nos conta que o pecador mais vil que é purificado por Cristo é tornado digno da presença do Deus justo que "justifica o ímpio". Não basta o pecador ser perdoado — passa a ser contado por justo.

Na ave viva que foi solta em campo aberto temos um belo retrato da ressurreição e ascensão do Senhor; e este é apenas um dos sete tipos que parecem referir-se à ressurreição. Isso é muito significante se o pensamento principal do capítulo é a justificação — pois Jesus "foi ressuscitado para a nossa justificação".

É notável que não tenham nenhum registro do uso desses ritos a não ser quando veio o nosso Senhor pessoalmente e, tendo curado os leprosos, ordenou que fossem se mostrar ao sacerdote, e "[...] ofereça pela sua purificação os sacrifícios que Moisés ordenou, para que lhes sirva de testemunho" (Lucas 5.14). Nosso Senhor diz: "[...] havia muitos leprosos em Israel no tempo de Eliseu, o profeta; todavia, nenhum deles foi purificado — somente Naamã, o sírio" (Lucas 4.27); e ele não queria prestação à purificação cerimonial exigida pela Lei de Moisés. Outros profetas podem ter tido esse mesmo poder dado por Deus, mas não recebemos notícia disso; e o próprio silêncio a respeito de outros possíveis casos de leprosos curados enfatiza o fato de ser necessário um milagre para remover essa doença terrível.

As leis ordenadas por Moisés eram, em todas as ocasiões, testemunho do ódio que Deus sente pela corrupção e pela contaminação, assim como também da vinda de Jesus, o único que tinha poder para curar o leproso.

Davi, no salmo 51, provavelmente se refere a esse tipo, embora seja frequentemente tomado como referência à "novilha vermelha". Ora: "Purifica-me com hissopo, e ficarei puro; lava-me, e mais branco do que a neve serei" (v. 7).

Em ambas as cerimônias, era usado o hissopo, a água e o sangue; em Levítico 14 o sangue era literalmente aspergido no impuro. A lepra deixava a pessoa "branca como neve" (2Reis 5.17). Davi orou para que fosse purificado, de modo que, figuradamente, se tornasse "mais branco do que a neve". Nos versículos anteriores desse salmo 51, confessa sua própria corrupção, e anseia pela remoção da sua lepra. Na sua confissão, acrescenta: "[...] de modo que justa é a tua sentença [...]" (v. 4); e aqui vemos, assim como na história do publicano em Lucas 18.14, que quando o pecador justifica a Deus, Deus justifica o pecador.

O leproso devia "morar sozinho", conforme já contamos; por outro lado, aquele que seria purificado devia ser apresentado "diante do Senhor," e por isso Davi ora: "Não me expulses da tua presença [...]" (Salmos 51.11).

O óleo que toca nos membros e é derramado sobre a cabeça parece estar lindamente sugerido na sua oração: "Faze-me ouvir de novo júbilo e alegria [...] nem tires de mim o teu Santo Espírito. Devolve-me a alegria da tua salvação e sustenta-me com um espírito pronto a obedecer" (v. 8,11,12). O óleo da alegria e do Espírito Santo pousa sobre aqueles "que foram justificados livremente pela sua graça"; e que, pelas misericórdias de Deus, são conclamados a apresentar os seus corpos como "sacrifício vivo".

No caso do leproso purificado, deviam ser tocados a orelha, a mão, e o pé, mas Davi também sentia a necessidade de ser purificado o seu coração (v. 10).

A purificação do leproso também tinha que ser acompanhada pelo sacrifício, "[...] conforme os seus recursos" (Levítico 14.30), aos quais Davi parece se referir em Salmos 51.16,17,19. Precisaria da purificação mediante a novilha vermelha por ter matado Golias, e por todas as demais conquistas que tinham sido realizadas por meio do derramamento de sangue (1Crônicas 27.3); no entanto, ela não cobriria a situação do assassinato de Urias, nem da culpa dos crimes de sangue — não havia propiciação por semelhante culpa (Números 35.31); mas Davi achava que seu pecado o tornara impuro como leproso diante de Deus.

A sétupla provisão de Deus para a purificação

6. A bacia de bronze. A interpretação de cenário em João 13 parece ser a explicação da bacia de bronze; e, tendo como base o comentário de nosso Senhor sobre seu próprio ato de lavar os pés dos discípulos, vemos que ambos tipificavam sua provisão para manter a comunhão com o seu povo. A bacia de bronze falava da preparação para o serviço e o culto no Lugar Santo. Os sacerdotes já tinham se lavado, e não precisavam lavar as mãos e os pés. Os discípulos estavam limpos, pois tinham tomado banho, mas não podiam ter comunhão com seu Senhor sem lavarem os pés. Não existe nesses dois incidentes uma sugestão de uma aliança diferente? — pois suas mãos não foram lavadas em João 13. Na Lei, fala-se muito naquilo que devemos fazer; ao passo que, segundo a graça, tudo foi feito em nosso favor; se andarmos corretamente, a nossa obra será aceita.

Havia bem poucas instruções a respeito da construção da bacia de bronze. Não é citado o seu tamanho nem a quantidade de água que continha. Tipificada por ela, havia uma provisão ilimitada. Efésios 5.25 é prefigurado pelo altar de bronze, onde "Cristo amou a igreja e entregou-se por ela". O versículo seguinte apresenta o antítipo da bacia de bronze: "[...] para santificá-la, tendo-a purificado pelo lavar da água mediante a palavra"; ao passo que o versículo 27 representa a igreja no futuro: "[...] e apresentá-la a si mesmo como igreja gloriosa, sem mancha nem ruga ou coisa semelhante [...]"; já não ficará no pátio externo, onde ficava o altar de bronze e a bacia de bronze, mas no Lugar Santíssimo, "[...] por trás do véu, onde Jesus, que nos precedeu, entrou em nosso lugar [...]" (Hebreus 6.19,20).

A bacia de bronze era feita de espelhos (Êxodo 38.8) e representava um espelho. Existem duas pessoas que podemos ver no espelho da Palavra de Deus: primeiro, a nós mesmos, e depois, a ele mesmo. "Assim como a água reflete o rosto (Provérbios 27.19), assim também nas águas vivas da verdade revelada o homem vê sua própria imagem".

O apóstolo Tiago nos diz que "Aquele que ouve a palavra, mas não a põe em prática, é semelhante a um homem que olha a sua face num espelho e, depois de olhar para si mesmo, sai e logo se esquece da sua aparência" (Tiago 1.23,24). Paulo nos conta, em 1Coríntios 13.12, a respeito de outra face que podemos ver no mesmo espelho; por mais obscura que pareça, por enquanto, mas ao olharmos para ela, exclamamos como os discípulos no passado: "Que tipo de homem é este?". "Agora, pois, vemos apenas um reflexo obscuro, como em espelho; mas então, veremos face a face." Em 2Coríntios 3.18, Paulo nos diz qual é o resultado de olhar assim: "E todos nós, que com a face descoberta contemplamos [ou refletimos como em espelho] a glória do Senhor [na face de Jesus Cristo, 4.16], segundo a sua imagem estamos sendo transformados com glória cada vez maior [...]". Nós mesmos nos transformamos em espelho para refletir a sua imagem.

Já foi feita referência aos vários significados da água; e já vimos que, quando são referidas as suas propriedades purificadoras, ela simboliza a Palavra. "Agora vocês são limpos pela Palavra que lhes falei." "Santifica-os na verdade; a tua Palavra é a verdade." (João 17.17) "Como pode o jovem manter pura a sua conduta? Vivendo de acordo com a tua palavra." (Salmos 119.9)

7. O último na nossa lista é o turbante do sumo sacerdote, com seu *diadema de ouro,* na qual era gravado: "Consagrado ao Senhor". Ao usar o diadema, lemos que: "[...] assim ele levará a culpa de qualquer pecado que os israelitas cometerem em relação às coisas sagradas, ao fazerem todas as suas ofertas. Estará sempre sobre a testa de Arão, para que as ofertas sejam aceitas pelo Senhor" (Êxodo 28.38). Em toda a nossa adoração e em todo o nosso serviço existe pecado; e assim precisamos do nosso grande sumo sacerdote para comparecer na presença de Deus em nosso favor.

"Por isso ele é capaz de salvar definitivamente aqueles que, por meio dele, aproximam-se de Deus, pois vive sempre para interceder por eles." (Hebreus 7.25) Podemos nos aproximar do trono da graça com toda a confiança, mas, conforme nos ensina a expressão "assim sendo", em Hebreus 4.16, e por causa de *ele,* e não *nós,* estar sem pecado.

Segundo o modo belo de dr. Bonar expressar esse fato:

> Há perdão, não somente para nossas omissões de dever, mas também para nossos próprios deveres; não somente para nossa falta de oração, mas para nossas orações; não somente por termos rejeitado Cristo durante longo tempo, mas pelos nossos pecados ao nos chegarmos a ele; não somente pela nossa incredulidade, mas pela nossa fé; não somente pela nossa inimizade no passado, mas pelo nosso atual amor frio; não somente pelos pecados que levamos a Cristo, mas pela nossa maneira de levá-los; não somente pelos pecados que levamos ao altar do holocausto, e colocamos sobre o sacrifício sangrento, mas pelo modo imperfeito de levá-los, pelos motivos impuros que macularam o nosso serviço, e também pelos pecados que se misturaram em nossa adoração quando estivermos em pé dentro do véu, no santuário onde a majestade do Santo fez a sua habitação. ■

Se houvesse mais estudo desses sete tipos, não ouviríamos tão frequentemente alguns cristãos dizerem estar isentos do pecado; pois mediante esses quadros vemos quantas formas de impureza existem, como são abomináveis para Deus, mas, mesmo assim, como ele fez provisão para todas elas no Senhor Jesus Cristo. Nunca superaremos a necessidade dessa provisão até acordarmos na sua semelhança.

CAPÍTULO 9

AS OFERTAS

O método de pôr vários tipos um ao lado do outro é bíblico, conforme vemos nos primeiros capítulos de Levítico. O próprio Espírito Santo adotou esse plano nessa parte da Bíblia e nos ofereceu um grupo maravilhoso que representa a obra e a pessoa de nosso Senhor Jesus Cristo em vários aspectos.

Muitos escreveram sobre as ofertas, e os que mais as estudaram talvez concordem que estão apenas começando a ver a beleza delas. "Jesus Cristo, e este crucificado" é o assunto que elas nos apresentam. E parece estranho que o crente que ama a Bíblia deixe essas páginas inexploradas.

O estudo das ofertas é uma grande salvaguarda contra opiniões confusas a respeito da santidade, da santificação, do pecado etc. É impossível subestimar o que o pecado é de fato, depois de estudar as exigências de Deus e sua provisão.

Nenhum exame geral dos tipos seria completo sem pelo menos um breve olhar nesse tesouro inexaurível. Por isso, aqui se oferecem algumas reflexões, colhidas de muitas fontes, que se revelaram úteis nesse estudo. Vários aspectos dessas ideias já foram aludidos em capítulos anteriores.

A ordem das ofertas em Levítico é segundo o ponto de vista de Deus. Primeiro, há o holocausto; depois, a oferta do cereal; a oferta de comunhão; a oferta pelo pecado; e a oferta pela culpa. Quando comparecemos diante de Deus como pecadores, temos vislumbres dos vários aspectos da obra de Cristo na ordem oposta a essa. Em primeiro lugar, ficamos sabendo que precisamos de perdão pelos atos específicos de pecado que cometemos, e nossa necessidade é atendida na oferta pela culpa. Em seguida, ficamos sabendo que não somente pecamos repetidas vezes, mas também que nossa natureza é maligna; Deus, porém, fez provisão para isso na oferta pelo pecado. Depois, aprendemos a entrar no significado da oferta de comunhão e na oferta de cereal, e festejar com elas. Finalmente, vemos no holocausto Cristo e sua obra, e aprendemos algo do que Cristo é para Deus e de nossa posição em Cristo: "aceitos no Amado".

A obra de Cristo é uma só; contudo, embora prefigurem seus diferentes aspectos, as ofertas estão estreitamente associadas entre si. Desse modo, no caso do holocausto e da oferta pelo pecado, os dois sacrifícios eram abatidos no mesmo local, ao lado do altar de bronze (Levítico 6.25); a gordura da oferta pelo pecado era queimada no altar dos holocaustos (4.19); e o restante da oferta pelo pecado era queimado no local em que as cinzas do holocausto tinham sido derramadas (4.12; 6.11); enquanto o ofertante, nos dois casos, impunha a mão na cabeça do animal diante da porta do tabernáculo da congregação, ou melhor, da Tenda do Encontro.

As ofertas

	Estudo das ofertas levíticas				
Oferta	Consiste em	A parte de Deus sobre o altar de bronze	Porção dos sacerdotes	Tipifica o Senhor Jesus	Referências
Holocausto	Bois, bodes, carneiros, cordeiros, rolinhas, pombinhos.	Tudo queimado.	Couro.	Na sua vida e morte, cumprindo perfeitamente a vontade de Deus.	Levítico 1; Levítico 6.8-13; Efésios 2.1-6; Hebreus 10.7.
Oferta de cereal	Melhor farinha, espigas verdes, incenso puro, óleo, sal.	Um punhado, parte do óleo, todo o incenso, toda a oferta dos sacerdotes.	Todo o restante.	Como ser humano, apresentando a Deus uma vida sem mácula.	Levítico 2; Levítico 6.14-23; Hebreus 7.26.
Oferta de comunhão	Machos e fêmeas das manadas e dos rebanhos: novilhos, cordeiros, bodes.	Toda a gordura.	O peito movido ritualmente e a coxa oferecida.	Por sua morte tornou-se a nossa paz e a base da comunhão.	Levítico 3; Levítico 7.11-13; Romanos 5.1; Colossenses 1.20.
Oferta pelo pecado	Macho e fêmea da manada e do rebanho, ou rolinhas, pombinhos e 1/10 de farinha.	Toda a gordura, sangue na base do altar (e nas pontas do altar de incenso).	Oferta cujo sangue não era levado para dentro do tabernáculo.	Na cruz feito pecado por nós. Por seu sacrifício, assumindo a responsabilidade pelos pecados e transgressões contra Deus e o homem.	Levítico 4; Levítico 6.24-30; 2Coríntios 5.21. Levítico 5; Levítico 6.1-7; Levítico 7.1-7; Colossenses 2.13,14; 1Pedro 2.24.

Não se menciona o pecado no holocausto, pois este fala mais da justificação que do perdão, e por isso prefigura a verdade de Atos 13.39: "Por meio dele, todo aquele que crê é justificado de todas as coisas [...]"; ao passo que o aspecto da oferta pelo pecado na obra de Cristo é prefigurado no versículo anterior: "[Q]uero que saibam que mediante Jesus lhes é proclamado o perdão dos pecados". No holocausto, Deus vê o pecador justificado em Cristo, como se não tivesse pecado, e na oferta pelo pecado faz provisão para sua culpa.

Embora a ideia de pecado não nos seja apresentada no holocausto, está indiretamente implícita no fato de nossa necessidade de aceitação. Lemos que será "aceito como propiciação em seu lugar". *Propiciação* significa "cobertura", e a necessidade dessa cobertura pressupõe o pecado. Mas, estando cobertos por Cristo, "o qual se tornou sabedoria de Deus para nós, isto é, justiça", somos considerados justos. "O SENHOR, justiça nossa" significa muito mais do que a justiça de Cristo a nós imputada. Não é que simplesmente a devoção de Cristo, sua fidelidade à Lei e sua obediência sejam lançadas em nossa conta corrente como crédito, mas, sim, que Deus nos vê nele em toda sua perfeição.

Os animais oferecidos como holocausto podem ser tirados da manada (de gado) ou do rebanho. O povo podia oferecer novilhos, cordeiros, cabritos, rolinhas ou pombinhos. A variedade em geral denota o diferente grau de apreço espiritual que temos por Cristo como nosso holocausto. Embora nossa falta de apreço possa interferir em nossa alegria da salvação, somos abençoados conforme a estima que Deus atribui à excelência de Cristo, não segundo o nosso próprio valor. Para cada um de nós é necessário um Cristo inteiro. A força caracteriza o boi (Provérbios 14.4); a submissão, o cordeiro (Isaías 53.7); e a inocência que geme, o pombo (Isaías 59.11; 38.14; Mateus 10.16).

Quando o holocausto era constituído de cabeça de gado ou de rebanho, os sacerdotes deviam cortá-lo em pedaços e arrumá-los sobre o altar. Examinavam cada pedaço. Spurgeon, falando de Hebreus 12.2, disse que "olhando para Jesus" (ARC) pode ser interpretado "olhando para dentro de Jesus". Compara isso com o dever dos sacerdotes em relação ao holocausto: quanto mais fixamente olhamos, mais vemos quanto Cristo foi completamente do agrado do Pai. A cabeça é geralmente considerada representação da inteligência, dos pensamentos; a gordura representa a saúde e o vigor gerais, ou excelência; as entranhas, os motivos e inclinações; e as pernas, o andar.

Levítico 1.9 fala da lavagem na água. Parece que isso se refere ao teste pela Palavra. De toda e qualquer maneira que se teste Cristo, sua excelência se revela.

As cinzas do holocausto eram primeiro depositadas no lado oriental do altar (Levítico 1.16). Elas falavam do sacrifício aceito. No salmo 20, Davi ora: "Que o SENHOR te responda no tempo da angústia [...] Lembre-se de todas as tuas ofertas e aceite os teus holocaustos". Deus demonstrava aceitação da oferta enviando fogo, e as cinzas comprovavam que o fogo dissera: "É o bastante" (Provérbios 30.16). O fogo fez sua obra completa no Calvário. Deus está satisfeito. E nós tomamos nossa posição, agora e por toda a eternidade, como os sacerdotes em 2Crônicas 5.12, no lugar das cinzas, o lugar do sacrifício aceito. O tabernáculo orientava-se na direção leste-oeste, e o lugar das cinzas, a extremidade mais próxima da entrada, ficava de frente para o leste, ao passo que a tampa da arca, voltava-se para o oeste.

No conhecido texto de Salmos 103.12, não se pode incluir a interpretação do tabernáculo? O versículo refere-se principalmente à distância imensurável entre oriente e ocidente, na infinitude do espaço, quando nos diz: "[...] como o Oriente está longe do Ocidente, assim ele afasta para longe de nós as nossas transgressões", mas não existe também uma distância infinita entre nossa posição de pecadores, quando comparecemos ao tabernáculo pela primeira vez e nos colocamos em pé ao lado do altar de bronze, no local das cinzas, e a posição que ocupamos quando, com ousadia, passamos pelo véu e entramos no Lugar Santíssimo e nos aproximamos do trono da graça? Do mesmo modo que o local das cinzas está longe da tampa da arca, também Deus afasta para longe as nossas transgressões.

Temos uma bela descrição de uma cena dos tempos de Ezequias, em que o holocausto era oferecido no meio da multidão que se regozijava e adorava:

> [...] Iniciado o sacrifício, começou também o canto em louvor ao SENHOR, ao som das cornetas e dos instrumentos de Davi, rei de Israel. Toda a assembleia prostrou-se em adoração, enquanto os músicos cantavam e os corneteiros tocavam, até que terminou o holocausto (2Crônicas 29.27,28). ■

Enxergar o Senhor Jesus Cristo como o holocausto certamente nos traz alegria ao coração. Quando ele desceu para cumprir a vontade de Deus na terra, levantou-se um coro de louvor no céu que até na terra se fez ouvir. O Evangelho de Lucas registra que se ouviu uma grande multidão do exército celestial "[...] louvando a Deus e dizendo: 'Glória a Deus nas alturas, e paz na terra aos homens aos quais ele concede o seu favor' " (2.13,14).

O holocausto era perfeitamente aceitável a Deus, e em Cristo os homens podiam achar favor. A hoste celestial não podia cantar como uma multidão de redimidos, nem louvar por ter sido aceita desse modo, mas houve júbilo na presença dos anjos quando o Bom Pastor saiu voluntariamente para a obra. Tudo isso continuou até que terminou o holocausto", e nós ouvimos o eco dos brados de triunfo que ressoaram por todo o céu quando Jesus voltou para lá, conforme lemos nas palavras exultantes do salmo 24: "Abram-se, ó portais; abram-se, ó portas antigas, para que o Rei da glória entre. Quem é o Rei da glória? O SENHOR forte e valente, o SENHOR valente nas guerras". A batalha terminara, o holocausto fora aceito. Vem o dia em que as portas eternas serão abertas pela segunda vez, assim como no salmo, e o Rei da glória entrará — não sozinho, mas acompanhado por todos

As ofertas

os que o viram como o Cordeiro de Deus. "Quem é esse Rei da glória? O Senhor dos Exércitos; ele é o Rei da glória!"

Na oferta de cereal, não se menciona a morte propriamente dita, pois essa oferta fala mais da vida imaculada de Cristo apresentada a Deus. Vimos que seus sofrimentos são representados no esmagar, bater e moer, necessários para preparar as várias substâncias ofertadas.

Uma das lições principais ensinadas pelas ofertas de cereal e de comunhão é que, embora uma porção fosse queimada no altar, os sacerdotes tinham licença de se alimentar do restante. Alimentavam-se daquilo em que Deus se deleitava — "o pão de Deus", conforme é chamado (Levítico 21.6,8,17,21,22; 22.25). Na oferta de comunhão, duas porções são mencionadas especialmente como o alimento dos sacerdotes — "[...] o peito que é movido ritualmente e a coxa que é ofertada [...]" (Levítico 7.31-34). A coxa indica o lugar da força, e o peito, o lugar da afeição. Essas duas são particularmente o alimento do crente. As duas ideias estão em geral ligadas entre si. O sumo sacerdote levava os nomes dos israelitas nos seus ombros e "sobre o seu coração no peitoral de decisões" (Êxodo 28.12,29), o que nos lembra como nós também repousamos nos ombros da força de Cristo e no peito do seu amor infinito: "[...] com o braço ajunta os cordeiros e os carrega no colo [...]" (Isaías 40.11); "[...] aquele a quem o Senhor ama descansa nos seus braços" (Deuteronômio 33.12). Ele diz: "A mim pertence o poder" e "Amor" (Provérbios 8.14, 17); "Deus [...] é poderoso e firme em seu propósito" (Jó 36.5). As duas orações de Paulo a favor dos efésios caracterizam-se por essas mesmas ideias. A oração de Efésios 1 é que conheçam o *poder;* em Efésios 3, que conheçam o *amor.*

O tema de alimentar-se de Cristo conforme tipificam as ofertas é muito amplo.

Em Levítico 22.4, lemos que nem o leproso, nem o defeituoso podem comer delas. Se houver pecado conhecido, não poderá haver comunhão nem alimentação. O filho pródigo no país distante lembrou-se da comida que havia na casa de seu pai e disse: "Quantos empregados de meu pai têm comida de sobra, e eu aqui, morrendo de fome!".

O impuro precisava esperar até que fosse oferecido o sacrifício da tarde. "Depois do pôr do sol estará puro, e então poderá comer as ofertas sagradas [...]" (Levítico 22.7). Desse modo, isso seria no crepúsculo, não em plena luz do sol — o brilho se perderia. Não é isso que acontece frequentemente conosco? Depois de perder a comunhão, somos restaurados, e podemos nos alimentar de novo, mas por um tempo o brilho permanece reduzido, e é como se nos alimentássemos no crepúsculo, não na plena luz do dia.

Era privilégio de todos os sacerdotes comer das ofertas, "[...] tanto de um como do outro" (Levítico 7.10, ARA). "Todos recebemos da sua plenitude [...]" (João 1.16). Devia haver para cada dia a devida porção e, nos tempos de Ezequias, quando o culto no templo foi purificado e renovado, os sacerdotes e os levitas confessaram: "[...] temos tido o suficiente para comer e ainda tem sobrado muito [...]" (2Crônicas 31.10). Essa é também a nossa experiência na casa do nosso Pai. Há "comida de sobra". E, assim como Paulo, podemos dizer "temos tudo em abundância".

Levítico 22.10 informa que alguns na casa do sacerdote não podiam comer das ofertas: nenhum estrangeiro (cf. Efésios 2.12,19), nem inquilino (cf. 1João 2.19), nem empregado (João 15.15). O pródigo sabia que havia grande diferença entre a posição de empregado e de filho, mas, quando seu pai o acolheu de volta como filho, e disse: "Este é o meu filho", não conseguiu pedir (conforme pretendera) para ser feito um dos empregados.

O versículo seguinte nos fala a respeito de duas classes de pessoas que podiam receber sua porção. "Mas, se um sacerdote comprar um escravo [...] esse escravo poderá comer do seu alimento" (cf. 1Coríntios 6.20; 1Pedro 1.18,19; e Atos 20.28); "[...] ou se um escravo nascer na sua casa, esse escravo poderá comer do seu alimento" (cf. 1Pedro 1.23 e 1Pedro 2.2).

As ofertas

A oferta pelo pecado e a oferta pela culpa eram diferentes das demais. O cadáver do animal era queimado não no altar de bronze, mas fora do arraial. Tudo quanto se queimava no altar do holocausto era de cheiro suave diante de Deus, mas Deus desviou seu rosto do Senhor Jesus como oferta pelo pecado. Foi nesse momento que Jesus exclamou: "[...] Deus meu, Deus meu, por que me desamparaste?" (Mateus 27.46, ARA). Mesmo como oferta pelo pecado, Jesus era agradável a Deus, e isso se expressa pela gordura da oferta pelo pecado ser queimada no altar do holocausto.

Em Levítico 4, são mencionadas ofertas pelo pecado para quatro classes de pessoas: o sacerdote, a congregação inteira, um líder do povo, e uma pessoa comum da comunidade. Provavelmente isso nos fale a respeito da provisão feita por Deus para lidar com o pecado nos nossos vários relacionamentos. Assim,

> a oferta pelo pecado em favor do sacerdote trataria do pecado em nossa posição como sacerdotes diante de Deus; a oferta em favor da congregação inteira representaria nossa posição coletiva como a assembleia de Deus; a oferta em favor do líder, nossa posição em relação àqueles que podem ser influenciados por nós; e a oferta em favor de um membro do povo, a nossa posição individual. ■

Nos dois primeiros casos, a oferta pelo pecado do sacerdote e a oferta pelo pecado da congregação, o sangue era levado para dentro do Lugar Santíssimo, aspergido sete vezes diante do véu, depois colocado nas pontas do altar de ouro, e o restante era derramado na base do altar de bronze.

> O sangue aspergido diante do véu restabelecia o relacionamento entre Deus e seu povo, o véu cobria o lugar onde Deus se encontrava com eles; o sangue no altar de ouro restabelecia a adoração pela assembleia; e o sangue na base do altar de bronze restabelecia a comunhão individual, pois tudo isso tinha sido interrompido pelo pecado. ■

Na oferta pela culpa, no caso de a culpa ter sido contra o Senhor, o sacrifício antecedia à restituição (Levítico 5.15,16). No caso de a culpa ter sido contra o homem, a restituição antecedia ao sacrifício (6.5,6).

Um estudo muito interessante é classificar as passagens que se referem à obra de Cristo segundo seus diferentes aspectos e as ofertas que lhes eram apropriadas.

Desse modo, temos em Isaías 53 todas as ofertas — o holocausto no versículo 11: "[...] pelo seu conhecimento meu servo justo justificará a muitos [...]"; a oferta de comunhão no versículo 5: "[...] o castigo que nos trouxe paz estava sobre ele [...]"; a oferta pelo pecado nos versículos 6, 10 e 12: "[...] o Senhor fez cair sobre ele a iniquidade de todos nós", "[...] embora o Senhor tenha feito da vida dele uma oferta pela culpa [...]" e "[...] ele derramou sua vida até a morte [...]"; pois na oferta pelo pecado o sangue era derramado na base do altar. A oferta pelo pecado no grande Dia da Expiação, quando o bode emissário levava embora o pecado do povo, é dada a entender nos versículos 11 e 12: "[...] levará a iniquidade deles" e "[...] ele levou o pecado de muitos [...]". A oferta pela culpa está no versículo 5: "[...] ele foi transpassado por causa das nossas transgressões, foi esmagado por causa de nossas iniquidades [...]"; e o esmagamento da melhor farinha na oferta de cereais, nos versículos 3 e 10: "Foi desprezado e rejeitado pelos homens, um homem de dores e experimentado no sofrimento [...]" e "[...] foi da vontade do Senhor esmagá-lo [...]".

No primeiro capítulo da Primeira Epístola de João, parece haver diante de nós uma visão quíntupla da obra de Cristo, na mesma ordem das ofertas, começando, como em Levítico 1, com ponto de vista de Deus e terminando com a provisão pela nossa pecaminosidade. Nos versículos 1 a 3, temos o aspecto do holocausto, a oferta que ficava totalmente no altar de Deus, oferta da qual os sacerdotes não podiam participar, mas apenas contemplar com os olhos e apalpar com as mãos. Nos versículos 3 a 7, há a ideia da comunhão e da alegria — assim como na oferta de cereal e na oferta de comunhão o

As ofertas

sacerdote participava do "alimento da oferta", do "pão do seu Deus", nós podemos dizer: "Nossa comunhão é com o Pai e com seu Filho Jesus Cristo". E nos versículos 7 a 10, temos a provisão de Deus para o pecado e para a pecaminosidade, conforme tipificam a oferta pelo pecado e a oferta pela culpa.

As seguintes passagens, entre outras, também nos oferecem o aspecto de holocausto da vida e obra de Jesus Cristo — as que falam da sua realização perfeita da vontade do Pai, (Mateus 26.39; João 4.34; e Hebreus 10.7); da sua oferta voluntária de si mesmo, (João 10.11,15,17; 15.13; Hebreus 9.14; 10.10; Isaías 50.5,6); da sua obediência, (Romanos 5.19; Filipenses 2.5-8); e da nossa aceitação, (Efésios 1.6; e 1Pedro 2.5).

Muitos versículos falam de Jesus como a oferta de cereal, como, por exemplo, os que se referem à sua vida perfeita e sofredora, à sua preciosidade diante de Deus, a ele ser ungido com o Espírito Santo e estar totalmente debaixo da orientação de Deus etc.

Colossenses 1.20 e Efésios 2.13-17 põem diante de nós Cristo como nossa oferta de comunhão. Alimentar-se da oferta de comunhão está em João 6.51-57 e em 1Coríntios 10.16. Apresentar a oferta de comunhão está em 2Coríntios 9.15 e Hebreus 13.15, pois era o sacrifício de ação de graças.

O aspecto da oferta pelo pecado é constantemente mencionado quando se fala que o Senhor Jesus "se tornou maldição em nosso lugar" (Gálatas 3.13); foi afligido por Deus (Lamentações 1.12; 3.1-19; Salmos 22); e feito sacrifício pelo pecado (João 1.29; Romanos 5.8; 8.3; 2Coríntios 5.21; 1Timóteo 1.15; Hebreus 10.18; 1João 1.7).

Enxergamos Jesus como oferta pela culpa onde lemos a respeito de nossas culpas terem sido removidas (Colossenses 2.13,14; 2Coríntios 5.19); de nossos pecados terem sido perdoados (Mateus 26.28; Efésios 1.7; Colossenses 1.14); e de Jesus ser oferta pelos nossos pecados (1Coríntios 15.3; Gálatas 1.4; Hebreus 10.12; 1Pedro 2.24; 3.18; Mateus1.21; Salmos 50.12).

104 MANUAL DE TIPOLOGIA BÍBLICA

É possível que tanto o holocausto quanto a oferta de comunhão estejam representados em Efésios 5.2: "[...] Cristo nos amou e se entregou por nós como oferta e sacrifício de aroma agradável a Deus", pois ambos eram de aroma agradável a Deus. A palavra *sacrifício* em Levítico normalmente se refere à oferta de comunhão.

As quatro ofertas são indicadas em Hebreus 10 e no salmo 40: "Sacrifício e oferta não quiseste [...] de holocaustos e ofertas pelo pecado não te agradaste".

CAPÍTULO 10

CORES E SUBSTÂNCIAS TÍPICAS

Quem já fez algum estudo dos tipos não tem dúvida de que havia significado nas cores que Deus ordenou Moisés e os filhos de Israel empregarem na construção do tabernáculo. No lugar em que Deus os mandou usar azul, roxo e vermelho, havia algum significado nesses tons; o verde e o amarelo não teriam a mesma finalidade.

As cortinas bordadas formavam o tabernáculo propriamente dito. Por baixo, havia as "tábuas do tabernáculo" e por cima, as cortinas de pelo de bode que formavam "a tenda", que era "esticada para cobrir o tabernáculo"; e evidentemente falam das glórias do Senhor Jesus Cristo nos seus vários aspectos.

O significado das cores não está declarado explicitamente. Por isso, no tocante a algumas, existem leves diferenças de opinião. Todos, no entanto, parecem concordar que o *azul* se refere ao céu e aqui diz respeito ao caráter celestial de nosso Senhor Jesus — aquele que veio do céu, voltou para o céu e, mesmo enquanto estava aqui na terra, era celestial.

Alguns acham que o *escarlate* (em Êxodo 25.4; ARA) se refere ao sofrimento. Outros acreditam que este é representado pelo *vermelho* das "peles de carneiro tingidas de vermelho [...]" (Êxodo 25.5), e o escarlate do bordado das cortinas representa a glória terrestre, a glória de um verme, pois essa tinta era obtida de um verme, e a palavra hebraica é a mesma (Salmos 22.6; Jó 25.6). Outros, ainda, acham que se refere à glória terrestre associada a Israel, pois o escarlate representava a cor nacional. Os que sustentam esse ponto de vista, entendem que *a cor púrpura* representa a glória real de Cristo, especialmente como Filho do Homem, sobre o mundo inteiro. Várias passagens confirmam essa interpretação. A cor púrpura é frequentemente mencionada em associação com o comércio e a riqueza das potências gentias: Lídia era vendedora de púrpura; e as vestimentas que Daniel e Mardoqueu usavam eram de púrpura.

O fio de escarlate na janela de Raabe pode ter representado a cor nacional de Israel. Também somos informados de que o bode emissário, ao levar embora para o deserto a culpa da nação, tinha um pano escarlate amarrado num dos chifres. Somente uma peça da mobília do tabernáculo era coberta de escarlate quando levada de um lugar para outro, isto é, a mesa dos pães da Presença, a qual representava nitidamente Israel pelos doze pães colocados sobre si. Apenas uma peça da mobília era coberta de púrpura, o que é igualmente sugestivo. O altar de bronze não era para Israel somente, pois a morte do Senhor Jesus era para o mundo inteiro. O que se lê em João 3.16 não é: "Deus tanto amou *Israel* que deu o seu Filho Unigênito", mas, sim: "Deus tanto amou o *mundo*". A cobertura púrpura ligada com o altar dos holocaustos nos fala dos "sofrimentos de Cristo e [...] da glória que será revelada". Na última ocasião em que o mundo viu Jesus, foi como o Sofredor na cruz do Calvário; na próxima vez, vai vê-lo como o Filho do Homem vindo em sua glória.

O *linho fino,* do qual eram feitas as cortinas, é interpretado para nós no Apocalipse, onde se diz que o linho fino, brilhante e puro, com o qual se veste a noiva do Cordeiro, é a justiça dos santos. Refere-se à justiça do próprio Cordeiro.

Se os significados mencionados acima estiverem corretos, temos uma visão quádrupla de nosso Senhor, que correspondem aos aspectos que caracterizam os quatro evangelhos.

Cores e substâncias típicas **107**

Mateus nos fala do Filho de Davi, simbolizado pelo escarlate.[1] Marcos, fala do Servo perfeito — pelo linho fino —, Lucas, do Filho do Homem — representado pela púrpura — e João, do Filho de Deus — pelo azul.

Embora não possamos ter certeza do significado dessas cores, podemos estar certos de que havia algum ensinamento nelas, ensinamento este que nos será proveitoso perscrutar, com a ajuda de outras partes das Escrituras e da orientação do Espírito Santo, o propósito de Deus em usá-las do modo que usou.

O mesmo se aplica a muitas substâncias que parecem ter significado tipológico, uma vez que não poucas delas já vêm interpretadas para nós, quer direta, quer indiretamente. As instruções minuciosas relativas às ofertas, ao tabernáculo e ao templo indicam sua importância. Nestes últimos, o *ouro, a prata* e *o bronze* tinham, cada um, o seu respectivo papel. Já vimos que o *ouro* representa o divino. A *prata* usada era a das moedas de redenção. Podemos concluir, portanto, que a prata representa a redenção e, assim, com seus soquetes de prata, o tabernáculo se ergue sobre o "terreno da redenção". O *bronze,* ou cobre, é geralmente interpretado como representação do juízo, pois o bronze pode resistir ao fogo. "Seus pés eram como o bronze numa fornalha ardente [...]" (Apocalipse 1.15). No tabernáculo, o bronze circundava tudo e era a base do conjunto inteiro, pois todo o pátio externo baseava-se em soquetes de bronze. O altar do holocausto e a bacia eram feitos de bronze, e cada um destes tem relação com a ideia de julgamento.

São mencionadas cinco substâncias em relação à oferta de cereal. Três eram obrigatórias, e duas, proibidas. O óleo, o incenso e o sal acompanhavam o sacrifício, ao passo que o fermento e o mel não deviam ser apresentados. O *óleo* tinha de ser derramado em todas as

---

1. É digno de nota o fato de esse Evangelho mencionar que o manto com que envolveram o nosso Senhor era escarlate.

ofertas de cereal e lembrava a presença e o poder do Espírito Santo, tão frequentemente mencionado em associação com a vida de nosso Senhor (v. Mateus 1.20; Salmos 45.7; 89.19,20; Isaías 61.1). Nós também precisamos do óleo em todas as partes de nossa vida. Precisamos dele na cabeça, como óleo de unção; nos ouvidos, mãos e pés, para nos consagrar ao serviço de nosso Senhor; nas mãos, em adoração, quando levamos a Deus a oferta de cereal; nos pés banhados em óleo (Deuteronômio 33.24), a fim de que o nosso andar demonstre que realmente somos guiados pelo Espírito Santo (Romanos 8.14; Gálatas 5.16,25); e precisamos de óleo para as nossas feridas, para conforto e cura. "Na casa do sábio há comida e azeite armazenados [...]", lemos em Provérbios 21.20. Em muitos outros lugares da Palavra podemos aprender lições do azeite como tipificação do Espírito Santo, como para as condições prévias para receber a plenitude do Espírito, "vasos vazios" etc. (2Reis 4.3) e como consequência: beleza (Oseias 14.6) e honra (Juízes 19.9).

O *incenso* na oferta de cereal era queimado por completo no altar, pertencia inteiramente a Deus e simboliza aquele cujo "nome é como unguento e de quem está escrito: "A fragrância das suas vestes é [...] mirra e aloés e as mais finas especiarias" (Cantares 4.11,14).

O *sal* devia estar presente na oferta de cereal, pois, enquanto o fermento e o mel provocam corrupção, o sal a evita e, portanto, pode ser considerado tipificação do julgamento e do testemunho contra o pecado. "O seu falar seja sempre agradável e temperado com sal [...]" (Colossenses 4.6), significa, portanto, que devemos ser graciosos e bondosos, mas não à custa do sacrifício da fidelidade. Não devemos fazer vista grossa ao pecado, mas repreendê-lo. Quase sempre é mais fácil não prestar atenção àquilo que se diz em nossa presença, mas deve haver sal, bem como graça. Ambos sempre presentes na vida e na conversa do nosso Senhor. Lemos que o incenso descrito em Êxodo 30.34-38 era temperado com sal. "[...] Tenham sal em vocês mesmos e vivam em paz uns com os outros" (Marcos 9.50), mandou

Cores e substâncias típicas

109

o Senhor. E, conforme se disse, se julgarmos a nós mesmos, há menos probabilidade de enxergarmos falhas em nosso próximo.

O *fermento* parece denotar o mal e por isso não podia estar presente naquilo que representava aquele que "como nós, passou por todo tipo de tentação, porém, sem pecado". Não devia haver fermento nas casas dos israelitas durante a Páscoa (Êxodo 12.15; Deuteronômio 16.4). Talvez tenha sido por isso que, conforme lemos em João 18.28, os sacerdotes e os fariseus não quiseram entrar no tribunal e ser contaminados, pois a casa de um gentio conteria fermento. Cristo fala repetidas vezes do fermento dos fariseus, saduceus e herodianos (Mateus 16.6,11,12; Marcos 8.8.15; Lucas 12.1). Em Mateus 13.33 compara o reino do céu com três medidas de farinha, às quais foi acrescentado fermento até toda a massa ficar fermentada. Em geral entende-se essa figura como o poder do evangelho operando no mundo até a totalidade ser convertida. Entretanto, ao comparar a passagem com as demais alusões ao fermento, fica muito claro que se refere à operação de um princípio maligno, do tipo mencionado em 2Tessalonicesses 2.7, que permeia de tal maneira todo o conjunto de cristãos que é impossível fazer a separação entre o bem e o mal: "[...] o mistério da iniquidade já está em ação [...]". O apóstolo Paulo emprega o mesmo símile e diz duas vezes: "[...] um pouco de fermento faz toda a massa ficar fermentada [...]"; referindo-se em 1Corítios 5.6 ao mau comportamento e, em Gálatas 5.9, à doutrina iníqua.

Levítico 2.12 nos diz que a oblação dos primeiros frutos não devia ser queimada no altar. Isso é explicado em Levítico 23.17, que declara a presença de fermento. Duas ofertas de primeiros frutos deviam ser trazidas e movidas de modo litúrgico diante do Senhor: a mencionada nos versículos 10 e 11; a segunda, depois de cinquenta dias, no versículo 17; e estas duas tipificavam evidentemente "Cristo, o primeiro; depois, quando ele vier, os que lhe pertencem". O feixe se refere à ressurreição do Senhor, e os dois pães movidos, assados com fermento, aos que pertencem a Cristo, quando ele vier (1Coríntios 15.23). Por isso a presença do fermento, que é purificada pela oferta pelo pecado no versículo 19. O feixe dos primeiros frutos não requeria nenhuma oferta pelo pecado, porque não incluía fermento.

Existe uma só menção de fermento associado à oferta de comunhão (Levítico 7.13,14), no sacrifício de gratidão, o que ensina que até as nossas coisas mais santas estão misturadas com pecado. Também nesse caso o fermento é purificado pelo sangue.

Não devia haver *mel* nas ofertas. O mel parece de modo geral tipificar a doçura da natureza humana, e não podia ser aceitável a Deus. Provérbios 25.27 diz: "Comer mel demais não é bom, nem é honroso buscar a própria honra"; e Provérbios 27.7 nos diz: "Quem está satisfeito despreza (lit., pisoteia) o mel [...]". Isso descreve muito bem a atitude do coração satisfeito com Cristo, diante das diversões do mundo e dos seus prazeres, glórias etc. Frequentemente alguém nos pergunta se isso ou aquilo está errado. A pergunta, todavia, deve ser: Estamos satisfeitos com Cristo? Em caso afirmativo, o resto não nos agrada, não o desejamos. Duas coisas há em torno de nós ao longo do caminho: o maná e o mel. Devemos nos abaixar para pegar o maná e pisotear o mel. O maná era tão doce quanto o mel, pois "tinha gosto de bolo de mel" (Êxodo 16.31). As Escrituras também assim se declaram, "[...] mais doces do que o mel, do que as gotas do favo" (Salmos 19.10). E o salmista novamente afirma: "Como são doces para o meu paladar as tuas palavras! Mais que o mel para a minha boca!" (Salmos 119,103).

Alguns elementos têm *vários sentidos,* e é necessário levar em conta o contexto a fim de averiguar o sentido em pauta. Esse fato já foi mencionado no caso da água, que às vezes simboliza a Palavra; às vezes, o Espírito Santo; ou também pode falar da morte e do juízo, da fraqueza do homem ou da inquietude e do tumulto das nações — tudo de acordo com as qualidades a que se faz referência.

Da mesma forma, o *fogo* tem muitas aplicações. Representa a *presença de Deus,* como no monte Horebe, na sarça em chamas e

Cores e substâncias típicas

na outorga da lei, bem como na coluna de fogo que guiava Israel através do deserto. Quando o fogo caía sobre um sacrifício, denotava a *aceitação*. Foi talvez mediante o fogo que Deus deu testemunho à oferta de Abel. O fogo caiu no altar do holocausto em Levítico 9.24 e também sobre as ofertas de Gideão, de Davi, de Salomão e de Elias. O fogo que consumia o que se depositava no altar do holocausto, bem como o fogo que era levado deste para o altar de ouro, não falava do juízo, mas do favor, pois os sacrifícios de ambos subiam diante de Deus como aroma agradável.

A ideia de *julgamento* está no fogo que consumia a oferta pelo pecado fora do acampamento. As palavras empregadas para "queimar" são diferentes, pois, enquanto a que se refere ao altar do holocausto significa queimar como incenso, a outra denota consumir com ira (v. Levítico 4.19,21).

1. Aqui, portanto, temos o fogo do juízo no cordeiro substituto, como também provavelmente no cordeiro pascal que era assado no fogo.

2. O fogo caiu em juízo sobre os ímpios em Sodoma; no Egito, em Êxodo 9.23, 24; em Nadabe e Abiú; no acampamento de Israel, em Números 11.1; na rebelião de Corá; e nos mensageiros de Acazias a Elias. A diferença entre esses dois tipos de fogo é demonstrada em Levítico 9.24 e 10.2. Nos dois casos, lemos que "saiu fogo da presença do SENHOR [...]". Contudo, no primeiro era sinal de favor e de aceitação do holocausto; no segundo, a visitação terrível de julgamento.

3. Israel terá de passar pelo fogo do juízo (Zacarias 13.6-9; Isaías 4.4; e Mateus 3.11,12). Lemos na última passagem: "[...] Ele os batizará com o Espírito Santo e com fogo. Ele traz a pá em sua mão e limpará sua eira, juntando seu trigo no celeiro, mas queimará a palha com fogo que nunca se apaga". O batismo com fogo no versículo 11 provavelmente se explique no 12. Ele limpará sua eira com o vento e queimará a palha com

o fogo. Batizar com o Espírito Santo e batizar com fogo não podem significar uma única e mesma coisa. No início de Atos 1, não se inclui o fogo. "[...] dentro de poucos dias vocês serão batizados com o Espírito Santo". O batismo de fogo ainda é futuro para Israel.

4. O fogo do juízo cairá sobre os inimigos do Senhor Jesus na sua segunda vinda à terra (2Tessalonicenses 1.8; Isaías 10.16,17; 64.15,16).

5. O fogo destruirá aqueles que forem incitados à rebelião por Satanás depois do milênio.

6. Lemos a respeito do fogo do juízo eterno.

Ainda há algumas outras coisas simbolizadas pelo fogo. "A *Palavra de Deus* é como um fogo", conforme nos diz três vezes Jeremias (5.14; 20.9; 23.29). Depois, há *o fogo refinador* (Malaquias 3.2; 1Pedro 1.7), por meio do qual Deus pode separar as escórias da prata e produzir um vaso precioso. Finalmente, há o fogo que *testará as obras dos crentes* diante do tribunal de Cristo, quando tudo será provado pelo fogo, e será preservado somente aquilo que "resistir ao fogo".

"As *línguas de fogo que se separaram*" podem ter simbolizado o Espírito Santo, mas não parece haver outras passagens que declarem distintamente que o fogo tipifica o Espírito. Entretanto é por meio de sua habitação que a presença de Deus é realidade em nós e mediante sua influência que a Palavra de Deus se torna como fogo, e a provação faz sua obra de refino. Não é seguro, porém, lançar mão de todas as referências ao fogo acima e associá-las indiscriminadamente à obra do Espírito Santo. As vezes se faz isso, e forçam-se os textos a ensinar algo bem diferente de seu significado primário.

CAPÍTULO 11

AS ROUPAS DO CRENTE

Muitos incidentes típicos que possuem uma só característica em comum podem ser ligados entre si para formar estudos bíblicos úteis. Por exemplo, a Palavra está repleta de instruções aos crentes quanto a roupas das quais devem se despir e às que devem vestir. Essas instruções são lindamente ilustradas por muitas cenas nas Escrituras.

Dividem-se em três classes: as que nos falam de roupas feitas pelos homens, das roupas dadas por Deus e das roupas preparadas pelo Espírito. As primeiras, devemos tirar; as do segundo tipo, Deus veste em nós; as do terceiro tipo, o Espírito tece por nosso intermédio.

Satanás, no jardim do Éden, despojou o homem do seu manto de inocência e deixou-o nu e inadequado para a presença de Deus. Temos algo semelhante em Lucas 10, na parábola do homem que descia de Jerusalém para Jericó. Ele "caiu nas mãos de assaltantes. Estes lhe tiraram as roupas, espancaram-no e se foram, deixando-o quase morto" (v. 30). O homem estava indo estrada abaixo, com as costas viradas para o lugar da bênção, e se dirigia ao lugar da maldição, por isso ficou deitado à margem do caminho — retrato da condição desamparada do homem depois de Satanás ter realizado sua obra de despi-lo, feri-lo e deixá-lo à morte. Na história do endemoninhado, temos outra ilustração dessa condição. Quando o Senhor se encontrou com ele, "[...] aquele homem não usava roupas, nem vivia em casa alguma, mas nos sepulcros", lugar da morte. Contudo, depois de expulsos dele os demônios, foi encontrado "assentado aos pés de Jesus, vestido e em perfeito juízo [...]" (Lucas 8.27,35).

Quando Adão e Eva descobriram qual era sua condição, procuraram imediatamente remediá-la: "Os olhos dos dois se abriram, e perceberam que estavam nus; então juntaram folhas de figueira para cobrir-se" (Gênesis 3.7). É provável que tenham pensado, conforme tantos descendentes seus têm pensado desde então, estar fazendo "o melhor de si". As folhas de figueira não passavam de um retrato deles mesmos. Isso porque, tendo sido arrancadas da figueira, a morte já iniciara nelas, e, embora permanecessem lustrosas e bonitas por algum tempo, não demorariam a murchar e morrer. A coberta de folhas de figueira não bastava para deixar o casal adequado para a presença de Deus. Quando ouviram a voz de Deus e se esconderam dele, ainda se consideravam nus. O mesmo acontece sempre com as roupas que o homem faz para si mesmo, embora Satanás queira persuadi-lo de que está bem-vestido. "[...] Vestem-se", diz Ageu, "mas não se aquecem [...]" (1.6). Também lemos em Isaías 59.6: "Suas teias não servem de roupa; eles não conseguem cobrir-se com o que fazem [...]", porque "todos os nossos atos de justiça são como trapo imundo [...]".

Embora tenhamos em Gênesis 3 esse triste quadro da condição humana, o capítulo não se encerra sem o Espírito Santo nos contar a respeito do remédio que Deus oferece. "O Senhor Deus fez roupas de pele e com elas vestiu Adão e sua mulher" (v. 21). Com as primeiras roupas, feitas com folhas de figueira, Deus não tinha nada que ver, e o homem em nada contribuiu para as roupas de pele. Estas foram fornecidas exclusivamente por Deus e falavam do próprio Jesus Cristo, "o Senhor, Justiça nossa", que se torna de fato nosso manto de justiça quando obedecemos ao mandamento: "Vistam-se do Senhor Jesus Cristo".

As roupas de pele nos fazem lembrar de uma das leis do holocausto em Levítico. Essa lei ordenava que o sacerdote que apresentasse o holocausto de alguém teria direito ao couro do animal oferecido.

As roupas do crente

O holocausto representava, conforme vimos, o ponto de vista divino da obra de Cristo em toda a sua aceitação perfeita, oferta e sacrifício de aroma agradável a Deus. Os sacerdotes não podiam ter parte nele — era todo para Deus, todo consumido no altar —, mas os filhos de Arão o apresentavam, e a estes pertencia o couro, com o qual podiam vestir-se. Eis uma bela prefiguração da condição do crente: "aceito no Amado".

A mudança de roupa necessária a cada um de nós é ilustrada por várias ocorrências bíblicas. Não lemos que Adão e Eva vestiram a roupa de pele em cima da roupa de folhas de figueira. Certamente tinham-se livrado para sempre destas. Quando o filho pródigo voltou à casa do pai, e o pai disse: "Tragam a melhor roupa e vistam nele. Coloquem um anel em seu dedo e calçados em seus pés", essa melhor roupa não foi vestida em cima dos trapos que o filho usava quando chegou de volta. Já não eram necessários.

A história de Bartimeu nos conta que ele, quando ouviu a alegre mensagem: "Anime-se, levante-se, ele o está chamando", deixou de lado seu manto e foi até Jesus. Seu manto de mendigo teria impedido que atendesse com rapidez à chamada, do mesmo modo que a pretensa justiça de um indivíduo frequentemente o afasta de Cristo. Eliseu, quando Elias foi arrebatado ao céu, "pegou nas suas próprias roupas e as rasgou pelo meio" e depois "levantou o manto de Elias que dele caiu" — símbolo do cargo profético e emblema do seu poder. Jogando de lado seu próprio manto, a última relíquia de sua vida antiga, tomou o manto de Elias e saiu no poder deste.

O homem em geral tem a tendência de procurar remendar os trapos velhos e vestir "algo de si e algo do Senhor". A parábola de Cristo, entretanto, nos mostra a inutilidade desse procedimento. "Ninguém põe remendo de pano novo em roupa velha, pois o remendo forçará a roupa, tornando pior o rasgo". As roupas dadas por Deus não se harmonizam com os trapos imundos.

As roupas feitas pelos homens, conforme disse alguém, são descritas nas Escrituras como "originais, mas não suficientes (Gênesis 3.7);

naturais, mas não limpas (Zacarias 3); de boa aparência, mas inúteis (Isaías 64.6); e remendadas, mas piores (Marcos 2.21)".

Josué, o sumo sacerdote, quando esteve diante do anjo do Senhor, precisou de uma troca de roupas.

> Ora, Josué, vestido de roupas impuras, estava em pé diante do anjo. O anjo disse aos que estavam diante dele: "Tirem as roupas impuras dele". Depois disse a Josué: "Veja, eu tirei de você o seu pecado, e coloquei vestes nobres sobre você". Disse também: "Coloquem um turbante limpo em sua cabeça". Colocaram o turbante nele e o vestiram (Zacarias 3.3-5). ∎

Os presos libertos não continuam usando as roupas da prisão. José, quando foi chamado para comparecer diante do faraó e trazido às pressas do cárcere, mudou de roupas. Quando o rei da Babilônia soltou Joaquim da prisão, este "trocou suas roupas de prisão, e passou a comer continuamente diante dele durante todos os dias da sua vida". O Senhor Jesus Cristo proclama "liberdade aos cativos e libertação das trevas aos prisioneiros" (Isaías 61) e também oferece troca de roupas. A mesma passagem nos diz que Jesus nos dá "um manto de louvor em vez de espírito deprimido [...]". O espírito deprimido representa as roupas velhas que usávamos quando éramos cativos de Satanás, e o "manto de louvor" é a mudança de roupa que Jesus proporciona quando nos liberta.

Precisamos estar vestidos de modo apropriado para comparecer diante do Rei, pois os membros da família real não podem vestir-se de trapos, nem de roupas providenciadas por eles mesmos. Em Mateus 11.8, ficamos sabendo que "os que usam roupas finas estão nos palácios dos reis"; em Lucas 7.25, "[...] os que vestem roupas esplêndidas [...] estão nos palácios". E, se podemos dizer juntamente com a noiva: "O Rei me trouxe aos seus aposentos", sabemos que isso ocorreu somente depois que o próprio rei nos tornou apresentáveis diante de si.

Na festa de casamento do filho do rei, o homem que não estava usando vestes nupciais foi expulso da presença do rei porque confiou nas próprias roupas, e não nas que o rei providenciara. O modo de vestir dos convidados e empregados reflete honra ou desonra do próprio rei. Vemos na história da visita da rainha de Sabá à corte de Salomão que "o que era servido em sua mesa, o alojamento de seus oficiais, os criados e os copeiros, todos uniformizados [...]" constavam entre as coisas que a levaram a dizer: "[...] Tudo o que ouvi em meu país acerca de tuas realizações e de tua sabedoria é verdade" (1Reis 10.5,6). A aparência deles honrava Salomão, e as roupas que Deus nos dá trará honra a ele mesmo, não a nós, quando o Senhor Jesus Cristo aparecer na sua glória e for "admirado entre todos aqueles que creem".

No livro de Ester lemos a respeito de alguém a quem o rei se deleitava em honrar e a quem manda vestir com trajes reais que o próprio rei usava. Isso era sinal muito incomum e especial de favor, demonstrado numa só ocasião. E exatamente isso que o Senhor fez por nós. Vestindo-nos com seu próprio manto, ele nos tratou como tratou Israel na Antiguidade, quando encontrou a nação sem ninguém que se compadecesse dela e a adornou com vestes belas (Ezequiel 16) de maneira que se podia dizer: "Sua fama espalhou-se entre as nações por sua beleza, porque o esplendor que eu lhe dera tomou perfeita a sua formosura. Palavra do Soberano; o Senhor" (v. 14). Deus nos demonstrou seu amor oferecendo o próprio Cristo, o Senhor, Justiça Nossa, "que da parte de Deus é feito sabedoria e justiça para nós". Continua sendo atributo de Deus, como na antiguidade, o fato de que ele "ama o estrangeiro, dando-lhe alimento e roupa" (Deuteronômio 10.18).

Podemos aprender muitas lições nas roupas dos sacerdotes e dos levitas. Antes de poderem aproximar-se para realizar o serviço do tabernáculo, deviam lavar suas roupas e deixá-las brancas no sangue do Cordeiro. O Pregador diz: "Esteja sempre vestido com roupas de festa [lit. "brancas"] [...]" (Eclesiastes 19.8). O apóstolo Tiago ordena que nos mantenhamos "imaculados do mundo".

Os sacerdotes e os levitas tinham roupas de linho fino, assim como a noiva em Apocalipse 19. Cada uma das peças diferentes de roupa dos sacerdotes e levitas tem significado típico especial para nós.

Outro aspecto da provisão de Deus é retratado nas roupas do peregrino. Durante toda a peregrinação de Israel no deserto, Deus sustentava os peregrinos, de modo que "nada lhes faltava, suas roupas não se envelheciam, e seus pés não se inchavam". Naquela noite no Egito, quando comeram pela primeira vez o cordeiro pascal, foram ordenados a fazer isso com as vestes longas amarradas na cintura e os pés calçados, prontos para a viagem. Suas sandálias duraram por toda a peregrinação. Uma viagem longa geralmente acaba com as roupas do viajante. Quando os gibeonitas quiseram dar a impressão de ter vindo de um país distante, calçaram "sandálias gastas e remendadas e vestiram roupas velhas [...]", e disseram: "[...] as nossas roupas e sandálias estão gastas por causa da longa viagem" (Josué 9.5,13). As roupas dos israelitas, apesar da andança, duraram quarenta anos. Nossas roupas de peregrino também se conservarão por toda a jornada. Além disso, resistirão ao fogo, assim como as roupas de Sadraque, Mesaque e Abede-Nego. Quando foram lançados na fornalha, o fogo não teve nenhum poder sobre eles, "nem houve dano às suas roupas, e nem o cheiro do fogo passara a elas". Podemos ser chamados a passar pelo fogo, mas as roupas que Deus nos fornece não ficarão sequer chamuscadas.

A vestimenta do guerreiro é claramente descrita em Efésios 6; bem como a do vencedor, em Apocalipse 3.4,5, onde está escrito: "[...] Eles andarão comigo, vestidos de branco [...]"; e: "O vencedor será igualmente vestido de branco [...]". É de esperar que no dia do triunfo o vencedor apareça vestido apropriadamente. A mãe de Sísera esperava que o filho voltasse de sua vitória com "roupas coloridas como despojo para Sísera, roupas coloridas e bordadas, tecidos bordados para o meu pescoço, tudo isso como despojo [...]" (Juízes 5.30). Agora nos vestimos com a armadura do soldado. Se dela fizermos uso, seremos vestidos como vencedores no doce porvir.

As roupas do crente

Em Romanos 13 temos uma pequena e bela parábola em que o apóstolo, retratando o fim da noite e a aproximação da alvorada, nos conclama a acordar do sono, despir-nos das obras das trevas, das roupas apropriadas para a noite, e nos vestir para o dia, com a armadura da luz. Trata-se, conforme explica em versículo posterior, de nos vestir do Senhor Jesus Cristo. Se esperamos a segunda vinda do Senhor, não desejamos ser achados dormindo e despreparados para sua presença — diferentemente da noiva de Cantares, que escutou a voz do amado a sua porta, mas que não estava pronta, pois já se despira (Cantares 5.3). Desejamos, sim, ser como a noiva de Apocalipse 19:

> "Regozijemo-nos, alegremo-nos e demos-lhe glória! Pois chegou a hora do casamento do Cordeiro, e a sua noiva já se arrumou. Foi-lhe dado para vestir linho fino, brilhante e puro". O linho fino são os atos justos dos santos (v. 7, 8). ■

Evidentemente, há diferença entre as roupas de linho fino e as roupas que tipificam o próprio Senhor. Somos informados que o linho fino representa os atos de justiça dos santos — as obras que nós, crentes, somos capacitados a fazer mediante o poder do Espírito Santo, e isto para a glória dele, não nossa. Somos chamados a dar-lhe glória, porque "a sua noiva já se arrumou".

Essas roupas podem ser chamadas "roupas feitas pelo Espírito"; mas precisam provir de Deus como as que chamamos de roupas dadas por Deus. Os atos referidos precisam ter sido realizados no poder do Espírito Santo, não devem ser meramente o resultado de esforço da carne. Tendo sido salvos e adequados para a presença de Deus, devemos viver de maneira que glorifique a Deus. Os "atos de justiça" realizados por nossas próprias forças, tanto antes de crermos quanto depois, não passam de trapos imundos. Mas os atos de justiça realizados na dependência do poder do Espírito Santo são como linho fino.

As roupas dadas por Deus e feitas pelo Espírito ilustram de modo marcante a dupla santificação do crente.

Em Hebreus 10.10 lemos que "fomos santificados, por meio do sacrifício do corpo de Jesus Cristo, oferecido uma vez por todas". A forma verbal se refere à nossa posição em Cristo, à santificação perfeita que nos pertence imediatamente quando nos unimos com Cristo, "a quem Deus fez, por nós, sabedoria, justificação, santificação e redenção". Nada lhe podemos acrescentar, está consumada e perfeita. O versículo 14, entretanto, diz que "por meio de um único sacrifício ele aperfeiçoou para sempre os que estão sendo santificados", referindo-se a uma santificação progressiva. Nossa experiência deve estar em harmonia com nossa posição, e devemos nos tornar diariamente mais semelhantes a Cristo. Somos santificados pelo poder do Espírito Santo, e essa santificação é crescente. As roupas dadas por Deus parecem representar a santificação presente, perfeita em Cristo; as roupas feitas pelo Espírito, a santificação progressiva.

A noiva em Salmos 45.14 deve ser trazida ao rei vestida de bordados manuais, não com vestido costurado à máquina, mas lavrado ponto por ponto. Para isso, é necessário muito trabalho e perícia outorgada por Deus. "[A] sonolência os vestirá de trapos" (Provérbios 23.21), mas a mulher sábia de Provérbios 31.22 é representada assim: "Faz cobertas para a sua cama; veste-se de linho fino e de púrpura". Devemos, portanto, ser diligentes no serviço do Senhor, para ser semelhantes às pessoas mencionadas em 1Crônicas 4.21, "[...] dos clãs daqueles que trabalhavam com linho em Bete-Asbeia". *Asbeia* significa "petição sincera"; desse modo, representavam um grupo pequeno pertencente à casa de oração, grupo cuja vida era dedicada a tecer linho fino.

As roupas tecidas pelo Espírito não podem ter início antes de se deixarem de lado os trapos imundos — as roupas feitas pelo homem — e aceitarmos as roupas dadas por Deus, o Senhor, justiça nossa.

Muitas outras passagens podem ser acrescentadas, mas as mencionadas devem ter sido suficientes para demonstrar como podemos agrupar cenas típicas, desde o início da Bíblia até os capítulos finais.

É impossível neste capítulo fazer mais do que enumerar os retratos. É preciso, entretanto, estudar cada um cuidadosamente para lhes observar a beleza.

CAPÍTULO 12

LUGARES TÍPICOS

Há muitos lugares típicos na Bíblia, e podem ser divididos de modo geral em duas classes. Primeiro, há locais cujo nome é cheio de significado de modo que os fatos que ali aconteceram tiveram significado extra. Segundo, existem certos lugares onde ocorreram duas ou mais cenas típicas.

Um professor universitário ligado ao Palestine Exploration Fund (Fundo de Exportação da Palestina[1]), referindo-se à sua experiência como secretário durante 25 anos, declarou que as descobertas não só comprovam que os fatos bíblicos podem ter acontecido conforme narrados, mas também que em muitos casos não poderiam ter ocorrido em nenhum outro lugar. Trata-se de um testemunho resultante da exploração do próprio solo de Israel [lit., da Palestina]. Os escavadores da tipologia da Palavra diriam a mesma coisa do ponto de vista espiritual, não meramente geográfico. Muitos fatos bíblicos com profundo significado espiritual não poderiam ter ocorrido em nenhum outro lugar, pois prenunciavam acontecimentos maiores que ocorreriam mais tarde no mesmo local.

Na primeira categoria, temos lugares como *Belém,* a "casa do pão", a que já se fez referência; e *Hebrom,* "comunhão", onde aconteceram

---

1. O Palestine Exploration Fund existiu no tempo anterior à fundação do Estado de Israel em 14/05/1948. [N. do E.]

tantos incidentes sugestivos do que caracteriza o lugar da comunhão. Em Hebreus explica-se o significado do nome *Salém*, bem como o de Melquisedeque, como prova de que ele era tipificação do Senhor Jesus. Em primeiro lugar, seu nome significa "rei de justiça"; depois, "rei de Salém", que quer dizer "rei de paz", o que demonstra ser esse um método bíblico, não imaginário, de procurar tipos.

Gilgal, o lugar onde o opróbrio é rolado para longe, é muito sugestivo. Nesse acampamento, o primeiro depois da travessia do Jordão, o povo foi circuncidado. Do ponto de vista tipológico, entende-se o significado de Gilgal como julgamento da carne, pois é frequentemente associado com o poder sobre o mal.

Vimos que as pedras tiradas do Jordão falam do crente "ressuscitado com Cristo", e as que foram deixadas no rio ilustram outra verdade em Colossenses 3: "Vocês morreram". Gilgal se relaciona com o que se ensina no versículo 5: "Assim, façam morrer tudo o que pertence à natureza terrena de vocês". No dia da vitória, os israelitas foram levados várias vezes por Josué de volta ao acampamento de Gilgal (Josué 10.43), pois em ocasiões assim surge o perigo de a carne ensoberbecer-se. Samuel também os fez voltar lá, conforme lemos em 11,13,14: "[...] neste dia o Senhor trouxe libertação a Israel. [...] Venham, vamos a Gilgal e reafirmemos ali o reino". E muito sugestivo o fato de em 1Samuel 15.33 a Bíblia nos dizer que "Samuel despedaçou Agague perante o Senhor, em Gilgal". Este é um dos fatos que não poderia ter ocorrido tão acertadamente em nenhum outro lugar. Os amalequitas, que sobrevieram a Israel no deserto, imediatamente depois de rios de água terem jorrado da rocha e saciado a sede do povo, são entendidos como tipificação da carne. Eram descendentes de Esaú e, por isso, aparentados de Israel. A cena de Êxodo 17 parece representar a oposição da carne imediatamente depois de ter sido concedido o Espírito. Depois da vitória de Josué, o capítulo se encerra com a declaração de inimizade eterna entre Deus e Amaleque. Nessa ocasião, o Senhor recebeu de Moisés um novo título: " 'O Senhor é minha bandeira [Jeová-Nissi]'. E jurou: 'Pelo trono

Lugares típicos

123

do SENHOR! O SENHOR fará guerra contra os amalequitas de geração em geração' " (v. 15,16); ou, conforme lemos em Romanos 8: "[...] a inclinação da carne é inimiga de Deus porque não se submete à lei de Deus, nem pode fazê-lo" (v. 7). Fazer paz com o inimigo é ignorar essa verdade. Foi por desobediência direta contra Deus que Saul poupou Agague, rei dos amalequitas. A morte deste pelas mãos de Samuel tipificou em si a condenação da carne. Isso ter ocorrido no local que parece tipificar esse julgamento duplica a relevância desse cenário.

Podem-se mencionar muitos outros locais com nomes repletos de importância, mas nosso objetivo aqui é meramente propor esse método de estudo para aqueles que ainda não o experimentaram por conta própria.

A segunda categoria oferece um campo ainda mais interessante para as pesquisas, pois comprova repetidas vezes que os locais escolhidos por Deus são maravilhosamente apropriados e enfatiza o que observamos antes: todos os pormenores das cenas que prefiguravam a obra e a pessoa do Filho eram de importância imensa para o Pai.

Um exemplo notável é o monte *Moriá*. Quando Deus quis testar a fé de Abraão e ao mesmo tempo oferecer uma ilustração do seu próprio amor imenso em não nos recusar seu próprio Filho, dirigiu Abraão a determinado monte, "ao lugar que Deus lhe havia indicado", como é duas vezes mencionado (Gênesis 22.3,9). O altar em que Isaque devia ser amarrado e o carneiro sacrificado tinha de ser levantado num lugar específico, que somente Deus podia indicar. Nenhum outro monte em toda a Palestina teria sido tão apropriado, pois o cenário é desse modo ligado a dois outros altares.

O Senhor apareceu a Davi na eira de Araúna, o jebuseu, no monte Moriá (2Crônicas 3.1). O anjo foi ordenado a embainhar a espada, e Deus disse "basta", onde antes mandara Abraão retirar a mão erguida para o golpe. Em muitos aspectos, há semelhança entre os dois cenários, uma vez que ambos contam do sacrifício que Deus fornecera. Davi erigiu com gratidão seu altar, e Deus enviou o fogo.

Lemos que "Davi viu que o SENHOR lhe respondera". As palavras de Gênesis 22 continuavam valendo: "[...] Por isso até hoje se diz: 'No monte do SENHOR se proverá' ". Foi por coincidência que esses dois incidentes ocorreram no mesmo local? Davi percebeu imediatamente que esse era o lugar certo para o templo. "[...] Este é o lugar para o templo de Deus, o SENHOR, e do altar de holocaustos para Israel" (1Crônicas 22.1). Aí Deus perdoara o pecado de Davi, tendo por base a graça divina, e o aceitara na pessoa do seu holocausto; e Davi começou imediatamente os preparativos para a construção, comprando não somente a eira, conforme 2Samuel 24.24, mas também a região inteira, (cf. 1Crônicas 21.25).

O templo acabou sendo construído por Salomão "no monte Moriá, onde o SENHOR aparecera a Davi, seu pai [...]" (2Crônicas 3.1), e onde Jeová-Jiré ("o SENHOR proverá") se revelara a Abraão. Ali se colocou o altar dos holocaustos, e se ofereceram inúmeros sacrifícios. Enquanto Abraão e Isaque subiam, "os dois juntos" pelas encostas do monte Moriá, Isaque disse: "As brasas e a lenha estão aqui, mas onde está o cordeiro para o holocausto?" (Gênesis 22.6,7). Essa pergunta parece cobrir todo o período do Antigo Testamento. João diz na primeira página do seu evangelho: "[...] Vejam! É o Cordeiro [...]!". Quando nos lembramos do Calvário, podemos perguntar: "Onde está o fogo?". Consumiu-se a si mesmo. Disse: "Basta" (Provérbios 30.16).

Quando esse holocausto foi oferecido, o maior de todos, Deus mais uma vez respondeu do céu. Dessa vez, não com fogo literalmente, nem com nenhuma voz, mas rasgando o véu do templo.

Associados ao monte Moriá, temos três exemplos de doação dispendiosa: Abraão não poupou seu único filho; Davi comprou por alto preço a propriedade e tudo que ela continha, dizendo: "[...] Não oferecerei ao SENHOR, o meu Deus, holocaustos que nada me custaram [...]"; e o Senhor Jesus, observando as pessoas depositar dinheiro nas caixas de ofertas, notou a oferta da viúva pobre, "[...] ela, da sua pobreza, deu tudo o que possuía para viver" (Marcos 12.41-44).

Lugares típicos   **125**

Há outra "colina verde distante, fora do muro da cidade", que é um lugar muito sagrado. Nosso Senhor passava frequentemente pelo *monte das Oliveiras,* local estreitamente vinculado com muitos acontecimentos de sua vida. Ele devia amar aquela colina que dava plena vista da cidade, "a cidade do grande Rei", mas que ainda se recusava a render-lhe sua lealdade. Esse monte parece um local especialmente sagrado por ter sido o último onde pisaram seus pés, quando levando seus discípulos ao topo, até Betânia, "[...] foi elevado às alturas [...] e uma nuvem o encobriu da vista deles" (Atos 1.9). Mas isso não é tudo, o monte das Oliveiras será precisamente o primeiro lugar da superfície terrestre onde pisarão esses pés traspassados no passado. Pois os dois homens que apareceram aos discípulos na ocasião disseram: "[...] Este mesmo Jesus, que dentre vocês foi elevado ao céu, voltará da mesma forma como o viram subir" (v. 11). Pode ser que o versículo se aplique aos dois acontecimentos da vinda do Senhor: sua volta nos ares para buscar sua igreja e sua volta à terra com sua igreja. Será "da mesma forma" nas duas ocasiões. "Uma nuvem o encobriu da vista deles", e uma nuvem o restaurará quando "os mortos em Cristo ressuscitarão primeiro. Depois disso, os que ficarmos vivos seremos arrebatados juntamente com eles nas nuvens, para o encontro com o Senhor nos ares". Os seus fiéis o viram partir, e será para os seus fiéis que ele voltará.

Será especialmente "da mesma forma" que ele voltará à terra na sua glória. Porquanto não somente as nuvens o devolverão à terra quando virem "o Filho do homem vindo nas nuvens do céu com grande glória", mas também "os seus pés estarão sobre o monte das Oliveiras, a leste de Jerusalém, e o monte se dividirá ao meio, de leste a oeste, por um grande vale [...]" (Zacarias 14.4). A ascensão de nosso Senhor do monte das Oliveiras e a sua volta para lá parecem ter sido preditas pelo profeta Ezequiel. Este viu que "a glória do Senhor se levantou da cidade e parou sobre o monte que fica a leste dela" (Ezequiel 11.23). Posteriormente o profeta vê "a glória do Deus de Israel, que vinha do lado leste [...] pela porta que dava para o lado leste" (Ezequiel 43.2,4).

O monte das Oliveiras seria um lugar de grande interesse para nós se tão somente rastreássemos as ocasiões diferentes em que Jesus permaneceu em suas encostas. É muito mais interessante, porém, quando vemos que muitas dessas ocasiões foram prefiguradas na vida de Davi. Uma referência breve em Samuel associa Davi com o Filho de Davi, maior do que o monarca, pois nos conta que nesse monte Davi "costumava adorar a Deus". Ao mesmo tempo lemos em Lucas que o Senhor Jesus, naquela noite triste, a mais triste da sua vida, "[c]omo de costume, saiu para o monte das Oliveiras" (2Samuel 15.32; Lucas 22.39,40). Era o recanto predileto de cada um para derramar o coração diante de Deus. E provável que, sob a sombra das mesmas oliveiras plantadas naquele jardim, onde nosso Senhor derramou a alma em agonia, no "lugar" mencionado em Lucas, Davi, inspirado pelo Espírito Santo, tenha recitado os salmos que tão maravilhosamente expressam os pensamentos do Homem de Dores. O Senhor Jesus mais tarde explicaria a seus discípulos tudo quanto estava escrito nos Salmos a respeito dele próprio. Podemos muito bem acreditar que alguns deles eram verdadeiramente a linguagem do seu coração durante as horas que passava ali.

O título do salmo 102 é "[o]ração de um aflito que, quase desfalecido, derrama o seu lamento diante do SENHOR". Partes desse salmo têm sido consideradas particularmente aplicáveis àquela cena do jardim. Hebreus 1 nos diz que as palavras dos versículos 25 e 26 do salmo foram realmente dirigidas ao Senhor Jesus. É possível que o "anjo do céu" que lhe apareceu e o fortaleceu as tenha dirigido literalmente a ele (Lucas 22.43). O versículo 24 pode traduzir suas palavras na ocasião: "[...] Ó meu Deus, não me leves no meio dos meus dias [...]", e a resposta do anjo pode ter sido:

> [...] Os teus dias duram por todas as gerações! No princípio firmaste os fundamentos da terra, e os céus são obras das tuas mãos. Eles perecerão, mas tu permanecerás; envelhecerão como vestimentas. Como roupas tu os trocarás e serão jogados fora. Mas tu permaneces o mesmo, e os teus dias jamais terão fim (v. 24-27). ∎

Lugares típicos

127

Vinte e oito versículos dos salmos são citados em 46 passagens do Novo Testamento como referências a nosso Senhor. Dezesseis desses, Jesus aplicou a si mesmo, enquanto muitos outros parecem expressar os seus pensamentos.

É como rei rejeitado que lemos a respeito de Davi vinculado ao monte das Oliveiras. Absalão, que assassinara o próprio irmão, roubara o coração dos israelitas, que o ungiram rei, assim como fizeram seus descendentes muitos anos depois quando "negaram publicamente o Santo e Justo e pediram que fosse libertado um assassino" (Atos 3.14). Davi foi obrigado a deixar sua cidade. Lemos que "o rei partiu com todo o povo. Pararam na última casa da cidade" (2Samuel 15.17). Foi o que fez o grande Filho de Davi. Seu próprio povo, Israel, disse: "Não queremos que esse homem reine sobre nós", e ele também teve de deixar sua cidade e agora está "como um homem que sai de viagem [...]" (Marcos 13.34). Mas não deixou sua cidade para sempre. É verdade que foi para um "país distante", mas pretende "voltar" (Lucas 19.12). E, da mesma maneira que Davi, está apenas esperando no lugar distante. Dentro em breve, "[...] virá aquele que está para vir, e não demorará". Nesse meio-tempo, diz a Jerusalém: "[...] não me vereis desde agora, até que digais: 'Bendito o que vem em nome do Senhor' " (Mateus 23.39, ACF).

A breve cena entre Davi e Itai é muito bela. O rei lhe perguntou: "Por que você está indo conosco? Volte e fique com o novo rei, pois você é estrangeiro, um exilado de sua terra. Faz pouco tempo que você chegou. Como eu poderia fazê-lo acompanhar-me? [...]". Mas Itai não hesita. É verdade que acabara de conhecer Davi, mas isso basta: "[...] Juro pelo nome do Senhor e por tua vida que, onde quer que o rei, meu senhor, esteja, ali estará o seu servo, para viver ou para morrer!". Essa é a linguagem de todo coração que foi orientado pelo Espírito Santo a "dizer que Jesus é Senhor". Quem se alistou na milícia de Cristo "há pouco tempo", preferirá tomar seu lugar com o Rei em exílio a juntar-se às fileiras do usurpador. Davi ofereceu a Itai essa escolha, e dele obteve uma resposta leal. Depois de nosso Senhor ter aberto os olhos do cego, mandou-o ir adiante, mas, como, lemos: "[...] Imediatamente o cego recuperou a vista, e seguiu Jesus pelo caminho". Não queria seguir um caminho diferente do de Jesus. O mesmo acontece com todo aquele que teve os olhos abertos e enxergou o Senhor Jesus. A linguagem de seu coração é: "O teu caminho, não o meu, Senhor!".

Davi agora começa sua triste viagem pelo monte das Oliveiras. Muita coisa nesse capítulo tem ligação com episódios da vida de nosso Senhor que ocorreram no mesmo monte.

Em 2Samuel 15.23: "O rei atravessou o vale do Cedrom"; e em João 18.1 lemos que Jesus "saiu com os seus discípulos e atravessou o vale do Cedrom". *Cedrom* significa "escuridão". De fato, o Rei de Israel desceu para o negrume e a escuridão na noite em que foi traído.

Enquanto estava ali, Davi falou a seus seguidores a respeito de sua volta: "[...] Se o Senhor mostrar benevolência a mim, ele me trará de volta e me deixará ver a arca e o lugar onde ela deve permanecer". Do monte das Oliveiras ele podia olhar para a cidade e sem dúvida enxergar a tenda em que a arca estava guardada, mas que agora estava deserta por algum tempo. Davi estava saindo de Jerusalém por causa de seu próprio pecado — estava colhendo o que plantara. Desse modo, portanto, o tipo é muito imperfeito. Não houve nenhum "se" no ensino de nosso Senhor a seus discípulos quando estava sentado no monte das Oliveiras, com vista para o templo, e lhes falava de sua segunda vinda. A mensagem dos capítulos 24 e 25 de Mateus e do capítulo 13 de Marcos foi comunicada no monte das Oliveiras.

Sabemos que "Davi [...] continuou subindo o monte das Oliveiras, caminhando e chorando [...]", e os que estavam com ele lhe seguiram o exemplo (2Samuel 15.30). Aqui temos uma prefiguração de nosso Senhor, que no mesmo local chorou por Jerusalém, que o rejeitara.

A procissão da qual Jesus era a personagem central foi diferente em muitos aspectos da procissão triste que vemos em Samuel. Nosso Senhor não estava partindo de Jerusalém, mas estava entrando na cidade.

Lugares típicos **129**

Em Lucas 19.37 lemos: "Quando ele já estava perto da descida do monte das Oliveiras, toda a multidão dos discípulos começou a louvar a Deus alegremente e em alta voz [...]". Todavia, como lemos no versículo 41: "Quando se aproximou e viu a cidade, Jesus chorou sobre ela". Enquanto os discípulos se regozijavam, o coração de Jesus estava cheio de tristeza. As multidões gritavam "Hosana!", mas Jesus sabia que em poucos dias estariam gritando: "Crucifique-o! Crucifique-o!". A tristeza de Davi foi compartilhada por seus servos, quando pensaram no tratamento que ele recebera. A tristeza de nosso Senhor foi suportada apenas por ele, pois ninguém entendia sua tristeza. No salmo 69, Davi exclama: "[...] Supliquei por socorro, nada recebi; por consoladores, e a ninguém encontrei" (v. 21). O mesmo ocorreu no jardim quando, sozinho, Jesus derramou a alma em agonia.

No capítulo seguinte (2Samuel 16), ainda encontramos Davi no monte das Oliveiras, onde se aproximou dele um inimigo, Simei, que "[...] ia pela encosta do monte, no lado oposto, amaldiçoando e jogando pedras e terra". Davi teve de suportar as maldições de Simei, e seu Senhor suportou o beijo de Judas. Ambos, porém, proibiram seus seguidores de se vingarem. Abisai, filho de Zeruia, disse ao rei:

> "Por que esse cão morto amaldiçoa o rei, meu senhor? Permite que eu lhe corte a cabeça". Mas o rei replicou: "[...] Ele me amaldiçoa porque o Senhor lhe disse que amaldiçoasse Davi. Portanto, quem poderá questioná-lo? [...] Que amaldiçoe, pois foi o Senhor que mandou fazer isso" (v. 9-11). ■

Nosso Senhor, no jardim do Getsêmani nas encostas do monte das Oliveiras, disse: "Não beberei do cálice que meu Pai me deu de beber?". E quando Pedro usou a espada para defender seu Mestre, Jesus disse: "Guarde a espada!" (Mateus 26.52).

Lemos que Simei "atirava pedras em Davi e em todos os conselheiros do rei, embora todo o exército e a guarda de elite estivessem à direita e à esquerda de Davi" (2Samuel 16.6). Podemos imaginar como procuraram proteger seu senhor, e não há notícia de que desertaram. Quão diferente foi o tratamento que o Senhor recebeu quando "todos o abandonaram e fugiram"!

Podemos, no entanto, aprender muitas lições práticas da conduta dos seguidores de Davi no período da rejeição do monarca. Seguiram atrás dele (15.17) e ficaram a seu lado (18), com ele (30; e 16.14), e à sua direita e à sua esquerda (16.6).

Simei "atirava pedras em Davi e em todos os conselheiros do rei" porque eram servos deste. Isso permanece verdadeiro hoje, conforme disse o nosso Senhor: "Se o mundo os odeia, tenham em mente que antes odiou a mim" (João 15.18). Se estivermos andando bem perto de Jesus, podemos ter certeza de que sobrarão pedras para nós ou, no mínimo, poeira. Podemos ter certeza de que quando o reino foi restaurado a Davi, ele teve especial prazer em honrar os que foram atingidos pelas pedras alvejadas contra o próprio rei. Lembrou a seu filho Salomão que devia honrar os que compartilharam de sua rejeição: "[...] seja bondoso com os filhos de Barzilai, de Gileade; admite-os entre os que comem à mesa com você, pois eles me apoiaram quando fugi do seu irmão Absalão" (1Reis 2.7). Isso é quase literalmente a promessa de recompensa do Senhor aos que participaram de suas aflições terrenas: "Vocês são os que têm permanecido ao meu lado durante as minhas provações. E eu lhes designo um Reino, assim como meu Pai o designou mim, para que vocês possam comer e beber à minha mesa no meu Reino [...]" (Lucas 22.28-30). A nós que compartilhamos de sua rejeição hoje, a promessa é: "Se sofrermos com ele, também reinaremos com ele".

Os seguidores verdadeiros de Davi não estavam dispostos a permanecer em Jerusalém, porque não teriam nenhuma participação nas festividades do usurpador. O lugar certo deles era fora da cidade. Não é verdade que muitos filhos de Deus estão tentando ficar nos dois lugares ao mesmo tempo, fazendo amizade com os seguidores de

Lugares típicos

131

Absalão e ainda assim professando estar do lado de Davi? Precisamos conviver entre os que rejeitam nosso Senhor, e nisto somos semelhantes a Mefibosete, que não podia deixar a cidade. Contudo, não havia dúvida de que lado ele estava. Era inconfundível seu pesar diante da ausência de Davi, e certamente não se agregou aos inimigos de Davi. "[...] Ele não havia lavado os pés nem aparado a barba nem lavado as roupas, desde o dia em que o rei partira até o dia em que voltou em segurança" (2Samuel 19.24). Quando finalmente deu as boas-vindas ao rei no seu regresso, Mefibosete não se preocupou com seus próprios assuntos nem com as mentiras de seus servos contra ele. Disse, pelo contrário: "Deixa que ele fique com tudo, agora que o rei, meu senhor, chegou em segurança ao seu lar" (v. 30).

Essa é a nossa dupla posição: precisamos conviver entre os inimigos do Rei, mas também temos de assumir nosso lugar e andar com ele pelo caminho de sua rejeição. Embora a própria cidade de Davi o tenha expulsado para o exílio, houve um lugar em sua jornada onde, segundo lemos, "o rei ficou exausto, e lá descansou" (v. 14). Não há registro do nome do lugar, mas nos faz lembrar o que Betânia significava para nosso Senhor: o lugar de repouso e refrigério quando Jerusalém o rejeitava. Repetidas vezes Jesus saía da cidade para ir até Betânia. Um dos significados atribuídos ao nome Betânia é "a casa da graça do Senhor". Quer levemos em conta o significado do nome, quer não, é um lindo retrato de como o Senhor acha um lar no coração dos que o amam enquanto estiver exilado do seu reino.

CAPÍTULO 13

PERSONAGENS TÍPICAS

—

As personagens bíblicas típicas que prenunciavam o Senhor Jesus Cristo são muito numerosas, mas precisam ser estudadas de modo bem diferente de tipos como o tabernáculo, o templo, as ofertas etc. Estes foram instituídos visando ao único grande propósito de declarar a glória do Senhor, sendo cada pormenor de importância divina. Embora possamos apenas sugerir os significados de muitos detalhes menores inexplicados, podemos ter certeza de que tinham importância tipológica. O mesmo, porém, não ocorre quando se trata das personagens. Não eram homens perfeitos e por isso não podem ser tipificações perfeitas. Na crônica da história desses indivíduos, o Espírito Santo os apresenta conforme eram, sem esconder seus pecados, mostrando com fidelidade o retrato deles. Por essa razão, alguns relutam muito em reconhecê-los como tipos. Contudo, o fato de serem citados no Novo Testamento como prefiguração de alguma verdade a respeito do Senhor Jesus comprova a intenção de que fossem tipos. Em muitos deles, existe duplo ensinamento: tanto pelo contraste quanto pela semelhança. As próprias falhas deles servem para ressaltar a perfeição do grande antítipo.

A primeira personagem apresentada na Bíblia prefigura de muitas maneiras nosso Senhor Jesus Cristo. Apesar disso, foi por intermédio dela que "o pecado entrou no mundo". No salmo 8, Davi provavelmente se referisse a *Adão* em primeira instância. "Tu o fizeste dominar sobre as obras das tuas mãos [...]", mas sabemos que também era uma profecia do Senhor Jesus Cristo, pois é citada desse modo na Epístola aos Hebreus. Além disso, Adão prefigura Cristo como a cabeça de uma raça. Em 1Coríntios 15, Paulo compara e opõe os dois. "Pois, da mesma forma como em Adão todos morrem, em Cristo todos serão vivificados" (v. 22). A morte sobreveio a todos os membros da primeira família, porque lhes morreu o pai, mas os que pertencem à segunda família vivem, porque foi vivificado o cabeça da sua raça. O primeiro "todos" abrange toda a raça humana, todos os descendentes do primeiro Adão; o segundo abrange todos os crentes, os que estão unidos com o último Adão.

Mais adiante no mesmo capítulo, faz-se outro contraste entre os dois: "[...] O primeiro homem, Adão, tornou-se alma vivente; o último Adão, espírito vivificante" (v. 45). No primeiro caso, havia vida que terminou em morte; no segundo, morte que produziu vida: "O primeiro homem era do pó da terra; o segundo homem, dos céus" (v. 47). Desse modo Paulo compara o destino dos respectivos descendentes, a natureza de vida que possuem e a origem deles. Em outra epístola, conforme já vimos, o apóstolo indica que o primeiro Adão, no seu relacionamento com Eva, tipifica Cristo, pois em Efésios 5, citando Gênesis 2, acrescenta: "Este é um mistério profundo; refiro-me, porém, a Cristo e à igreja" (v. 32).

Muitos outros pontos podem ser observados, principalmente o contraste entre a tentação de um e de outro. Nos dois casos, Satanás entrou em cena para procurar estragar a obra divina imediatamente após a declaração da aprovação de Deus. Em Gênesis, depois da criação, Deus declarara tudo "muito bom". Nos evangelhos, depois do batismo do Senhor Jesus, Deus proclamara: "Este é meu Filho amado, em quem me agrado". Logo em seguida, o Diabo entra em ação, mas o resultado foi totalmente diferente! O primeiro Adão caiu, e "o pecado entrou no mundo por um homem, e pelo pecado a morte [...]" (Romanos 5.12), mas o último Adão venceu seu inimigo, e a parte

Personagens típicas

135

final do salmo que Satanás citou para Jesus de modo tão traiçoeiro de fato se cumpriu: "Você pisará o leão e a cobra; pisoteará o leão forte e a serpente" (Salmos 91.13). Quando citou — impropriamente — os versículos anteriores, "[p]orque a seus anjos ele dará ordens a seu respeito [...]", Satanás não acrescentou os versículos que profetizavam sua própria derrota no símile tríplice do leão, da serpente e do dragão. Em ambas as tentações, o objetivo era lançar dúvida sobre a Palavra de Deus e a bondade divina. A Eva, Satanás perguntou: "Foi isto mesmo que Deus disse? [...]" (Gênesis 3.1). E, ao Senhor Jesus, desafiou: "Se és o Filho de Deus" — embora acabara de ouvir do céu a voz de Deus, dizendo: "Este é meu Filho amado". No primeiro caso, a mentira recebeu crédito. No segundo, entretanto, não recebeu nem um momento sequer de atenção. Vemos em Adão, portanto, uma personagem bíblica que tipifica Cristo em certos aspectos e, em outros, ensina por oposição lições preciosas a respeito de nosso Senhor.

Embora algumas personagens tipifiquem Cristo apenas em certos pormenores, há umas poucas que parecem tipificá-lo em quase todos os aspectos de sua vida. Destes, as mais completas parecem ser José, Moisés, Arão, Josué, Davi e Eliseu, conquanto a desobediência de Moisés, o bezerro de ouro de Arão e o pecado terrível de Davi maculem as páginas de sua história. Três deles, José, Moisés e Davi, prefiguram tanto os sofrimentos de nosso Senhor quanto sua glória e, por isso, podem ser relacionados entre si. Ainda que as respectivas circunstâncias tenham sido muito diferentes, todos eles prefiguravam lindamente o Rejeitado. Se colocados lado a lado os três, cada um acrescenta ao quadro aspectos que não são oferecidos pelos demais.

Em Atos 7, Estêvão compara a história de José, de Moisés e a do Messias de Israel, mostrando que os dois primeiros tinham sido rejeitados pelos irmãos, mas depois foram acolhidos, ao passo que aquele que eles prefiguraram foi traído e assassinado. Seus ouvintes não lhe permitiram terminar o discurso, nem conclamá-los a reconhecer o Libertador. Entretanto, sua visão ao morrer foi um desfecho apropriado do resumo maravilhoso da história e da tipologia, quando "cheio do Espírito Santo, levantou os olhos para o céu e viu a glória de Deus, e Jesus em pé, à direita de Deus, e disse: 'Vejo o céu aberto e o Filho do homem de pé à direita de Deus' " (v. 55,56) — em pé como que para escutar a resposta deles; em pé como se estivesse pronto para voltar. As últimas palavras de Estêvão também profetizavam o dia em que o Filho do Homem não mais será o Rejeitado.

Os treze capítulos que narram a bela história da vida de José estão repletos de Cristo. À medida que um versículo após outro apresenta o conhecido quadro do Antigo Testamento, podemos comparar com eles muitas passagens do Novo Testamento que descrevem a vida e o caráter daquele que José tipifica[1] tão maravilhosamente. É amado por seu pai, vestido por ele e enviado a uma missão até seus irmãos. É odiado e invejado por eles, que lhe recusam lealdade, conspiram contra ele, despojam-no de suas roupas e o entregam nas mãos dos gentios. As tristezas, os sofrimentos e a vergonha pelos quais passou são retratados numa série de quadros. A cova, o preço da compra, a casa de Potifar e o cárcere mostram como José foi levado, passo a passo, pelo caminho da humilhação abaixo. A cova nos lembra o clamor do Senhor no salmo 69; "Nas profundezas lamacentas eu me afundo; não tenho onde firmar os pés [...] nem deixes que a cova feche sobre mim a sua boca!" (v. 2,15). Quando José foi vendido como escravo, o preço que se pagou por ele foi trinta moedas de prata. De forma semelhante, o Senhor Jesus foi traído por trinta moedas de prata, o preço de um escravo (Êxodo 21.32). Em seguida, José se torna servo na casa de Potifar, capitão da guarda; semelhantemente a Jesus, de quem lemos em Isaías 49.7: "[...] aquele que foi desprezado e detestado pela nação [...] servo de governantes".

Há mais um passo na sua decadência. Falsamente acusado, é lançado no cárcere e contado com os transgressores. E rebaixado cada vez mais. Nesse ponto, porém, o tipo não corresponde, pois, embora seja

---

1. V. Apêndice, p. 169-76.

Personagens típicas

prefigurada a vergonha da cruz, José não teve de entregar a própria vida. Lemos em Salmos 105.18: "Machucaram-lhe os pés com correntes e com ferros prenderam-lhe o pescoço", mas o Crucificado clamou: "Traspassaram minhas mãos e meus pés". Em Gênesis 40, vemos que, como Cristo, de quem José é tipo, havia com ele dois malfeitores. A um deles, dá uma mensagem de vida, a outro, uma mensagem de condenação. Destes, um sai do cárcere para o palácio e a mesa real, o outro é levado para ser executado. Assim foi no Calvário, "onde o crucificaram, e dois outros com ele, um de cada lado, e Jesus no meio". Para um desses, Jesus deu uma mensagem de vida: "Hoje você estará comigo no paraíso". A fala do ladrão moribundo era muito semelhante ao que disse o chefe dos copeiros quando estava diante do faraó. Disse: "Hoje me lembro das minhas falhas", e passou a falar de José. O ladrão disse: "Nós estamos sendo punidos com justiça, porque estamos recebendo o que os nossos atos merecem. Mas este homem não cometeu nenhum mal" (Lucas 23.41).

José faz um pedido tríplice ao copeiro do rei: "Lembre-se de mim e seja bondoso comigo; fale de mim ao faraó". Durante longo tempo, entretanto, seu pedido ficou esquecido, pois lemos: "O chefe dos copeiros, porém, não se lembrou de José; ao contrário, esqueceu-se dele". O Senhor pede que todos quantos receberam da parte dele a mensagem da vida façam essas mesmas três coisas. Que jamais se diga de Jesus, como aconteceu com o sábio pobre da parábola de Salomão, que "com sua sabedoria ele salvou a cidade. No entanto, ninguém se lembrou mais daquele pobre". O caráter de José é muito belo em tudo. Resiste à tentação de pecar, e aqueles a quem serve reconhecem que o Senhor está com ele, que ele é abençoado juntamente com os que estão com ele, e é digno de total confiança. "[O] Senhor estava com ele e o fazia prosperar em tudo o que realizava". Do mesmo modo que Aquele de quem se diz: "[...] a vontade do Senhor prosperará na sua mão" (Isaías 53.10). O que se depositasse nas mãos de José ficava em segurança total. A experiência do capitão da guarda e do carcereiro comprovava isso. Nós também, juntamente com Paulo, podemos dizer: "[...] sei em quem tenho crido e estou bem certo de que ele é poderoso para guardar o que lhe confiei até aquele dia" (2Timóteo 1.12).

A história de José, no entanto, não termina no cárcere. O quadro tem outro lado. Estêvão nos diz que Deus "livrou-o de todas as suas aflições", conforme lemos no salmo 22: "Pois não desprezou nem repudiou o sofrimento do aflito [...]" (v. 24). José foi trazido da prisão pelo faraó, que "[...] o constituiu senhor do seu palácio e administrador de todos os seus bens" (Salmos 105.21). Isso nos lembra de outra parábola profética, a do jovem pobre e sábio em Eclesiastes 4.13-15. Esse jovem é "Melhor [...] do que um rei idoso e tolo [...] pode ter saído da prisão e chegado ao trono, ou pode ter nascido pobre no país daquele rei".

A história de José pode ser comparada com Filipenses 2, pois o vemos destituído do seu manto, feito servo de seus irmãos, reduzido à escravidão e contado entre os transgressores, mas depois exaltado e agraciado com um nome de honra: todos eram obrigados a "dobrar o joelho" diante dele. Filipenses 2 fala de Jesus, que se esvaziou voluntariamente "vindo a ser servo, tornando-se semelhante aos homens". O antítipo, porém, se deixou humilhar muito mais do que o tipo: "humilhou-se a si mesmo e foi obediente até a morte, e morte de cruz!". Para isso, não achamos paralelo na vida de José. O Senhor, na sua humilhação, ficou muito abaixo de José, mas também subiu muito acima dele na sua exaltação:

> Por isso Deus o exaltou à mais alta posição e lhe deu o nome que está acima de todo nome, para que ao nome de Jesus se dobre todo joelho, nos céus, na terra e debaixo da terra, e toda língua confesse que Jesus Cristo é o Senhor, para a glória de Deus Pai (v. 9-11). ∎

Foi "o evangelho da glória" que transformou Saulo de Tarso em Paulo, apóstolo. Foram as alegres notícias de que José estava com vida e assentado no trono que levaram Jacó a Gósen.

Personagens típicas

139

Quase tudo o que o faraó disse a respeito de José é aplicável a Cristo, que é maior do que ele.

> "[...] Será que vamos achar alguém como este homem, em quem está o espírito divino? [...] não há ninguém tão criterioso e sábio como você. Você terá o comando do meu palácio, e todo o meu povo se sujeitará às suas ordens [...]". (Gênesis 41.38-40). ■

E aos famintos que vinham buscar comida, o faraó dizia: "Dirijam-se a José e façam o que ele disser" (v. 55).

Além disso, podemos rastrear maravilhosas prefigurações de Cristo no modo de José lidar com seus irmãos e notar como ele lhes disse que Deus o enviara adiante deles a fim de lhes salvar a vida mediante um grande livramento; como os levou gradativamente a confessar o pecado contra ele, perdoou-lhes e os reconheceu como seus irmãos; como os alimentou nos tempos de fome, deu-lhes tanto quanto conseguissem levar, bem como provisões para o caminho; depois de terem obedecido ao seu convite de virem até ele, alimentou-os e os convidou para morar perto de si a fim de que não caíssem na pobreza. Já se mencionaram seus armazéns inexauríveis, seu modo de lidar com as vítimas da fome que vinham comprar alimentos e também a aplicação judaica especial da história.

Vemos, tendo como base o discurso de Estêvão, que Moisés foi outro libertador que tipificou o Senhor Jesus, tanto na rejeição quanto no reconhecimento do povo como seu líder. Enquanto José foi odiado por seus irmãos, Moisés foi mal interpretado. "Supunha que seus irmãos tivessem entendido", mas, de modo semelhante ao próprio Senhor: "Veio para o que era seu, mas os seus não a receberam" (João 1.11). Disseram: "Quem o nomeou líder e juiz?" (Atos 7.35). Essas são quase as mesmas palavras usadas por nosso Senhor quando alguém foi até ele e disse: "Mestre, dize a meu irmão que divida a herança comigo?". Jesus respondeu: "Homem, quem me designou juiz ou árbitro entre vocês?" (Lucas 12.13,14). É possível que se estivesse comparando a Moisés. Se "seus irmãos tivessem entendido", Jesus realmente teria sido seu Rei e Soberano, mas eles já o tinham repudiado. Se depois tivesse consentido em arbitrar entre eles, teria sido tratado como Moisés. Lemos, porém: "Este é o mesmo Moisés que tinham rejeitado com estas palavras: 'Quem o nomeou líder e juiz?' Ele foi enviado pelo próprio Deus para ser líder e libertador deles [...]" (Atos 7.35). Pedro disse: "Portanto, que todo Israel fique certo disto: Este Jesus, a quem vocês crucificaram, Deus o fez Senhor e Cristo" (Atos 2.36). Embora Israel ainda não tenha reconhecido Jesus, virá o dia em que dirão: "Bendito aquele que vem em nome do Senhor".

José foi tirado do lar e do amor de seu pai para a solidão, a escravidão e o cativeiro. Todavia, o que é o amor que recebera de Jacó comparado com o amor de que o Senhor falou em João 17: "Tu me amaste antes da fundação do mundo"? Moisés abriu mão dos prazeres e riquezas da corte do faraó e da sua alta posição. O que era tudo isso em comparação com a glória à qual se refere nosso Senhor: "[...] a glória que eu tinha contigo antes que o mundo existisse" (João 17.5), da qual se esvaziou quando se humilhou? "Pois vocês conhecem a graça de nosso Senhor Jesus Cristo que, sendo rico, se fez pobre por amor de vocês, para que por meio de sua pobreza vocês se tornassem ricos" (2Coríntios 8.9). O filho da filha do faraó ocupava alta posição na corte do Egito. Qual, entretanto, deve ter sido a posição daquele a quem Deus chama "meu companheiro" (Zacarias 13.7), o qual, mesmo humilhado, precisava apenas orar ao Pai, que lhe teria enviado "mais de doze legiões de anjos"?

No período em que eram estranhos a seus irmãos, tanto José quanto Moisés tomaram esposa dentre um povo estranho. Azenate e Zípora, portanto, têm sido consideradas símbolos da igreja na presente dispensação, casadas no período em que Israel trata seu libertador como a um estranho. Vimos que durante todo esse período, o coração de José e o de Moisés estavam cheios de amor pelos irmãos. O belo

Personagens típicas **141**

quadro de ternura e amor de José mostra quanto seu coração ansiava por eles. Moisés, por sua vez, chama seu filho de "Gérson, pois fui estrangeiro numa terra estranha". Não se esquecera dos seus semelhantes que trabalhavam nas fornalhas de tijolos.

Na história inteira de Moisés, existem muitos ensinos tipológicos. Foi cheio de sabedoria e "poderoso em palavras e ações". Era "muito meigo, mais que todos os homens na face da terra" — até chegar Jesus, que podia dizer: "Sou manso e humilde de coração". Moisés realizou milagres que foram corretamente atribuídos ao "dedo de Deus" (Êxodo 8.19; Lucas 11.20); e dele podia ter sido dito: "Que tipo de homem é este, que até os ventos e as ondas lhe obedecem?". Nesses dois casos, entretanto, era apenas o instrumento humano de Deus, ao passo que o Senhor Jesus Cristo manifestava seu próprio poder divino. "Em Israel nunca mais se levantou profeta como Moisés, a quem o Senhor conheceu face a face", até Deus suscitar aquele "semelhante a Moisés" que prometera enviar (Deuteronômio 18.15-19). "Ouçam a ele!" (Mateus 17.5). Em Salmos 99.6, Moisés é mencionado como _sacerdote,_ e sabemos que era _"rei_ do seu povo", _pastor, juiz e líder_ do povo. É, porém, como _intercessor_ que ele nos lembra, de modo tão preeminente, do Senhor Jesus. Quando Deus se irava com os israelitas, Moisés, seu escolhido, intercedia diante dele para evitar que sua ira os destruísse (Salmos 106.23). Quando estavam lutando contra os inimigos, Moisés subiu ao topo do monte e se sentou como intercessor: "E aconteceu que, quando Moisés levantava a mão, prevalecia Israel; e quando abaixava a mão, prevalecia Amaleque". Em Deuteronômio 5.5, ele diz à nação: "Naquela ocasião eu fiquei entre o Senhor e você para declarar-lhe a palavra do Senhor [...]". Desse modo prefigurava o "único Mediador entre Deus e os homens, o Homem Jesus Cristo"; o "intercessor junto ao Pai"; aquele que "vive sempre para interceder" por nós. Ele verdadeiramente se colocou na brecha quando "[...] foi traspassado por causa das nossas transgressões e esmagado por causa de nossas iniquidades [...]". Mesmo pressionado por tentações, intercede em oração por seu povo a fim de que não lhe falte a fé, assim como orou em favor de Pedro. Ele próprio é a Palavra. Temos em João 17 o modo de ele pleitear nossa causa diante de seu Pai. Moisés, além de ser um tipo por comparação, também o é por oposição, pois é comparado repetidas vezes no Novo Testamento, como o representante da lei, com aquele por meio de quem vieram a graça e a verdade.

Enquanto José era um exilado de seu lar e Moisés, de seus compatriotas, *Davi* representa outro aspecto, pois era exilado de seu trono. José foi quem livrou da fome; Moisés, da escravidão no Egito; Davi, do poder do inimigo. É difícil dizer, comparando entre si os integrantes desse trio, qual é o tipo mais completo de nosso Senhor.

A primeira menção a Davi está na sua genealogia no fim do livro de Rute, que nos faz lembrar das aberturas dos evangelhos de Mateus e de Lucas. Seu nascimento em Belém, sua posição humilde de submissão no lar e, depois, sua unção como o escolhido de Deus — como o batismo do Senhor Jesus, quando a voz do céu proclamou: "Este é o meu Filho amado, em quem me agrado" —, seguida por seu encontro com o inimigo, tudo isso nos faz lembrar a história dos evangelhos. Durante quarenta dias, o inimigo tinha ameaçado o povo quando, então, Davi saiu e o venceu. A tentação no deserto também durou quarenta dias. Davi vencera o gigante com uma das cinco pedras lisas tiradas do riacho; o Senhor Jesus, o campeão do seu povo, venceu o inimigo mediante uma citação tríplice de Deuteronômio, um dos cinco livros de Moisés. O alforge do pastor, do qual Davi tirou a pedra, seria usado "para levar materiais usados para medicar ou enfaixar ovelhas mancas", bem como o lanche do pastor. Por nossa vez, estamos supridos na Palavra de cura para as ovelhas doentes e feridas, alimento para o pastor e pedras como armas contra o inimigo. Davi comparou Golias com o leão que tirara o cordeiro do rebanho e rugira contra o próprio pastor. Percebemos que Golias era realmente tipo de "nosso inimigo, o Diabo" que "anda ao redor como leão, rugindo e procurando a quem possa devorar". Há muitas belas ideias referentes a Davi em 1Samuel 18,

Personagens típicas

143

onde temos a descrição do pobre de pouca estima, que livrou de modo tão maravilhoso o povo (14,15,23,30; Eclesiastes 9.15) e cujo nome, por consequência, era muito "precioso".

Na história de José, vimos uma série de quadros que representam vários passos de sua humilhação e exaltação. Em Moisés, vimos relações oficiais diferentes. Na história de Davi temos relatos de várias personagens que foram atraídas por ele pessoalmente, que se tornaram amigas suas, tanto homens poderosos quanto servos, sobretudo durante o período de espera que antecedeu à sua coroação. Cada um desses heróis parece oferecer-nos um retrato diferente da relação entre o pecador e seu Senhor. Em primeiro lugar, temos a história da devoção de *Jônatas*. Este afeiçoou-se muito a Davi por causa do livramento que o amigo realizara. Sua "alma se ligava com a alma de Davi" (ARC); "amava-o com a sua própria alma"; "se deleitava muito" nele; e "se [...] despojou" do seu manto, das suas vestes e da sua preciosa espada, a segunda no reino (1Samuel 13.22). Estava satisfeito em ceder o trono a Davi, "a fim de que em todas as coisas [Davi] tivesse a preeminência". Mas Davi não somente ganhava filhos de reis. Na *caverna de Adulão* se tornou capitão de todos quantos se dispuseram a ir até ele — os aflitos, os endividados e os insatisfeitos, todos receberam as boas-vindas como eram. Davi era muito diferente do seu antecessor, pois "quando Saul via qualquer homem forte, qualquer valente, tomava-o para si". Entretanto, esses homens não se tornavam mais fortes no convívio com Saul, pelo contrário, "o seguiam com tremedeira".

Os seguidores de Davi na caverna de Adulão — o auditório ao qual se dirigiu no salmo 34 — passaram a ser, com o treinamento dele, homens poderosos. Alguns dos quais mencionados em 1Crônicas 12. Separados para Davi, tornaram-se fortes, habilidosos e rápidos, dedicados ao seu serviço e capazes de realizar façanhas. O amor que seus homens fortes tinham por ele era tamanho que bastou Davi expressar anseio pela água do poço de Belém para três deles de uma só vez se disporem a arriscar a vida a fim de satisfazer-lhe o desejo. Não foi uma vitória grandiosa, mas era um grande amor. Por isso, ficaram sendo seus três mais valentes de todos. Nossa obra será testada não tanto pelo *tamanho,* mas pelo "*tipo* que é".

Em seguida, há o relato a respeito do *egípcio* que acharam no campo. Estava numa condição deplorável, doente, passando fome e abandonado por seu senhor amalequita quando não tinha mais utilidade. Davi o levou, alimentou, vivificou e o salvou para servir. A conversa entre ele e Davi é muito sugestiva. Embora tivesse sido totalmente restaurado, era incapaz de cooperar com Davi até possuir a plena garantia da vida e da liberdade. O crente precisa ter certeza da sua inteira emancipação do domínio do seu antigo senhor — a carne — antes de poder aplicar-se com confiança no serviço de Cristo.[2]

Em *Abigail,* outra das noivas das Escrituras, temos um quadro de quem reconheceu o ungido do Senhor, mesmo quando Davi era o pobre fugitivo. Sua petição (1Samuel 25.31): "[...] quando o Senhor tiver abençoado a ti, lembra-te de tua serva", nos faz lembrar a petição do ladrão moribundo: "Senhor, lembra-te de mim quando entrares no teu reino". No primeiro caso, a resposta foi: "[...] Ouvi o que você disse e atenderei o seu pedido". Mais tarde, "[...] Davi enviou uma mensagem a Abigail, pedindo-lhe que se tornasse sua mulher". O ladrão, por sua vez, recebeu a reposta maravilhosa: "Hoje você estará comigo no paraíso".

A história de *Mefibosete* é uma bela ilustração da maneira pela qual o miserável pecador é acolhido pelo Senhor. Aleijado e desamparado; fugitivo no país distante; habitando em Lo-Debar, o lugar de "nenhuma pastagem"; encobrindo-se daquele a respeito de quem tem maus pensamentos e a quem considera inimigo, finalmente é procurado por Davi. Comparece na presença do rei esperando o pior, mas a saudação graciosa: "Não tenha medo", cai-lhe no ouvido. Sente-se indigno da presença do rei, mas Davi lhe dá um lugar à mesa onde ninguém percebe que é manco.

2. C.H.M

Personagens típicas

145

Tudo isso é um retrato pálido de como o Senhor "traz um pobre pecador vil a seu salão de festa". Cada um assim trazido recebe um assento à sua mesa, não meramente "como um dos filhos do rei", mas verdadeiramente nascido na família: "Vejam como é grande o amor que o Pai nos concedeu: que fôssemos chamados filhos de Deus, o que de fato somos! [...]" (1João 3.1). A última menção de Mefibosete demonstra que toda a inimizade se acabara e fora substituída por devoção sincera a Davi.

Muitos outros servidores e amigos de Davi, como *Itai e Barzilai*, merecem ser considerados, enquanto a história de *Joabe* é repleta de advertências solenes. Este, que era o primeiro na frente da batalha, o líder contra o inimigo, o mais próximo do rei, apesar de não lhe ser leal, desobedeceu deliberadamente aos mandamentos do rei e terminou a vida em rebeldia. Não havia amor verdadeiro ao rei, embora houvesse tanta diligência em seu serviço. Todas as suas grandes vitórias não valiam nada sem esse amor: eram todas como lenha, feno e restolho; ao passo que a devoção dos três homens poderosos que buscaram a água do poço de Belém era como ouro, prata e pedras preciosas.

Quando nosso Senhor quis falar das personagens do Antigo Testamento que tipificavam seus sofrimentos e glória, juntou as duas que prefiguravam as maiores profundezas da tristeza e as maiores alturas da exaltação — *Jonas,* que disse: "Todas as tuas ondas e vagas passaram sobre mim" (Jonas 2.3), e *Salomão,* cuja glória atraiu a estrangeira do país longínquo. Jesus foi maior que o profeta nos sofrimentos e maior que o rei em glória. Anteriormente, no mesmo capítulo, comprovara ser maior que todos os sacerdotes, pois era "maior do que o templo" (Mateus 12.6,40,42).

Além dos muitos tipos referidos diretamente no Novo Testamento por indicarem Jesus, há outra classe de tipos dos quais podemos aprender muitas lições, a saber, os que pelo ofício ou pela ocupação nos falam do Senhor. Estes podem não ser mencionados como tipos, mas o prefiguram claramente nesses detalhes.

Desse modo, não se nos diz com clareza que *Boaz* era tipificação de Cristo, mas no seu relacionamento com Rute, a moabita, como parente e redentor, não há dúvida de que prefigura belamente o Senhor. Quando se percebe isso, todo o livro de Rute passa a ser repleto de ensinamentos tipológicos. Observou-se que Boaz tipifica Jesus em sete aspectos: como o senhor da seara, como o parente próximo, como o supridor das necessidades, como o redentor da herança, como o homem que dá repouso, como o parente rico e como o noivo.

CAPÍTULO 14

TIPOS DE CRISTO COMO O PASTOR

Os vários aspectos da obra do Senhor em favor de seu povo são-nos apresentados de muitas maneiras diferentes. Uma única característica isolada não bastaria para nos dar a ideia de suas relações multifacetadas; por isso, ele aparece como Profeta, Sacerdote, Rei, Líder, Comandante, Vencedor, Salvador, Fiador e Pastor. Quando estudamos qualquer um desses aspectos, é construtivo reunir no mesmo grupo as personagens bíblicas que tipificam a obra de nosso Senhor desse modo.

Como ilustração desse método — tomando como exemplo o último desses ofícios — temos um belo conjunto de tipos nos registros dos pastores no Antigo Testamento. Também se observará que, assim como em outros grupos, cada tipo separado parece enfatizar um aspecto especial, de maneira que juntos oferecem um quadro completo do caráter, dos deveres e da devoção do pastor.

Abel, o primeiro pastor, de acordo com Hebreus 12, é um tipo de Cristo: "[...] ao sangue aspergido, que fala melhor do que o sangue de Abel". Sabemos bem pouco a respeito de Abel, a não ser o que diz respeito a seu sacrifício e sua morte. Deus disse a Caim: "[...] Da terra o sangue do seu irmão está clamando" (Gênesis 4.10). Clamava por vingança contra o assassino. Contudo, "o sangue aspergido" mencionado em Hebreus, clama não por vingança, mas por perdão. Essa passagem não declara com nitidez a qual dos tipos levíticos se faz referência, pois o sangue de Abel é mostrado como tipo de um tipo. É provável que prefigure as ofertas pelo pecado, as únicas que implicavam o sangue aspergido na própria terra. Quando se sacrificava a novilha vermelha, o sangue era aspergido diante do tabernáculo (Números 19). Nas ofertas pelo pecado do sacerdote e pela congregação, o sangue era aspergido diante do véu e, no grande Dia da Expiação, diante da tampa da arca. Todos esses eram oferta pelo pecado, e o sangue, em cada caso, era derramado na terra. Representava o perdão e a purificação e tipificava o sangue que seria derramado no Calvário quando, então, o Bom Pastor daria a vida pelas ovelhas.

O próprio Abel oferecera um cordeiro de seu rebanho para propiciação por seus próprios pecados. Desse modo, o cordeiro morria em prol do pastor. No Calvário, porém, o Pastor morreu em favor dos cordeiros.

Aprendemos outra lição a respeito do pastor em Gênesis 24, ao vermos que a riqueza do pastor consiste em seus rebanhos. O servo de Abraão enviado a encontrar uma noiva para Isaque disse a Rebeca e a seus familiares: "O Senhor o abençoou muito, e ele se tornou muito rico. Deu-lhe ovelhas e bois [...]" (v. 35). O Grande Pastor das ovelhas considera seu rebanho sua possessão mais preciosa. Do mesmo modo, Paulo orou em favor dos santos em Éfeso, para que conhecessem "as riquezas da gloriosa herança dele nos santos". "A porção do Senhor é o seu povo", e os seus eram tão preciosos a seus olhos que ele se tornou pobre a fim de poder adquiri-los a preço do próprio sangue.

Jacó, falando a Labão a respeito de seus vinte anos de serviço, demonstra algo acerca da abrangência dos deveres do pastor. "Eu nunca levava a você os animais despedaçados por feras; eu mesmo assumia o prejuízo. E você pedia contas de todo animal roubado de dia ou de noite" (Gênesis 31.39). O pastor era responsável pessoalmente pela segurança de cada ovelha. O Bom Pastor em João 10 nos diz que ele mesmo se responsabiliza pessoalmente pelos que foram entregues aos

Tipos de Cristo como o pastor

seus cuidados: "Nunca perecerão, e ninguém as tirará de mim". Jacó não podia proteger desse mesmo modo o rebanho de Labão — talvez muitas ovelhas tenham perecido —, mas o Senhor Jesus podia dizer: "Nenhum deles se perdeu" (João 17.12). Jesus comprometeu-se a preservar até o mais fraco entre os cordeiros. E cada um de nós pode dizer como Paulo: "[...] sei em quem tenho crido e estou bem certo de que ele é poderoso para guardar o que lhe confiei até aquele dia" (2Timóteo 1.12).

Jacó também nos ensina a perseverança do pastor. Acrescenta: "O calor me consumia de dia, e o frio de noite, e o sono fugia dos meus olhos" (Gênesis 31.40). O Senhor sabia o que era sofrer assim. Lemos sobre ele pedir algo para matar a sede em duas ocasiões. Em João 4, diz à mulher samaritana: "Dê-me um pouco de água" (v. 7); na cruz exclama: "Tenho sede". Vimos que esse pedido não foi atendido, e sua sede física não foi saciada. Entretanto, ele que disse: "Tenho algo para comer que vocês não conhecem" (João 4.32), nas duas ocasiões teve refrigério dando a água da vida aos sedentos — a mulher, que deu o primeiro gole e saiu apressadamente para trazer outros a Jesus; e o ladrão moribundo, que o reconheceu como Senhor.

O trabalho do pastor no Oriente implica vigilância cuidadosa de noite e de dia. Era assim que os pastores de Belém vigiavam seus rebanhos de noite. Deve ser literalmente verdadeiro o fato de que o sono fugia aos olhos do Senhor. Ele não tinha onde reclinar a cabeça e passava as horas da noite em oração por seu rebanho. Na noite tempestuosa em que os discípulos estavam sendo lançados de um lado a outro pelas ondas do mar da Galileia, Jesus estava sozinho orando no monte e os "via se esforçando para remar". Isso continua sendo verdade, pois "o seu protetor se manterá alerta, sim, o protetor de Israel não dormirá; ele está sempre alerta!" (Salmos 121.3,4). Ele vigiará o seu rebanho durante todas as horas de trevas e perigos, "até raiar o dia, e as sombras fugirem". Nessa ocasião não haverá mais o perigo do leão que ruge, pois é durante a noite "quando os animais da floresta vagueiam. Os leões rugem à procura da presa [...] mas ao nascer do sol eles se vão e voltam a deitar-se em suas tocas" (Salmos 104-20-22). Ao nascer do sol, o rebanho de Deus estará em segurança de todos os seus inimigos.

Na resposta de Jacó a Esaú vemos os cuidados tomados pelo pastor (Gênesis 33.13): "[...] Se forçá-las demais na caminhada, um só dia que seja, todo o rebanho morrerá", o que nos faz lembrar daquele de quem está escrito: "Como pastor ele cuida de seu rebanho, com o braço ajunta os cordeiros e os carrega no colo; conduz com cuidado as ovelhas que amamentam suas crias" (Isaías 40.11).

Lemos acerca de *José* bem jovem pastoreando o rebanho com seus irmãos. A ideia enfatizada na sua história é o ódio que os demais pastores sentiam por ele. Os que o deveriam ter amado e protegido, odiavam-no, eram cheios de inveja, e disseram: "Então você vai reinar sobre nós? Quer dizer que você vai nos governar? [...]" (Gênesis 37.8).

Quando o Senhor Jesus esteve aqui na terra, os que deviam ter sido pastores das ovelhas de Deus odiaram-no sem causa. Eles próprios eram como os pastores mencionados em Ezequiel 34, que negligenciaram o rebanho, de modo que, quando chegou o próprio Senhor, o Bom Pastor, seu coração foi movido de compaixão, porque viu o povo "como ovelhas sem pastor". Em João 9, vemos como esses pastores trataram alguém que veio até Jesus — eles "o expulsaram" (v. 34). O Senhor passa imediatamente a mostrar, no capítulo 10, que ele conduz para fora suas próprias ovelhas (v. 4) — é ele quem as tira. Podem ser expulsas do aprisco pelos homens, mas é o próprio Jesus quem as está tirando; pois a palavra do versículo 4 é a mesma empregada em 9.35 para "expulsar". No capítulo 10.16, Jesus diz: "Tenho outras ovelhas que não são deste aprisco. É necessário que eu as conduza também [...] haverá um só rebanho e um só pastor". Nada despertava tanto o ódio dos falsos pastores quanto saber que Jesus estava se distanciando do aprisco do judaísmo e chamando gentios para entrarem no rebanho. De modo semelhante aos irmãos de José, esses falsos pastores diziam: "Não queremos que este reine sobre nós".

Tipos de Cristo como o pastor

Moisés é o próximo pastor-tipo de quem lemos. Durante quarenta anos cuidou dos rebanhos de Jetro, seu sogro, preparando-se para os últimos quarenta anos de sua vida, quando pastoreou o rebanho de Deus, conforme lemos em Isaías 63.11,12. Na sua história, temos a ideia do pastor que conduz. Êxodo 3 nos diz que ele "levou o rebanho para o outro lado do deserto e chegou a Horebe, o monte de Deus" (v. 1). No versículo 12, Deus diz: "[...] quando você tirar o povo do Egito, vocês prestarão culto a Deus neste monte". Pouco tempo depois, conduziu todo o rebanho dos israelitas ao mesmo deserto e o mesmo monte. Ali, onde ouvira pela primeira vez Deus falar-lhe do meio da sarça em chamas, o Senhor falou de novo, "em Horebe do meio do fogo". O Senhor continua conduzindo seu próprio povo para fora e o guia no deserto como rebanho. Leva-os adiante em segurança de modo que nada temem. Desse modo Moisés representa para nós o Bom Pastor, aquele de quem lemos que conduz para fora as suas ovelhas e "vai adiante delas, e estas o seguem, porque conhecem a sua voz".

Davi, o rei-pastor, da mesma forma que Moisés, estava vigiando as ovelhas quando Deus o chamou para pastorear seu povo. Por isso Deus pôde dizer: "Eu o tirei das pastagens, onde você cuidava dos rebanhos, para ser o soberano sobre Israel, o meu povo" (1Crônicas 17.7). O incidente que o próprio Davi narra a Saul fala do livramento pelo pastor. Arriscando a própria vida, salvou o cordeiro da boca do leão e do urso (1Samuel 17.34). Apenas uma ovelha do rebanho parecia correr perigo, mas isso era suficiente para o pastor agir. Assim como o homem de Lucas 15, que deixou as noventa e nove para buscar a ovelha perdida, também Davi deixou as que estavam em segurança a fim de salvar a que corria tão grave perigo. Nosso inimigo, o Diabo "[...] anda ao redor como leão, rugindo e procurando a quem possa devorar", mas o Pastor o venceu. O Senhor podia dizer com Davi: "Levantou-se contra mim", pois a inimizade era contra o Senhor Jesus Cristo, que clamou no salmo 22: "Salva-me da boca dos leões [...]" (v. 21). No Calvário, pareceu que Satanás de fato vencera, pois, ainda que tenha salvado os outros, "a si mesmo não pode salvar" — o Bom Pastor deve dar a vida pelas ovelhas. Nesse aspecto, Davi, como pastor, fica muito aquém do antítipo.

Quando Davi foi enviado pelo pai para ver como os irmãos estavam passando, "deixou o rebanho com outro pastor". Eliabe perguntou-lhe: "[...] Com quem você deixou aquelas poucas ovelhas no deserto? [...]" (1Samuel 17.20,28), mas Davi já tinha tomado as providências para a segurança delas antes de deixá-las. O Supremo Pastor precisou deixar seu pequeno rebanho no deserto, mas os deixou aos cuidados de "outro Consolador", e comissionou seus servos para apascentarem seu rebanho, de modo que Paulo diz: "Cuidem de vocês mesmos e de todo o rebanho sobre o qual o Espírito Santo os colocou como bispos, para pastorearem a igreja de Deus, que ele comprou com o seu próprio sangue" (Atos 20.28).

É interessante investigar nos Salmos de Davi e na sua história posterior a influência de seus anos de juventude passados entre os rebanhos. O povo de Deus de todas as épocas tem motivos abundantes para bendizê-lo pelo salmo precioso em que se coloca entre o rebanho e diz: "O Senhor é meu Pastor". Frequentemente se assinala que o salmo 22 fala do "Bom Pastor", que morreu; o salmo 23, do "Grande Pastor", que ressuscitou e agora cuida do seu rebanho; e o salmo 24, do "Supremo Pastor", que virá. Quando o castigo divino foi derramado por causa do pecado de Davi em recensear o povo, Davi intercedeu em favor do rebanho e disse: "Pequei, e agi impiamente; mas o que fizeram essas ovelhas?". O castigo de Deus no Calvário caiu de fato sobre o Pastor, a fim de que fossem livradas as ovelhas, pois lemos em Zacarias: " 'Levante-se, ó espada, contra o meu pastor, contra o meu companheiro!' declara o Senhor dos Exércitos. 'Fira o pastor, e as ovelhas se dispersarão [...]' ". Foi "por Deus atingido e afligido" não pelo próprio pecado, como no caso de Davi, mas "por causa das nossas transgressões [...]" (Isaías 53.5). Na passagem anterior (Zacarias 13.7), vemos "o Bom Pastor que dá sua vida pelas ovelhas", já em 11.17, no "pastor imprestável,

Tipos de Cristo como o pastor **153**

que abandona o rebanho", temos "o assalariado", de quem o Senhor falou, que "foge, porque é assalariado". Davi, que intercedeu por suas ovelhas e pediu que o golpe caísse sobre ele mesmo, é como esse bom pastor. Saul, entretanto, nos faz lembrar o mercenário que "não se importa com as ovelhas". Depois de ter desobedecido ao Senhor, procurou pôr toda a culpa no povo. "Sim, obedeci à voz do Senhor [...] mas o povo tomou dos despojos [...]". Quanta diferença do homem segundo o coração de Deus! (1Samuel 13.14).

Um retrato de uma das obrigações do pastor se apresenta em 1Crônicas 4. Certos líderes dos descendentes de Simeão saíram "em busca de pastagens para os seus rebanhos. Encontraram muitas pastagens boas, numa região vasta, pacífica e tranquila [...]" e, tendo destruído totalmente os inimigos que encontraram ali, "[...] ocuparam o lugar daqueles povos, pois havia pastagens para os seus rebanhos" (v. 39-41). As ovelhas não têm de procurar suas próprias pastagens. Esse dever é do pastor. Nosso Pastor conquistou as pastagens do inimigo e agora "[e]m verdes pastagens [nos] faz repousar [...]" (Salmos 23.2). As ovelhas não sossegam enquanto não ficam satisfeitas, mas onde ele leva seu rebanho há suprimentos abundantes. As ovelhas de seu pasto "entram e saem, e encontram pastagem" (João 10.9). Às vezes, lastimavelmente as ovelhas tentam achar pastagem por conta própria e, desgarrando-se do Pastor, ficam perdidas por algum tempo, até que ele a vá procurar e trazer de volta do deserto ou dos montes. Em Mateus 18, a ovelha perdida é representada desviando-se entre os montes. Como disse alguém, também as ovelhas de Deus muitas vezes se desgarram por subirem alto demais. A pastagem é muito pobre no cume dos montes, e existem muitos perigos, conforme se lê em Oseias 13.6: "Quando eu os alimentava, ficavam satisfeitos, se orgulhavam, e então me esqueciam". O Bom Pastor, se necessário for, "[...] irá pelos montes [...] em busca da que se desgarrou" (Mateus 18.12, ARC).

Portanto, nesses grupos de pastores do Antigo Testamento, tão diferentes no caráter e na história, temos diante de nós: a morte do pastor, na pessoa de Abel; as riquezas do pastor, em Isaque; a responsabilidade, a perseverança e os cuidados do pastor, em Jacó; o ódio dos demais pastores contra José; a liderança do pastor, em Moisés; o livramento do pastor, em Davi; e as pastagens do pastor, nos descendentes de Simeão. Embora fiquem muito aquém do antítipo, juntos nos oferecem um belo retrato de Jesus, que pastoreará o rebanho até o dia em que suas ovelhas:

> Nunca mais terão fome, nunca mais terão sede. O sol não cairá sobre [elas], nem qualquer calor abrasador, pois o Cordeiro que está no centro do trono será o seu Pastor; ele [as] guiará às fontes de água viva. E Deus enxugará dos seus olhos toda lágrima (Apocalipse 7.16,17). ■

As pastagens verdes da terra serão substituídas nessa ocasião pelos campos mais ricos dos céus, e as águas tranquilas, pelas fontes vivas. Nos campos terrestres da terra prometida, ele ainda pastoreará seu povo Israel, quando, então "[a]quele que dispersou Israel voltará a reuni-lo, assim como o pastor reúne o seu rebanho".

CAPÍTULO 15

TIPOS DO ESPÍRITO SANTO

Quando estudamos as substâncias típicas nas Escrituras, observamos algumas que prefiguravam o Espírito Santo como, por exemplo, o *azeite,* a *água* etc. Também há outras que não devem ser omitidas nesse pequeno panorama dos tipos. Bem na primeira página da Bíblia, temos menção ao Espírito. A palavra aí empregada nos faz lembrar um símbolo ou tipo dele mesmo. Quando Gênesis 1 diz que o Espírito se movia sobre a face das águas, o verbo, segundo se informa, é o mesmo que se aplica a uma ave chocando ovos. Sabemos qual é a ave que simboliza o Espírito, pois João nos conta que, na ocasião do batismo de Jesus, ele viu "[...] o Espírito de Deus descer do céu como *pomba* e permanecer sobre ele" (João 1.32).

O Espírito pairava como pomba sobre as trevas da terra quando Deus disse, pela primeira vez: "Haja luz"; e apareceu de novo como pomba quando Jesus, a luz do mundo, inaugurava sua obra e estava para brilhar sobre os que "se assentavam nas trevas". Na Bíblia inteira, a pomba tipifica o Espírito Santo e aqueles em que o Espírito habita.

Um belo retrato da obra do Espírito Santo acha-se em Gênesis 24. Isaque, como sabemos, é um dos tipos de Cristo. As promessas a Abraão referentes à sua descendência eram, segundo demonstra Gálatas, referências ao próprio Senhor, embora tenham tido seu primeiro cumprimento em Isaque. Ele era o filho unigênito do pai, seu bem-amado. E nós já vimos que a cena do monte Moriá prefigurava o amor daquele "que não poupou a seu próprio Filho, mas o entregou por todos nós" Romanos 8.32), e por isso se tornou Jeová-Jiré, pois juntamente com Cristo nos dá gratuitamente todas as coisas. Nesse capítulo, temos um relato do pai que envia o *servo* para buscar uma esposa para o filho — o filho que figuradamente já passou pela morte e a ressurreição. Esse servo tipifica o Espírito Santo, que agora chama um povo para o nome de Jesus. Em primeiro lugar, temos as instruções dadas ao servo. A noiva de Isaque deve ser trazida diretamente da terra onde ela mora. Não há nenhuma dúvida quanto às instruções. O servo dá a entender que talvez ela prefira permanecer em casa e não queira ir até Isaque. Nesse caso, o servo deveria descer com Isaque até ela? Abraão está muito resoluto — o lugar de Isaque não é ali. Conforme disse Spurgeon a respeito desse versículo 5: "O Senhor Jesus Cristo chefia o grande grupo de imigrantes que saiu diretamente do mundo".

No versículo 10, ficamos sabendo que o servo não vai de mãos vazias, mas leva consigo amostras das riquezas de Abraão e Isaque — "do que o seu senhor tinha de melhor". Quando o Espírito Santo desceu, também trouxe consigo o penhor do que receberiam os que escutassem sua mensagem, pois ele mesmo é o penhor.

No belo retrato oriental da cena à beira do poço, temos o servo, que foi guiado até aquela que Deus destinara a Isaque, perguntando se havia lugar para ele na casa do pai dela. Se ela tivesse recusado, ele jamais lhe poderia ter falado de Isaque. Quando o servo é admitido, pensa primeiro no recado: "Não comerei enquanto não disser o que tenho para dizer". Nunca se esquece disso, e seu objetivo, como o do Espírito Santo, prefigurado por ele, é falar daquele que o enviou: "Quando vier o Conselheiro, que eu enviarei a vocês da parte do Pai, o Espírito da verdade que provém do Pai, ele testemunhará a meu respeito" (João 15.26). "[...] Não falará de si mesmo [...]" (16.13).

Desse modo, o mordomo de Abraão fala a respeito do seu senhor, do filho do seu senhor e de todas as suas posses e dá a Rebeca alguns objetos preciosos que levara. "O Senhor o abençoou muito, e ele

Tipos do Espírito Santo

se tornou rico [...]", e o filho "[...] é herdeiro de tudo o que Abraão possui". Em João, lemos: "O Pai ama o Filho, e todas as coisas deu a ele" e ainda: "Todas as coisas que o Pai tem são minhas". Mas ainda faltava uma coisa a Isaque, ele não queria desfrutar todos os bens sozinho. Assim como Deus dissera a respeito de Adão: "Não é bom que o homem esteja só; farei para ele alguém que o auxilie e lhe corresponda" (Gênesis 2.18), a tarefa do servo era buscar Rebeca. Com esse propósito, tomou daquilo que era de Isaque e o mostrou a Rebeca para comprovar a veracidade de suas palavras acerca das riquezas. "Receberá do que é meu e o tornará conhecido a vocês". Além disso, prometeu-lhe bênçãos em Isaque e lhe mostrou coisas futuras.

Os parentes dela não queriam que ela fosse tão cedo, mas não podia haver demora. "Não me detenham", o servo lhes disse quando sugeriram que Rebeca ficasse mais uns dez dias com eles. "[D]iz o Espírito Santo: Hoje [...]" (Hebreus 3.7). "Agora é o tempo aceitável". A pergunta é feita a Rebeca. Ela acredita no que ouviu? Está convencida de que Isaque realmente quer que ela vá até ele? Está disposta a entregar-se à orientação daquele que foi buscá-la? Perguntam-lhe: "Você quer ir com este homem?" Sua resposta é: "Sim, quero".

Acredita no relato que o mensageiro lhe trouxe e, "esquecendo-[se] das coisas que ficaram para trás e avançando para as que estão adiante, pross[egue] para o alvo, a fim de ganhar o prêmio do chamado celestial [...]" (Filipenses 3.13,14) — será noiva de Isaque.

Deixa o antigo lar e também se esquece de seu próprio povo e da casa do seu pai (Salmos 45.10), e começa a viagem pelo deserto sob a orientação do servo. Lemos em Gênesis 24.61 que Rebeca e suas servas "partiram com o homem. E assim o servo partiu levando Rebeca". Podemos ter certeza de que era estrada certa, pois ele conhecia o melhor caminho para seguir, uma vez que passara por ele antes. E não é provável que Rebeca tenha procurado escolher seu próprio caminho — ficou feliz em ser guiada. Da mesma forma, nós também estamos sendo guiados pelo Espírito de Deus.

Podemos imaginar que durante a viagem e nos vários locais de parada ela perguntava sobre Isaque e desejava saber mais a respeito daquele com quem se encontraria. Nada se diz acerca dessas conversas, pois cita-se apenas uma pergunta, e a resposta, que caracteriza o todo. Rebeca pergunta: "Quem é aquele homem?". O servo responde: "É meu senhor". Do início ao fim, esse é o único assunto do servo. Não fala se si mesmo, mas somente fala bem de Isaque e, por fim, consegue introduzir Rebeca na presença dele. O tipo é tão claro que ninguém pode deixar de enxergar sua beleza. Também nós, que cremos na mensagem, estamos sendo levados pelo Guia fiel em nossa viagem pelo deserto até contemplá-lo face a face no celeste porvir.

> Oh! bendita alegria do encontro —
> depois de passado o deserto!
> Oh! maravilhosas palavras de boas-vindas
> que ouviremos por certo!

Isaque, enquanto isso, estava esperando sua noiva. Temos duas informações a respeito dele: uma, ele veio ao encontro dela, saindo de Beer-Laai-Roi (Gênesis 24.62; 25.11), "poço daquele que vive e me vê"; a outra, enquanto ela estava a caminho, ele saía de tarde ao campo para meditar (ou orar, ARC).

As palavras da oração de Isaque não são citadas, mas temos o registro de outra oração, proferida por alguém que sempre habitou na presença de Deus e suplica por aqueles que estão viajando até ele através do deserto. "[...] Pai santo, protege-os em teu nome, o nome que me deste [...]." "Dei-lhes a glória que me deste [...]." "Pai, quero que os que me deste estejam comigo onde eu estou e vejam a minha glória [...]" (João 17.11,22,24).

O capítulo 24 de Gênesis termina com a garantia da satisfação e do amor de Isaque — "e a amou". A história fica muito aquém do antítipo, posto que Isaque não precisou suportar sofrimento algum

Tipos do Espírito Santo

a fim da ganhá-la para ser sua noiva, mas aquele que é prefigurado por Isaque "Depois do sofrimento de sua alma, ele verá a luz e ficará satisfeito [...]" (Isaías 53.11). A própria expressão de Apocalipse: "a noiva, a esposa do Cordeiro", nos fala a respeito do Cordeiro que tinha de ser sacrificado, a fim de tê-la para si.

Existe outra pessoa em Gênesis que também parece prefigurar a obra do Espírito. Se José tipifica Cristo, e não há dúvida quanto a isso, o intérprete por meio de quem se comunicava com seus irmãos, e *administrador da sua casa,* nos fala do Espírito Santo: "[...] disse ao administrador de sua casa: 'Leve estes homens à minha casa, mate um animal e prepare-o; eles almoçarão comigo ao meio-dia'. Ele fez o que lhe fora ordenado e levou-os à casa de José" (Gênesis 43.16,17). José os convidou, e seu administrador os trouxe. É o próprio Espírito que nos traz para casa, de modo que pela fé entramos na casa do Senhor e festejamos na sua mesa. Em breve, guiados pelo Espírito, estaremos literalmente "em casa com o Senhor".

Nas suas aflições, os irmãos de José foram até o administrador e falaram com ele à entrada da casa. A resposta dele nos faz lembrar como o "outro Consolador" comunica paz aos corações aflitos, pois disse: "Fiquem tranquilos [...] não tenham medo". "Pois vocês não receberam um espírito que os escraviza para novamente temerem, mas receberam o Espírito que os adota como filhos, por meio do qual clamamos: 'Aba, Pai' " (Romanos 8.15). "Mas o fruto do Espírito é [...] paz [...]" (Gálatas 5.22). E Deus "enche de toda alegria e paz, por sua confiança nele, para que vocês transbordem de esperança, pelo poder do Espírito Santo" (Romanos 15.13).

Gênesis 43 nos conta, ainda, que os levou à casa de José (v. 24), "[...] deu-lhes água para lavarem os pés [...]", de modo que ficaram prontos para se encontrar com José e se apresentarem juntamente com suas ofertas. No capítulo seguinte, lemos que o mordomo, ou administrador da casa, recebeu ordens de José para testar os irmãos para que o pecado deles lhes fosse trazido à lembrança. Com grande tristeza, apressaram-se a voltar para a presença de José, dizendo: "[...] Como podemos provar nossa inocência? Deus trouxe à luz a culpa dos teus servos [...]" (44.16).

Lembraram-se de como trataram José. Nosso Senhor nos conta que quando o Espírito vier: "[...] convencerá o mundo do pecado, da justiça e do juízo"; do pecado contra Cristo; da justiça de Cristo; do julgamento por Cristo (João 16.8).

Nesses dois capítulos de Gênesis, o administrador de José fala com toda a autoridade de José: "[...] a prata de vocês eu recebi" (43.23) e "[S]omente quem for encontrado com ela [a taça] será meu escravo [...]" (44.10).

Há outro tipo importante do Espírito Santo ao qual devemos nos referir. Em 1Coríntios 10.1 e 2, o apóstolo diz: "[...] todos os nossos antepassados estiveram sob a nuvem e todos passaram pelo mar. Em Moisés, todos eles foram batizados na nuvem e no mar". Vimos que passar pelo mar Vermelho significava passar pelas águas da morte. E, ao que parece, segundo a passagem aqui citada, *a coluna de nuvem* tipificava o Espírito Santo, pois "por [ou, em] um só Espírito fomos todos batizados em um só corpo". Não era mera nuvem, mas símbolo da presença de Deus entre eles, lançando sua sombra, protegendo e guiando, como prefiguração da obra daquele que nos guia através do deserto. Em Êxodo 13.21 lemos: "Durante o dia o Senhor ia adiante deles, numa coluna de nuvem, para guiá-los no caminho, e de noite, numa coluna de fogo, para iluminá-los, e assim podiam caminhar de dia e de noite". No capítulo seguinte, ficamos sabendo que "A seguir o anjo de Deus que ia à frente dos exércitos de Israel retirou-se, colocando-se atrás deles. A coluna de nuvem também saiu da frente deles e se pôs atrás". Era o próprio Deus, o anjo da sua presença, que habitava na nuvem. Em Hebreus 3:

> Assim, como diz o Espírito Santo: "[...] seus antepassados me tentaram, pondo-me à prova, apesar de, durante quarenta anos,

Tipos do Espírito Santo

> terem visto o que eu fiz. Por isso fiquei irado contra aquela geração e disse: Os seus corações estão sempre se desviando, e eles não reconheceram os meus caminhos" (7,9,10). ■

O próprio Espírito Santo estava ali, como vemos em Neemias 9.20. A coluna de nuvem e a de fogo eram o sinal visível da sua presença.

A redenção tinha sido consumada, o cordeiro pascal tinha sido sacrificado, e o sangue, aspergido. Agora o povo resgatado pelo sangue e livrado do Egito precisava de um guia. Precisava da coluna de dia e de noite, pois não podia encontrar seu caminho sozinho. Conforme disse alguém: "Precisamos de orientação no maior brilho do dia da natureza, bem como na maior escuridão da noite da natureza". Uma vez que a coluna de nuvem tinha sido concedida por Deus aos israelitas, permaneceu com eles durante o restante da viagem: "A coluna de nuvem não se afastava do povo de dia, nem a coluna de fogo, de noite" (Êxodo 13.22). Nosso Senhor disse o mesmo a respeito do Guia que nos prometeu: "Permanecerá com vocês para sempre". O Espírito Santo é concedido "mediante a fé" e nunca poderá ser retirado. Fomos selados com o Espírito Santo da promessa. Ele "é a garantia da nossa herança até a redenção daqueles que pertencem a Deus" (Efésios 1.13,14). Se o selo pudesse ser rompido depois de ter sido pregado, isso não seria antes da "redenção daqueles que pertencem a Deus". Pode se dizer de toda alma que confia no Senhor Jesus que "o Rei a lacrou com seu próprio anel de selar [...] a fim de que o propósito não fosse mudado". O modo de a coluna conduzir parecia estranho aos israelitas, e, quando se viram cercados pelo mar diante deles e o inimigo atrás, acharam que tinham sido levados na direção errada, mas seu guia lhes dera a orientação certa, e logo entenderam que era assim. Havia outra estrada que levava à terra prometida e parecia mais fácil e mais rápida, mas, se tivessem viajado pelo caminho dos filisteus, teriam de enfrentar uma guerra de imediato, e Deus sabia que ainda não estavam prontos para lutar. Além disso, "[e]ssas coisas ocorreram como exemplos [...]"

(1Coríntios 10.6). Por isso, tiveram de passar pelo mar Vermelho, que lhes cortaria qualquer possibilidade de voltar ao Egito.

Quando os israelitas enfrentaram essa dificuldade, a coluna foi para trás deles e ali permaneceu durante a noite inteira, entre eles e os egípcios. Envolvia seus inimigos nas trevas, mas iluminava os israelitas. Durante a viagem inteira, nunca ficaram às escuras. Da mesma forma, os que são guiados pelo Espírito "não andarão nas trevas, mas terão a luz da vida". O que era iluminação para Israel era treva para seus inimigos. O mesmo acontece hoje. Deus nos deu um Guia: "o Espírito da verdade; que o mundo não pode receber, porque não o vê, nem o conhece". A Palavra de Deus, iluminada pelo Espírito, é brilhante e clara, mas "o homem natural não aceita as coisas do Espírito de Deus — porque são estultícia para ele; nem as pode conhecer, pois são discernidas espiritualmente". É verdade que "os homens não veem a luz brilhante que está nas nuvens".

Quando Deus falou com Moisés, lemos que "o Senhor desceu na nuvem, permaneceu ali com ele, e proclamou o seu nome: o Senhor" (Êxodo 34.5; Números 11.25; 12.5; Deuteronômio 31.15). Em Êxodo 16.10 lemos que os israelitas "olharam em direção ao deserto, e a glória do Senhor apareceu na nuvem". De costas para o Egito, podiam ver a glória, mas essa nem sempre foi a atitude deles, pois Estêvão nos conta que "em seu coração voltaram para o Egito" (Atos 7.39). Se estivermos olhando com anseio na direção do mundo, perderemos de vista a glória. No entanto, não ficaremos ansiosos para voltar ao Egito se "nós, todos os que com a face descoberta contemplamos a glória do Senhor, segundo a sua imagem estamos sendo transformados com glória cada vez maior, a qual vem do Senhor, que é o Espírito" (2Coríntios 3.18).

Em Números 9 temos uma bela descrição da dupla posição mantida pela nuvem no acampamento de Israel. Quando viajavam, ela ia adiante; quando estavam acampados, ficava no meio.

Em nosso estudo dos lugares de habitação de Deus, vimos que a nuvem encheu o tabernáculo e, mais tarde, o templo e ali habitava.

Nós também somos habitação de Deus. "Vocês não sabem que são templo de Deus, e que o Espírito de Deus habita em vocês?" e por isso somos ordenados a nos encher do Espírito. Mas não é apenas individualmente que isso ocorria. Estava no meio da congregação do povo. Se o Espírito estivesse todo o tempo manifestamente presente no meio da igreja hoje, quanto poder haveria! "Assim era sempre", lemos. Lastimavelmente, porém, nem "sempre" parece assim agora!

Outra expressão também é usada, pois lemos que a nuvem repousava, ou permanecia, sobre o tabernáculo. Por essa razão Pedro escreveu na sua epístola: "[...] o Espírito da glória, o Espírito de Deus, repousa sobre vocês" (1Pedro 4.14).

Portanto, no que diz respeito a orientação, eles nunca pensavam em viajar a não ser que a coluna avançasse. Permaneciam nas tendas e não viajavam, "quer fossem dois dias, quer um mês, quer um ano". Nunca ouvimos notícia deles avançando na frente da nuvem, nem de Deus precisar falar-lhes da nuvem com "uma palavra atrás deles [...] dizendo: Este é o caminho, andem nele".[1] Isso aconteceu a Israel mais tarde e frequentemente acontece hoje. Às vezes ouvimos pessoas orando para ouvir a voz por detrás delas, mas nós queremos seguir o nosso Guia, não passar adiante e lhe deixar atrás de nós, para sermos chamados de volta "quando nos desviamos para a direita ou para a esquerda". Isso é bem diferente da descrição de Números 9, em que o povo aprendeu a ficar em suas tendas quando a nuvem repousava. Sete vezes se diz que era "conforme a ordem do Senhor" — e essa ordem lhes era revelada pela nuvem. Hoje somos "guiados pelo Espírito", assim como eles o eram pela coluna, e somos ordenados a "andar pelo Espírito", assim como eles deviam andar na sombra da nuvem. É possível que a própria nuvem que os guiava encobrisse o pedaço de caminho mais adiante. Não conseguimos ver o que jaz mais adiante, mas sabemos que o Guia

---

1. Em Números 14.44, eles pretenderam subir na terra prometida quando proibidos e foram, por conseguinte, feridos por Amaleque.

nos conduzirá corretamente. Ele sempre ia adiante, porque lemos em Deuteronômio 1.32,33: "[...] Deus, que foi à frente de vocês, numa coluna de fogo de noite e numa nuvem de dia, procurando lugares para vocês acamparem e mostrando-lhes o caminho que deviam seguir". Em Neemias se lê que era "para lhes iluminar o caminho por onde deviam andar".

Muitos filhos de Deus ficam perplexos com a questão da orientação de Deus, mas ele não nos deixou às escuras hoje, prometeu que dirigiria nossos caminhos. Se a coluna não vai adiante, repousemos; se ele viajar, devemos seguir em frente.

Mais de uma vez já se fez referência aos rios de *águas* que fluíram *da rocha ferida* como tipo do Espírito Santo. As águas dadas por Deus satisfizeram a sede dos israelitas, de modo que puderam dizer ao rei de Edom e ao rei dos amorreus quando passaram pelas terras deles: "Não beberemos água de poço algum". Nos dois casos, essas palavras foram ditas imediatamente depois de Deus lhes ter dado água, primeiro da rocha ferida, depois *do poço* (Números 20.8,11,17 e 21.16,17,22). Temos, portanto, uma bela ilustração das palavras de nosso Senhor: "[...] quem beber da água que eu lhe der nunca mais terá sede. Pelo contrário, a água que eu lhe der se tornará nele uma fonte de água a jorrar para a vida eterna" (João 4.14). É assim também quando a fonte de João 4 se transforma em rios transbordantes de água viva no capítulo 7. Os que têm essa água que jorra e flui deles não precisam beber dos poços do mundo.

Muitas vezes, porém, na experiência dos crentes, que chegaram a Cristo para beber da água que ele oferece, parece que a fonte não continua jorrando até se transformar em rios de água viva. É possível que seu poço tenha ficado como aqueles dos quais lemos em Gênesis 26, nos versículos 18 e 19, onde está escrito que "Isaque reabriu os poços cavados no tempo de seu pai Abraão, os quais os filisteus fecharam [...] Os servos de Isaque cavaram no vale e descobriram um veio d'água". O mundo entra e entope o poço, e não é de admirar que não haja nenhum rio transbordante de bênçãos para os outros.

Tipos do Espírito Santo

165

"O *rio de Deus,* que está cheio de água", ao longo das Escrituras é uma bela tipificação do Espírito Santo, e sempre foram vistos como tal:

> No Éden, surgiu na terra a fim de aguar o Jardim e, a partir daí, peregrinar em diversas correntezas pelo mundo inteiro. No deserto, a rocha ferida foi sua fonte, e todos os caminhos dos campos de Deus eram seu canal. Em Canaã, mais tarde, as águas de Siloé fluíram mansamente. Jeová aguava a terra com suas próprias fontes e a fazia beber das águas do céu. O rio também fluirá de debaixo do santuário para aguar Jerusalém e o país inteiro (Ezequiel 47; Joel 3; Zacarias 14; Salmos 46.4; 65.9).[2] ■

No livro do Apocalipse, vemos o rio saindo do trono de Deus e do Cordeiro, enquanto em Ezequiel as águas surgem de debaixo dos alicerces do templo. Nos dois casos, há descrição das árvores que crescem em cada lado do rio, pois onde quer que corra o resultado certo é frutificação (Ezequiel 47.12; Apocalipse 22.2). Onde o rio flui agora, haverá todo tipo de fruto durante o ano inteiro — o fruto do Espírito Santo, conforme descrito em Gálatas 5.22,23.

Outro emblema do Espírito Santo é mencionado pelo Senhor Jesus. "O *vento* sopra onde quer. Você o escuta, mas não pode dizer de onde vem nem para onde vai. Assim acontece com todos os nascidos do Espírito", ou do vento. Em Ezequiel 37 lemos como foi o vento, ou o sopro, que vivificou os ossos secos. No Pentecoste, quando foi outorgado o Espírito Santo, houve um "som, como de um vento muito forte [...]" (Atos 2.2). Em duas ocasiões, há uma oração dirigida ao Espírito, em ambos os casos é um clamor ao vento. Uma dessas passagens encontra-se em Ezequiel 37, e a outra em Cantares 4.16: "Acorde, vento norte! Venha, vento sul! Soprem em meu jardim, para que a sua fragrância se espalhe ao seu redor [...]". Como disse Spurgeon:

---

2. J. G. BELLETT.

"A oração é um *vendaval*, o resultado é um *caudal*". O que seria do jardim sem a água e o vento? Mas tem ambos. O versículo anterior de Cantares nos fala da fonte e do rio. "Você é uma fonte de jardim, um poço de águas vivas, que descem do Líbano". Temos aí os dois símbolos do Espírito Santo. O vento sul aquieta a terra (Jó 37.17); é seguido pelo calor (Lucas 12.55); e sopra suavemente (Atos 27.13), mas provém do poder de Deus (Salmos 78.26). O frio provém do norte (Jó 37.9) e produz chuva (Provérbios 25.23) "para satisfazer a terra desolada e seca; e para fazer brotar a erva tenra". Tanto o vento forte do norte quanto o vento suave do sul são necessários no seu tempo para tomar frutífero o jardim.

Não é possível no espaço limitado dessas páginas ir além de tocar alguns dos tipos maravilhosos na Palavra de Deus. Simplesmente apresentamos algumas pepitas encontradas perto da superfície dessa região aurífera inesgotável. Se algumas pessoas, para quem até agora era uma região inexplorada, estiverem dispostas a procurar, terão seus esforços bem recompensados. Esse é um domínio onde todos têm liberdade de escavar, há muitas "minas" para todos. Não há perigo de fome nem sede, porque, diferentemente das regiões de prospecção do ouro deste mundo, o minério precioso que descobriremos não somente enriquece, mas também satisfaz a fome e a sede. "O ouro daquela terra é bom".

Que Deus nos abra os olhos para contemplarmos coisas maravilhosas da sua lei e sejamos como os que nela encontram "grande despojo"!

CAPÍTULO 16

A MAJESTADE DOS CÉUS
NOSSO DEUS É UM FOGO CONSUMIDOR

Frequentemente meditamos com gratidão no contraste maravilhoso de Hebreus 12: "Vocês não chegaram ao monte em chamas que se pode tocar, nem às trevas, à escuridão, nem à tempestade" (v. 18). "Mas vocês chegaram ao monte Sião [...] a Jesus, mediador de uma nova aliança [...]" (v. 22-24). Nossos olhos são dirigidos primeiro para os terrores do tenebroso Sinai; depois, para a plena luz do sol da graça, para as glórias do presente e do futuro. Mas a passagem não termina com esses quadros opostos entre si. Eles são empregados para enfatizar a advertência solene que se segue imediatamente. Se não escaparam *aqueles* que se rebelaram, muito menos *nós* escaparemos. Os pronomes são enfáticos. Embora não precisemos temer "o fogo palpável e ardente" (v. 18, RA), "nosso Deus é um fogo consumidor". Essas palavras são citadas de Deuteronômio 4, o capítulo que fala do monte em chamas. Ele ainda é o mesmo. Temos prazer em citar as palavras do capítulo seguinte (Hebreus 13.8): "[...] o mesmo, ontem, hoje e para sempre". Quando, porém, fazemos isso, lembramos que se aplicam tanto à santidade de Deus quanto à graça de nosso Senhor Jesus Cristo? A santidade de Deus não é menor porque a graça está reinando.

Os homens tentam ensinar que o Deus do Antigo Testamento é um ser diferente do Deus do Novo Testamento, mas sabemos que isso não é verdade. Portanto, se quisermos entender o caráter de Deus, devemos estudar os dois Testamentos e devemos lembrar que os fatos narrados nas Escrituras do Antigo Testamento formam parte dos "oráculos de Deus", porque por eles Deus se revelou a nós.

Com muita frequência, esquecemo-nos da reverência e do temor piedosos que devem caracterizar toda aproximação nossa da presença de Deus.

Há sete ocorrências de juízo repentino sobre pessoas associadas ao tabernáculo ou ao templo, ao culto ou a seus utensílios sagrados. Quando estudamos esses locais e os objetos em conjunto, passamos a ter um quadro solene da majestade de Deus e do reverente temor inspirado por sua presença. O lugar onde estamos é terreno santo toda vez que nos aproximamos do Senhor. Podemos aprender muitas lições com essas ocorrências de juízo.

São elas:

1. Nadabe e Abiú (filhos de Arão) oferecem fogo estranho (Levítico 10).
2. Corá (levita) e Datã e Abirão (filhos de Rúben) e "[...] duzentos e cinquenta israelitas, líderes bem conhecidos na comunidade e que haviam sido nomeados membros do concilio", oferecem incenso (Números 16).
3. Os filisteus capturam a arca (1Samuel 5).
4. Os homens de Bete-Semes olham dentro da arca (1Samuel 6.19,20).
5. Uzá, filho de Abinadabe (provavelmente levita), segura na arca (2Samuel 6.1-11; 1Crônicas 13.1-14).
6. Uzias (rei de Judá) oferece incenso (2Crônicas 26.16-23).
7. Belsazar (rei de Babilônia) usa em sua festa o candelabro e outros utensílios do templo (Daniel 5).

A majestade dos céus

Três desses incidentes têm que ver com a oferta do *incenso*, três, com a *arca*, e um, com o *candelabro*.

Os filisteus são feridos com peste e destruição. Uzias foi ferido com lepra, o que o levou à morte. Em todos os demais casos, a morte chega como juízo súbito daqueles que impensada e presunçosamente colocaram as mãos nesses objetos sagrados.

1. É provável que Nadabe e Abiú tenham sido os primeiros a morrer no deserto. "Não havia quem fraquejasse" entre as tribos de Israel quando partiram do Egito (Salmos 105.37). Fortes e saudáveis, começaram a viagem, e no primeiro recenseamento, pouco depois, somavam 603.550 (Êxodo 38.26; Números 1.46), exatamente o mesmo número que no recenseamento do povo no primeiro dia do segundo mês do segundo ano. Os levitas não foram incluídos nesses dois recenseamentos, e os dados comprovam que ninguém morrera em todas as outras tribos de Israel. Nadabe e Abiú foram os primeiros, e a morte deles deixou impuros seus primos Misael e Elzafã, que levaram os cadáveres para fora do tabernáculo (Levítico 10.4,5) e por isso foram excluídos da celebração da Páscoa (Números 9.6,7).

Nadabe e Abiú eram filhos de Arão e, depois de Moisés e Arão, foram os mais altamente privilegiados de todo o povo redimido. Foram escolhidos para acompanhar Moisés e o pai deles quando, juntamente com setenta autoridades de Israel, foram chamados para subir "[...] para encontrar-se com o Senhor" (Êxodo 24.1).

> [...] Nadabe, Abiú e setenta autoridades de Israel subiram e viram o Deus de Israel, sob cujos pés havia algo semelhante a um pavimento de safira, como o céu em seu esplendor. Deus, porém, não estendeu a mão para punir esses líderes do povo de Israel; eles viram a Deus, e depois comeram e beberam. ■

Apesar disso, poucos meses depois, tentaram fazer o que era proibido e morreram diante do Senhor.

Nos capítulos 8 e 9 de Levítico temos o relato da consagração de Arão e dos seus filhos e o começo do sacerdócio deles. Tinham passado por uma maravilhosa experiência que durara oito dias — uma semana de consagração, um dia de ministério e, depois, a morte súbita!

O tabernáculo acabara de ser armado. No capítulo que narra como, no primeiro dia do ano-novo depois de partirem do Egito, a obra foi completada, repete-se sete vezes a expressão: "como o Senhor tinha ordenado a Moisés". Foi construído de acordo com o padrão, e depois de tudo terminado, "[...] a nuvem cobriu a Tenda do Encontro, e a glória do Senhor encheu o tabernáculo" (Êxodo 40.34). Entretanto, devia haver tanta fidelidade aos mandamentos do Senhor na consagração dos que serviriam no tabernáculo quanto no próprio lugar de encontro, por isso encontramos as mesmas palavras "como o Senhor tinha ordenado a Moisés", repetidas várias vezes em Levítico 8 e 9. Novamente Deus mostra sua aprovação mediante um sinal visível: "[...] a glória do Senhor apareceu a todos eles" e "Saiu fogo da presença do Senhor e consumiu o holocausto [...]" (Levítico 9.23,24).

Nadabe e Abiú, com seus dois irmãos, foram apresentados juntamente com Arão e foram vestidos de vestes sacerdotais e ungidos, da mesma maneira que o próprio Arão. Permaneceram sete dias à porta do tabernáculo e, ao oitavo dia o ajudaram a oferecer, pela primeira vez, as ofertas descritas nos primeiros capítulos de Levítico — uma oferta pelo pecado e um holocausto em favor de Arão e de seus filhos; e a oferta pelo pecado, o holocausto, as ofertas de comunhão e as ofertas de cereal pelo povo. Presenciaram a bênção que Moisés e Arão invocaram sobre o povo e participaram dela, além de verem o fogo cair sobre o altar. Eles também devem ter sentido temor reverente diante disso. Em seguida — que rápida mudança de cenário! Não sabemos exatamente qual foi o pecado deles, mas, movidos talvez por falso zelo ou empolgados, quem sabe, pela bebida fermentada (Levítico 10.9), fizeram algo que tinha sido expressamente proibido. Ofereceram fogo estranho diante do Senhor, conforme ele mesmo proibira. É possível que não somente tenham acendido um fogo por conta própria, em vez de tirá-lo do altar, como também tenham misturado incenso estranho, que eles mesmos fizeram. Isso é proibido em Êxodo 30.9 e 10. Teriam ficado demasiadamente acostumados com os privilégios sagrados? Acharam que podiam melhorar o plano divino? Ou imaginaram que não importava o que fizessem, desde que fossem sinceros? Não dá para saber, mas por certo podemos aprender a lição solene. Vivemos no tempo da graça, não da lei, por isso, a morte súbita não recai sobre aqueles que procuram aproximar-se de Deus da maneira que não seja por ele determinada. Mas o Deus a quem adoramos é o mesmo que habitava entre os querubins. Os que desfrutam os mais altos privilégios são provavelmente os que correm maior perigo de transgredir como Nadabe e Abiú. Quem pode calcular quantas bênçãos foram perdidas por causa de semelhantes coisas!

2. Corá, Datã e Abirão (Números 16). Mais uma demonstração milagrosa da majestade de Deus em relação ao culto no tabernáculo é levada a efeito no juízo terrível que sobreveio a Corá e seu grupo.

> "Os coatitas carregam sobre os ombros
> Os vasos sagrados cobertos com todo o cuidado."

Corá não estava satisfeito com o serviço que fora designado a sua família, mas cobiçava também o sacerdócio. Queria oferecer incenso, e isso era exclusividade dos sacerdotes. Na sua rebelião, teve a parceria de dois filhos de Rúben, a tribo cujas tendas eram armadas perto dos coatitas, bem como de "duzentos e cinquenta israelitas, líderes bem conhecidos na comunidade e que haviam sido nomeados membros do concilio" (v. 2). Quando Moisés pediu a Deus que demonstrasse o seu poder, Datã e Abirão, que se recusaram a comparecer diante da porta do tabernáculo, permaneceram perto da sua própria tenda, e ali a terra abriu a boca e os engoliu juntamente com suas famílias. Corá e o resto de seus companheiros pereceram da mesma maneira que Nadabe e Abiú, no fogo enviado pelo Senhor. E isso não foi tudo. O povo de Israel murmurara contra Moisés e Arão. Na praga que se seguiu, morreram 14.700 pessoas. A rebelião começou com um só homem, mas quase 15 mil foram envolvidos no castigo que se seguiu — o que nos oferece outra lição séria acerca da majestade de Deus e da solenidade de entrar na sua presença.

Os três acontecimentos seguintes da lista têm a ver com a história da arca e já foram mencionados neste livro (p. 67ss).

3. O juízo caiu sobre os filisteus, que levaram a arca para o país deles.

4. Caiu sobre os homens de Bete-Semes, que olharam dentro da arca, e sobre Uzá, que tocou nela. É surpreendente que a arca tenha ficado três dias no templo de Dagom (1Samuel 5.2-4). Lemos que em duas "manhãs" sucessivas o ídolo caiu diante da arca e na segunda ocasião se quebrou. Não é provável que os filisteus tenham permitido que a arca permanecesse mais tempo no templo, e sabemos que por fim foram obrigados a mandá-la de volta.

Não podemos duvidar que, como Jonas "ficou dentro do peixe três dias e três noites" e tipificou Jesus nos "três dias e três noites [que passou] no coração da terra" (Mateus 12.40), assim também a arca o tipifica nos três dias passados na casa do deus-peixe.

5. A arca ficara na casa de Abinadabe durante vinte anos. De fato, é triste que por fim esse lar tenha mergulhado em desgraça por causa da presunção de Uzá. Será que em razão de tanto tempo de convivência próxima a arca perdera o caráter sagrado para Uzá?

6. A lepra de Uzias. Novamente, esse caso se relaciona com a oferta do incenso. O rei Uzias, da mesma forma que Corá, o levita, queria oferecer incenso. Era da tribo de Judá, "tribo da qual Moisés nada falou no tocante ao sacerdócio" e da qual "ninguém tinha permissão de servir diante do altar". Uzias desejava mais honrarias, mas o sumo sacerdote resistiu-lhe e disse: "[...] não será honrado por Deus, o Senhor" (2Crônicas 26.18). "[N]a mesma hora, na presença deles,

A majestade dos céus

diante do altar de incenso no templo do Senhor, surgiu lepra na sua testa". "[E]xpulsaram-no imediatamente do templo", mas isso não seria necessário, porque, coberto de vergonha, "[...] ele mesmo ficou ansioso para sair [...]". Permaneceu leproso até o dia de sua morte.

Esses três episódios graves nos ensinam que aproximar-se da presença de Deus — ação tipificada na oferta de incenso — não pode ser uma atitude leviana. O Senhor não permitirá que os homens se aproximem com presunção por outro caminho senão aquele que ele ordenou.

As outras três ocorrências, relacionadas com a arca, nos ensinam uma lição acerca do poder que habita no próprio Senhor e da reverência com a qual ele deve ser tratado. A lição diz respeito à santidade de sua Pessoa.

7. A escrita na parede. A última cena de nossa lista aconteceu na Babilônia e está estreitamente vinculada ao candelabro. Belsazar quis enfeitar a mesa do banquete com as taças trazidas do templo. O candelabro ficava perto da parede e iluminava o cenário da festança. "De repente, apareceram dedos de mão humana que começaram a escrever no reboco da parede, *na parte mais iluminada* do palácio real" ["defronte do castiçal"— Daniel 5.5, ARC] a sentença do juízo. Na acusação formal que Daniel fez contra Belsazar, menciona, como prova de que o rei se levantara contra o Senhor dos céus, o uso dos utensílios sagrados do templo do Senhor. O que se consagra ao Senhor não deve ser usado para o serviço do mundo.

Tendo em vista esses quadros graves, é com grande alegria que nos voltamos às palavras de Hebreus 7.24,25: "[...] Jesus tem um sacerdócio permanente. Portanto, ele é capaz de salvar definitivamente aqueles que, por meio dele, se aproximam de Deus, pois vive sempre para interceder por eles" — que se aproximam de Deus como adoradores, pois a mesma palavra é traduzida em 10.22 por "aproximar-se". A majestade dos céus é a mesma do passado, mas temos "semelhante Sumo Sacerdote" que está colocado à destra do trono.

Existe, entretanto, outra série de quadros, mais prometedores, que podemos colocar lado a lado desses sete.

1. Arão, o sumo sacerdote, em plena aceitação, oferece no Dia da Expiação no Lugar Santíssimo o tipo certo de incenso e de fogo (Levítico 16.12,13). Como que para marcar a oposição, o capítulo inicia com uma alusão à morte de Nadabe e Abiú.

2. Em Lucas 1.8-11, temos o exemplo de um sacerdote que oferece incenso. "Certa vez, estando de serviço o seu grupo, Zacarias estava servindo como sacerdote diante de Deus. Ele foi escolhido por sorteio, de acordo com o costume do sacerdócio, para entrar no santuário do Senhor e oferecer incenso. [...] Então um anjo do Senhor apareceu a Zacarias, à direita do altar do incenso" — não para ferir com castigo, mas para transmitir uma promessa de bênção. Embora Corá não tivesse licença de oferecer incenso, Deus tinha seus sacerdotes escolhidos que eram vocacionados para o serviço.

3. Em Josué 6, lemos que a arca, carregada em torno de Jericó nos ombros dos sacerdotes, dá vitória ao povo do Senhor, não a peste e a morte que feriram os filisteus. As muralhas caem diante da sua presença, assim como Dagom caiu em tempos posteriores, mas a arca não trouxe morte aos que a transportaram.

4. Quando o povo atravessou o Jordão, a arca estava no meio do rio, coberta com o véu do tabernáculo, os couros e o pano azul. Não havia meio de olhar dentro dela. O que mais tarde trouxe morte aos homens de Bete-Semes trouxe segurança para Israel.

5. A casa de Obede-Edom foi abençoada pela presença da arca, ao passo que a casa de Abinadabe foi devastada. Podemos imaginar com que reverência e piedoso temor era tratada. Era sabor de vida para a vida num desses lares e sabor de morte que levava morte a outro.

6. Lemos em Isaías 6 que foi "no ano em que o rei Uzias morreu" que a visão maravilhosa foi concedida a Isaías. Parece que a referência tem a intenção, como em Levítico 16.1, de enfatizar o contraste. Isaías viu "o Senhor assentado num trono alto e exaltado, e a aba da sua veste enchia o templo". Viu os serafins, ouviu a voz deles e, lembrando-se do juízo que caíra sobre Uzias, sentiu que ele também era leproso

A majestade dos céus

diante de Deus. "Sou um homem de lábios impuros", exclamou, comparando-se com o leproso que cobre os lábios e grita: "Impuro! Impuro!" (Levítico 13.45). Mas no mesmo lugar onde Uzias foi ferido de lepra, Isaías recebeu purificação mediante uma brasa viva tirada do altar.

> E assim saíram os dois —
> O rei para a morte em vida e solitária dor;
> O profeta para a missão de seu SENHOR.

7. O chamado do menino Samuel está associado com o candelabro do tabernáculo, pois lemos que a voz do Senhor veio a ele quando "[a] lâmpada de Deus ainda não havia se apagado [...]" (1Samuel 3.3). Que cena diferente daquela retratada em Daniel! O candelabro estava no lugar certo, cumprindo seu devido propósito. Em vez da escrita de julgamento, veio um chamado para o jovem servo de Deus.

APÊNDICES
VERBOS TÍPICOS
NOTA PARA A TABELA DA P. 95 E O CAPÍTULO 4

Mesmo nos menores detalhes das várias cerimônias típicas que Deus ordenou, podemos reconhecer muitas prefigurações da cruz pelos próprios verbos empregados. Por exemplo, não é por acaso que, no que diz respeito às ofertas, o sangue devia ser *derramado;* certas coisas deviam ser *traspassadas* ou *despedaçadas;* tampouco que a rocha devia ser *ferida,* e a serpente, *levantada.*

Já se chamou atenção para o *esmagar* ou *triturar* de muitas substâncias (p. 34ss), mas muitos outros verbos típicos também podem ser estudados.

Um desses verbos nos oferece a chave para uma verdade importante relacionada com a oferta de cereal, verdade esta que em geral não se observa. Embora seja certo que não havia derramamento de sangue nessa oferta (cap. 9), a morte do Senhor Jesus é prefigurada claramente. Essa oferta não tipifica apenas sua vida imaculada, embora seja a característica de maior destaque. No fim do capítulo (Levítico 2) a oferta dos primeiros frutos é incluída com a oferta de cereal. Certamente deve haver alguma menção da morte do Senhor entre a descrição de sua vida, nos versículos 1 e 2, e de sua ressurreição, tipificada pelos primeiros frutos no versículo 14 (v. p. 48). No versículo 6, vemos essa morte prenunciada numa pequena expressão. O bolo ou pão da melhor farinha, sem fermento, amassado com óleo, devia ser *dividido*

178

MANUAL DE TIPOLOGIA BÍBLICA

em pedaços. Pão partido! Onde poderíamos achar um tipo mais claro da morte de Cristo? Não o ouvimos dizer, como disse muitos anos depois, quando partiu o pão na instituição da ceia memorial: "Este é meu corpo, que é dado por vocês"? A interpretação comum da oferta de cereal, conforme se declara na tabela (p. 95), é que "tipifica o Senhor Jesus como homem que apresenta a Deus a vida sem mácula". É verdade, mas não completa. Seria melhor declará-la assim: "O Senhor Jesus, na vida, morte e ressurreição, apresenta a Deus humanidade imaculada".[1]

Da mesma forma, a palavra usada para os bolos em Levítico 2.4 é derivada do verbo *traspassado* ou *ferido* (v. a Bíblia de Newberry). Portanto, temos outra prefiguração da morte na cruz.

Foi em vista da crucificação futura que foram escritas as palavras de Deuteronômio 21.23, citadas em Gálatas 3.13: "Maldito todo aquele que for pendurado num madeiro". As Escrituras previram exatamente o tipo de morte que Jesus teria quando foi "pendurado num madeiro" (Atos 5.30; 10.39), para ser "maldição em nosso lugar". De modo terrivelmente pertinente, "[...] Judas, que o havia traído [...] foi e enforcou-se" (Mateus 27.3-5), pois o próprio método de seu suicídio não foi outra coisa a não ser o símbolo de sua morte espiritual, uma vez que se colocara debaixo da maldição. Ele passou a ser, por assim dizer, precursor de todos os que, rejeitando a morte vicária de Cristo, se recusam a ter participação da bênção.

Fazendo vistas grossas a esses verbos típicos importantes, alguns têm deixado de enxergar a totalidade do quadro e até negado que a cruz foi prevista no Antigo Testamento. Quando, porém, reunimos os vários verbos, percebemos quanta precisão em detalhes. Não é por acaso que cada palavra é empregada no seu devido lugar pelo Espírito Santo, quando ele quer "mostrar" (Hebreus 9.8) algo novo a respeito da forma exata em que o Cordeiro de Deus padeceria.

---

1. Conforme revisado em **Outline studies of the Tabernacle**. [Obra não traduzida para a língua portuguesa. HABERSHON, Ada R. Outline Studies of the Tabernacle. Grand Rapids: Kregel Publications, 1923.]

MOISÉS, UM TIPO DE CRISTO

"SEMELHANTE A MIM" PARALELOS E CONTRASTES DO TIPO

PARALELOS

Seu servo (Salmos 105.26)	"Meu Servo" (Mateus 12.18)
Seu escolhido (Salmos 106.23)	"A quem escolhi" (Isaías 42.1)
O profeta (Deuteronômio 18.15-19)	O Profeta (João 6.14; Lucas 7.16)
Sacerdote (Salmos 90.6)	Sacerdote (Hebreus 7.24)
Rei (Deuteronômio 33.4,5)	Rei (Atos 17.7)
Juiz (Êxodo 18.13)	Juiz (João 5.27; Atos 17.31)
Pastor (Êxodo 3.1; Isaías 63.11)	Pastor (João 10.11,14)
Líder (Isaías 63.12,13; Salmos 77.20)	Líder (Isaías 55.4)
Mediador (Êxodo 33.8,9)	Único Mediador (1Timóteo 2.5)
Intercessor (Números 21.7)	Intercessor (Romanos 8.34)
Libertador (Atos 7.35)	Libertador (Romanos 11.26; 1Tessalonicenses 1.10)
Governante (Atos 7.35)	Governante (Miqueias 5.2)
"[...] o faraó ordenou a todo o seu povo: 'Lancem ao Nilo todo menino recém-nascido [...]'." (Êxodo 1.22; Atos 7.19)	Herodes ordenou que matassem todos os meninos de dois anos para baixo, em Belém. (Mateus 2.13-16)
Filho bonito (Êxodo 2.1,2; Hebreus 11.23) Menino extraordinário (Atos 7.20)	"Jesus ia crescendo em sabedoria estatura e graça diante de Deus e dos homens." (Lucas 2.52)

"[...] recusou ser chamado filho da filha do faraó." [recusou um reino] (Hebreus 11.24)	"[...] o Diabo [...] lhe mostrou todos os reinos do mundo e o seu esplendor." (Mateus 4.8)
"[...] riqueza maior do que os tesouros do Egito [...]." (Hebreus 11.26)	"[...] sendo rico, se fez pobre por amor de vocês [...]." (2Coríntios 8.9)
"[...] contemplava a sua recompensa." (Hebreus 11.26)	"[...] pela alegria que lhe fora proposta." (Hebreus 12.2)
"Pela fé saiu do Egito [...]." (Hebreus 11.27)	"[...] Do Egito chamei o meu Filho." (Mateus 2.15)
"[...] perseverou, porque via aquele que é invisível." (Hebreus 11.27)	"Aquele que me enviou está comigo [...]." (João 8.29)
"[...] pensava que seus irmãos compreenderiam [...] mas eles não o compreenderam." (Atos 7.25)	"[...] os seus não o receberam." (João 1.11)
"[...] Quem o nomeou líder e juiz sobre nós?" (Atos 7.27)	"[...] quem me designou juiz ou árbitro entre vocês?" (Lucas 12.14) (Queria lembrá-los de como Moisés fora tratado?)
"Este é o mesmo Moisés que tinham rejeitado [...] foi enviado pelo próprio Deus para ser líder e libertador deles." (Atos 7.35)	"[...] Este Jesus, a quem vocês crucificaram, Deus o fez Senhor e Cristo." (Atos 2.36)
"[...] assentou-se à beira de um poço." (Êxodo 2.15)	"[...] Jesus, cansado da viagem, sentou-se à beira do poço [...]." (João 4.6)
"[...] já morreram todos os que procuravam matá-lo." (Êxodo 4.19)	"[...] pois estão mortos os que procuravam tirar a vida do menino." (Mateus 2.20)
"[...] descobriu como era pesado o trabalho que realizavam." "[...] vocês ainda os fazem parar de trabalhar!" (Êxodo 2.11; 5.5)	"Venham a mim, todos os que estão cansados e sobrecarregados e eu lhes darei descanso." (Mateus 11.28)
"[...] Deixe o meu povo ir [...]." (Êxodo 9.13)	"[...] anunciar liberdade aos cativos [...]." (Isaías 61.1)
"Todos esses [...] virão a mim e se ajoelharão diante de mim [...]." (Êxodo 11.8)	"para que ao nome de Jesus se dobre todo joelho [...]" (Filipenses 2.10)
"[...] Até quando este homem será uma ameaça para nós? [...]" (Êxodo 10.7)	"[...] pedra de tropeço e rocha de escândalo [...]." (1Pedro 2.8)

Moisés, um tipo de Cristo

"[...] E, com grande ira, Moisés saiu da presença do faraó." (Êxodo 11.8)	"Irado, olhou para os que estavam à sua volta e, profundamente entristecido por causa do coração endurecido deles [...]." (Marcos 3.5)
"[...] Diga [...] tudo o que eu lhe disser." (Êxodo 6.29)	"[...] não falei por mim mesmo [...] o que eu digo é exatamente o que o Pai me mandou dizer." (João 12.49,50)
"Eu estarei com você [...]." (Êxodo 3.12)	"Aquele que me enviou está comigo [...]." (João 8.29)
"[...] Isso é o dedo de Deus [...]." (Êxodo 8.19)	"Mas se é pelo dedo de Deus que eu expulso demônios [...]." (Lucas 11.20)
"[...] Por volta da meia-noite [...] Haverá grande pranto [...]."(Êxodo 11.4,6)	"À meia-noite, ouviu-se um grito [...]." (Mateus 25.6)
"[...] o SENHOR matou todos os primogênitos [...] não havia casa em que não houvesse um morto." (Êxodo 12.29,30)	"[...] Olharão para mim, aquele a quem traspassaram, e chorarão por ele como quem chora a perda de um filho único [...]." (Zacarias 12.10)
"[...] educado em toda a sabedoria dos egípcios e era poderoso em palavras e obras." (Atos 7.22)	"[...] De onde lhe vêm esta sabedoria e estes poderes miraculosos?" (Mateus 13.54; Marcos 6.2)
"[...] Moisés estendeu a mão sobre o mar, e o SENHOR afastou o mar [...] com um forte vento oriental [...]." (Êxodo 14.21)	"[...] Quem é este que até os ventos e o mar lhe obedecem?" (Mateus 8.27)
Mas o povo estava sedento [...]. (Êxodo 17.3)	"[...] Se alguém tem sede, venha a mim e beba." (João 7.37)
"[...] Estão a ponto de apedrejar-me!" (Êxodo 17.4)	"Então eles apanharam pedras para apedrejá-lo [...]." (João 8.59)
"[...] Brote água, ó poço! [...]" (Números 21.17)	"[...] a água que eu lhe der se tornará nele uma fonte de água a jorrar [...]." (João 4.14)
"Moisés levou o caso perante o SENHOR." (Números 27.5)	"[...] um intercessor junto ao Pai [...]." (1João 2.1)
"E o SENHOR atendeu o pedido de Moisés [...]." (Êxodo 8.13)	"[...] para que se cumprissem as palavras que ele dissera [...]." (João 18.9)
"[...] tenho me agradado de você e o conheço pelo nome." (Êxodo 33.17)	"[...] Este é o meu Filho amado de quem me agrado. [...]" (Mateus 17.5)

"Enquanto Moisés mantinha as mãos erguidas, os israelitas venciam [...]." (Êxodo 17.11)	"[...] mais que vencedores, por meio daquele que nos amou." (Romanos 8.37)
"[...] as mãos permaneceram firmes até o pôr do sol." (Êxodo 17.12)	"[...] vive sempre para interceder por eles." (Hebreus 7.25)
"[...] eu fiquei entre o SENHOR e você para declarar-lhe a palavra do SENHOR [...]." (Deuteronômio 5.5; Êxodo 20.19)	"[...] nestes últimos dias nos falou por meio do Filho [...]." (Hebreus 1.2)
"[...] Quem é pelo SENHOR, junte-se a mim. [...]" (Êxodo 32.26)	"Aquele que não está comigo, está contra mim [...]." (Mateus 12.30)
"Miriã e Arão começaram a criticar Moisés [...]." (Números 12.1)	"[...] nem os seus irmãos criam nele." (João 7.5)
"[...] Moisés era um homem muito paciente [...]." (Números 12.3)	"[...] sou manso e humilde de coração [...]." (Mateus 11.29)
"[...] Por que não temeram criticar meu servo Moisés?" (Números 12.8)	"[...] para que todos honrem o Filho como honram o Pai [...]" (João 5.23)
"No acampamento, tiveram inveja de Moisés [...]." (Salmos 106.16)	"[...] sabendo que fora por inveja que os chefes dos sacerdotes lhe haviam entregado Jesus." (Marcos 15.10)
"O povo, ao ver que Moisés demorava a descer do monte [...] disse: '[...] pois a esse Moisés, o homem que nos tirou do Egito, não sabemos o que lhe aconteceu'." (Êxodo 32.1)	"[...] meu senhor está demorando." (Mateus 24-48) "[...] O que houve com a promessa da sua vinda? [...]" (2Pedro 3. 4)
"[...] escolhi doze de vocês [...]." (Deuteronômio1.23)	"Escolheu doze, designando-os como apóstolos, para que estivessem com ele, os enviasse [...]." (Marcos 3. 14)
"[...] Reúna setenta autoridades de Israel [...]." (Números 11.16)	"[...] o Senhor designou outros setenta e dois [...]." (Lucas 10.1)
"[...] Este é o sangue da aliança [...]." (Êxodo 24.8)	"[...] Este cálice é a nova aliança no meu sangue [...]." (Lucas 22.20)
"[...] Assim, Moisés terminou a obra." (Êxodo 40.33)	"[...] completando a obra que me deste para fazer." (João 17.5)
"[...] por causa deles, Moisés foi castigado." (Salmos 106.32)	"[...] foi transpassado por causa das nossas transgressões [...]." (Isaías 53.5)
"[...] Eu o perdoei, conforme você pediu." (Números 14. 20)	"[...] assim como Deus os perdoou em Cristo." (Efésios 4.32)

Moisés, um tipo de Cristo

"[...] mas Moisés, seu escolhido, intercedeu diante dele [...]." (Salmos 106.23)	"Levante-se, ó espada, contra o meu pastor [...]." (Zacarias 13.7)
"Em Israel nunca mais se levantou profeta [...] a quem o Senhor conheceu face a face, e que fez todos aqueles sinais e maravilhas [...]." (Deuteronômio 34.10,11)	"Assim como o Pai me conhece e eu conheço o Pai [...]."; "Se eu não tivesse realizado no meio deles obras que ninguém mais fez [...]." (João 10.15; 15.24)
"Moisés fez tudo conforme o Senhor lhe tinha ordenado." (Êxodo 40.16).	"[...] assim como tenho obedecido aos mandamentos de meu Pai [...]" (João 15.10)
"[...] assim como Moisés foi fiel em toda a casa de Deus." (Hebreus 3.2)	"Ele foi fiel àquele que o havia constituído [...]." (Hebreus 3.2)
"Ele manifestou os seus caminhos a Moisés [...]." (Salmos 103.7)	"[...] o Pai ama ao Filho e lhe mostra tudo o que faz. [...]" (João 5.20)
Uma bênção de despedida (Deuteronômio 33.1)	"Estando ainda a abençoá-los [...] foi elevado ao céu." (Lucas 24.51)
"[...] quando estava disputando com o Diabo acerca do corpo de Moisés [...]." (Judas 1.9)	"[...] respondeu Pilatos. [...] mantenham o sepulcro em segurança [...]." (Mateus 27.65)
"[...] os israelitas atravessaram o mar pisando em terra seca. Então Miriã [...] pegou um tamborim e todas as mulheres a seguiram, tocando tamborins [...]." (Êxodo 15.19,20)	"Vi algo semelhante a um mar de vidro [...] os que haviam vencido [...] seguravam harpas que lhes haviam sido dadas por Deus." (Apocalipse 15.2)
"Então Moisés e os israelitas entoaram este cântico ao Senhor [...]." (Êxodo 15.1)	"[...] cantavam o cântico de Moisés, servo de Deus, e o cântico do Cordeiro [...]." (Apocalipse 15.3)
"Que o Senhor [...] designe um homem como líder desta comunidade, para conduzi-los [...] para que a comunidade do Senhor não seja como ovelhas sem pastor." (Números 27.16,17)	"Ao ver as multidões, teve compaixão delas, porque estavam aflitas e desamparadas, como ovelhas sem pastor." (Mateus 9.35)
"[...] Moisés não sabia que o seu rosto resplandecia por ter conversado com o Senhor." (Êxodo 34.29)	"[...] Sua face brilhou como o sol [...]." (Mateus 17.2)

CONTRASTES

A lei dada por Moisés (João 1.17)	"[...] a graça e a verdade vieram por intermédio de Jesus Cristo." (João 1.17)
A glória que desvanece (2Coríntios 3.7)	A glória excelente. (2Coríntios 3.6)
Quando brilhava o rosto de Moisés, o povo temia. (Êxodo 34.3)	Quando o rosto do Senhor brilhava, corriam até ele. (Marcos 9.15)
Primeiro ato registrado de Moisés: matar um homem. (Êxodo 2.12)	Primeiro ato de Cristo em Marcos: curar um homem. (Marcos 1.25,26)
Primeira praga: água transformada em sangue, sinal de maldição. (Êxodo 7.20)	Primeiro milagre: água transformada em vinho, sinal de alegria. (João 2.1-10)
Incapaz de salvar (Jeremias 15.1)	"[...] capaz de salvar definitivamente [...]." (Hebreus 7.25)
"Moisés foi fiel como servo [...]." (Hebreus 3.5)	"[...] mas Cristo [...] como filho sobre a casa de Deus [...]." (Hebreus 3.6)
A lei quebrada nas suas mãos (Êxodo 32.19; Deuteronômio 19.17)	A lei perfeitamente guardada no seu coração (Salmos 40.8)
Pão que sustentava a vida (João 6.31,49)	Pão que dá vida (João 6.33,50,51)
Orando por um leproso (Números 12.13)	Curando um leproso (Mateus 8.2,3)
A primeira Páscoa (Êxodo 32.30,34)	A última Páscoa (Lucas 22.15)
Disposto a ser substituto (Êxodo 32.30,34)	Substituto de fato (1Pedro 2.24; Isaías 53.4-6)
Quarenta dias no monte (Êxodo 34.28)	Quarenta dias no deserto (Mateus 4.2)
Êxodo incompleto (Deuteronômio 3.25-27)	"[...] e falavam sobre a partida [lit. êxodo] de Jesus, que estava para se cumprir em Jerusalém." (Lucas 9.31)

JOSÉ, UM TIPO DE CRISTO

Alimentando o rebanho (Gênesis 37.2)	O Bom Pastor (João 10.11,14)
Relatava as más ações dos irmãos (Gênesis 37.2)	Revelou as obras más dos homens (João 3.19,20)
Amado (pelo pai) (Gênesis 37.3)	Meu Filho amado (Mateus 3.17)
Odiado (pelos irmãos) (Gênesis 37.4,5)	Odiado sem causa (João 15.25)
Não acreditavam nele (Gênesis 37.5)	Nem seus irmãos criam nele (João 7.5)
Reverência (Gênesis 37.7,9)	Preeminência em tudo (Colossenses 1.18)
Reinará sobre nós? (Gênesis 37.8)	Não queremos esse homem (Lucas 19.14)
Invejado (Gênesis 37.11)	Entregue por inveja (Marcos 15.10)
Seu pai guardou as palavras (Gênesis 37.11)	Sua mãe guardava todas essas palavras no coração (Lucas 2.51)
Enviado a seus irmãos (Gênesis 37.13)	Enviarei meu filho amado (Lucas 20.13)
Aqui estou (Gênesis 37-13)	Aqui estou (Salmos 40.7,8)
Traga-me notícias (Gênesis 37.14)	Agora venho a ti (João 17.13)
Do vale de Hebrom (comunhão) (Gênesis 37.14)	A glória que tive contigo (João 17.5,24)
Chegou a Siquém (Gênesis 37.14)	A uma cidade em Samaria que é chamada Sicar (ou Siquém) (João 4.4,5)
Vagueando pelos campos (Gênesis 37.15)	O campo é o mundo; não tinha onde repousar a cabeça. (Mateus 13.38; Lucas 9.58)

Procuro meus irmãos (Gênesis 37.16)	Vim buscar e salvar (Lucas 19.10)
Foi atrás dos irmãos (Gênesis 37.17)	Busca os perdidos (Lucas 15.4)
Conspiraram contra ele (Gênesis 37.18)	Tomaram decisão contra ele (Mateus 27.1; João 11.53)
Veremos (Gênesis 37.20)	Para que vejamos (Marcos 15.32)
Despido (Gênesis 37.23)	Tiraram-lhe as vestes (Mateus 27.28)
O poço (Gênesis 37.24)	A cova horrível (Salmos 40.2; 69.2,14,15)
Sentaram-se (Gênesis 37.25)	Sentaram-se e o olharam ali (Mateus 28.36)
Vinte peças de prata (Gênesis 37.28)	Trinta moedas de prata (Mateus 26.15; 27.9; Êxodo 21.32)
Para o Egito (Gênesis 37.36)	Do Egito chamei o meu Filho (Mateus 2.14,15)
Servo de Potifar, oficial do faraó e capitão da guarda (Gênesis 39.1; Salmos 105.17)	Servo de governantes; a forma de servo (Isaías 49.7; Filipenses 2.7)
O Senhor com José (Gênesis 39.2,21,23)	O Pai está comigo (João 16.32)
O Senhor fez prosperar tudo quanto fazia (Gênesis 39.3)	A vontade do Senhor prosperará na sua mão (Isaías 53.10)
Tudo entregue às suas mãos (Gênesis 39.4,8)	Deu todas as coisas na sua mão (João 3.35)
Abençoado por amor a José (Gênesis 39.5)	Abençoados em Cristo (Efésios 1.3; 4-32)
Deixou tudo com José (Gênesis 39.6)	Capaz de guardar (2Timóteo 1.12)
Pessoa atraente (Gênesis 39.6)	Ele é mui desejável (Cantares 5.16)
Boa aparência (Gênesis 39.6)	"[...]crescia em sabedoria, estatura e graça diante de Deus e dos homens." (Lucas 2.52)
Como poderia eu cometer algo tão perverso? (Gênesis 39.9)	Porém sem pecado (Hebreus 4-15)
Onde eram amarrados os prisioneiros do reino (Gênesis 39.20)	Amarraram-no e o levaram embora (Mateus 27.2)
Machucaram-lhe os pés com correntes (Sl 105.18,19)	Perfuraram minhas mãos e meus pés (Salmos 22.16)

Dois oficiais do faraó [...] onde José estava preso (Gênesis 40.2,3)	Dois outros homens, ambos criminosos (Lucas 23.32)
(Mensagem de vida para um) "Dentro de três dias o faraó vai exaltá-lo e restaurá-lo à sua posição [...]." (Gênesis 40.13)	"[...] Hoje você estará comigo no paraíso." (Lucas 23.43)
"Hoje me lembro de minhas faltas [...] havia lá conosco um jovem hebreu [...]." (Gênesis 41.9-12)	"[...] estamos recebendo o que nossos atos merecem. Mas este homem não cometeu nenhum mal." (Lucas 23.41)
Ele lhes servia (Gênesis 40.4)	"[...] Estou entre vocês como aquele que serve." (Lucas 22.27)
"[...] Por que hoje vocês estão tristes?" (Gênesis 40.7)	Sobre o que vocês conversavam tristes pelo caminho? (Lucas 24.17)
"[...] lembre-se de mim [...]." (Gênesis 40.14)	"[...] façam isto em memória de mim." (1Coríntios 11.24)
"[...] seja bondoso comigo [...]." (Gênesis 40.14)	"[...] O que vocês fizeram a algum dos meus menores irmãos, a mim o fizeram." (Mateus 25.40)
"[...] fale de mim [...]." (Gênesis 40.14)	"Quem, pois, me confessar diante dos homens, eu também o confessarei diante do meu Pai [...]." (Mateus 10.32)
"O chefe dos copeiros, porém, não se lembrou de José; [...] esqueceu-se dele." (Gênesis 40.23)	Mas ninguém se lembrou daquele pobre. (Eclesiastes 9.15)
"[...] aqui nada fiz para ser jogado neste calabouço." (Gênesis 40.15)	"Qual de vocês pode me acusar de algum pecado? [...]" (João 8.46)
Trazido do calabouço (Gênesis 41.14)	Saído da prisão e chegado ao trono (Eclesiastes 4.14)
O rei mandou soltá-lo (Salmos 105.20)	"Mas Deus o ressuscitou dos mortos, rompendo os laços da morte [...]." (Atos 2.24)
"[...] Isso não depende de mim [...]."(Gênesis 41.16)	"[...] o Filho não pode fazer nada de si mesmo; só pode fazer o que vê o Pai fazer [...]." (João 5.19)
Deus mostrou ao faraó (Gênesis 41.25)	"[...] Este é o meu Filho amado em quem me agrado. [...]" (Mateus 17.5)

Um homem em quem está o Espírito de Deus (Gênesis 41.38)	Ungido com o Espírito Santo e com poder (Atos 10.38)
Deus lhe mostrou tudo isso (Gênesis 41.39)	O Pai ama ao Filho, e lhe mostra tudo o que faz (João 5.20)
Ninguém tão criterioso e sábio (Gênesis 41.39)	Todos os tesouros da sabedoria e do conhecimento (Colossenses 2.3)
O comando do palácio (Gênesis 41.40)	"[...] como filho sobre a casa de Deus; e esta casa somos nós [...]." (Hebreus 3.6)
Todo o meu povo se sujeitará a suas ordens (Gênesis 41.40)	O governo está sobre os seus ombros (Isaías 9.6)
"[...] sem a sua palavra ninguém poderá levantar a mão ou o pé [...]." (Gênesis 41.44)	"[...] sem mim vocês não podem fazer coisa alguma." (João 15.5)
Dobrem o joelho! (Gênesis 41.43)	Para que ao nome de Jesus se dobre todo joelho (Filipenses 2.10)
Trinta anos de idade (Gênesis 41.46; Números 4; 2Samuel 5.4)	Cerca de trinta anos de idade (Lucas 3.23)
"[...] José estocou muito trigo [...] além de toda medida." (Gênesis 41.49)	As insondáveis riquezas de Cristo (Efésios 3.8)
Manassés — Deus o fez esquecer o sofrimento (Gênesis 41.51)	Verá o resultado do sofrimento da sua alma e ficará satisfeito (Isaías 53.11)
Efraim — frutífero (Gênesis 41.52)	Muito fruto (João 12.24)
Como José tinha predito (Gênesis 41.54)	Seus discípulos lembraram-se do que ele tinha dito (João 2.22)
"[...] Dirijam-se a José [...]." (Gênesis 41.55)	"[...] Senhor, para quem iremos? [...]" (João 6.68)
"[...] façam o que ele disser." (Gênesis 41.55)	"[...] Façam tudo o que ele lhes mandar." (João 2.5)
Fome por toda a terra (Gênesis 41.56,57)	Uma grande fome em toda aquela terra (Lucas 15.14)
Começou a sofrer com a fome (Gênesis 41.56)	Não uma fome de pão, mas de ouvir as palavras do Senhor (Amós 8.11)
José mandou abrir os armazéns (Gênesis 41.56)	As janelas do céu (Malaquias 3.10)
Todos os países vinham comprar (Gênesis 41.57)	"[...] a minha salvação até aos confins da terra." (Isaías 49.6)

José, um tipo de Cristo

Era ele que vendia trigo (Gênesis 42.6)	Bênção sobre a cabeça daquele que se dispõe a vender trigo (Provérbios 11.26)
José reconheceu os irmãos (Gênesis 42.7,8)	Ele conhecia os homens (João 2.24,25)
"[...] mas eles não o reconheceram." (Gênesis 42.8)	"[...] o mundo não o reconheceu. Veio para o que era seu, mas os seus não o reconheceram." (João 1.10, 11)
José agiu como se não os conhecesse, lhes falou asperamente e os deixou presos três dias (Gênesis 42.7,17)	"[...] se os homens forem acorrentados, presos firmemente com as cordas da aflição, ele lhes dirá o que fizeram, que pecaram com arrogância. Ele os fará ouvir a correção [...] ". (Jó 36.8-10)
"[...] teremos de prestar contas do seu sangue." (Gênesis 42.22)	"[...] Seu sangue seja sobre nós, e sobre os nossos filhos." (Mateus 27.25)
Não sabiam que José podia compreendê-los (Gênesis 42.23)	Ele se inspirará no temor do Senhor (terá rápido entendimento) (Isaías 11.3)
Falava-lhes por meio de um intérprete (Gênesis 42.23)	"[...] receberá do que é meu e o tornará conhecido a vocês." (João 16. 14)
Retirou-se e começou a chorar (Gênesis 42.24)	Embaixadores de Cristo (2Coríntios 5.20)
José deu ordem para que enchessem de trigo suas bagagens (Gênesis 42.25)	Viu a cidade e chorou sobre ela (Lucas 19.41)
Que a supre do melhor do trigo (Salmos 147.14)	"Todos recebemos da sua plenitude [...]." (João 1.16)
Devolveu a prata de cada um deles (Gênesis 42.25)	Sem dinheiro e sem custo (Isaías 55.1)
Mandou que lhes dessem mantimentos para a viagem (Gênesis 42.25)	"[...] suprirá todas as necessidades de vocês [...]." (Filipenses 4.19)
E assim foi feito (Gênesis 42.25)	Todas as promessas se cumpriram (Josué 21.45; 23.14)
Todo o mantimento que puderem carregar (Gênesis 44.1)	Tanto quanto queriam (João 6.11)
"[...] Leve estes homens à minha casa [...]."(Gênesis 43.16)	"[...] obrigue-os a entrar [...]." (Lucas 14.23)
"[...] prepare-o [...]." (Gênesis 43.16)	Tudo está preparado (Mateus 22.4)
Ficaram com medo (Gênesis 43.18)	"[...] o perfeito amor expulsa o medo [...]." (1João 4.18)
Dirigiram-se ao administrador e falaram com ele (Gênesis 43.19)	Ele ensinará todas as coisas (João 14.26)

Levaram mais prata (Gênesis 43.22)	Procurando estabelecer a sua própria justiça (Romanos 10.3)
"Fiquem tranquilos. [...] Não tenham medo [...]". (Gênesis 43.23)	"[...] para que vocês transbordem de esperança, pelo poder do Espírito Santo." (Romanos 15.13)
Eles festejaram e beberam (Gênesis 43.34)	Começaram a festejar (Lucas 15.24)
"[...] Deus trouxe à luz a culpa dos teus servos [...]" (Gênesis 44.16)	Convencerá o mundo do pecado (João 16.8,9)
José se revelou (Gênesis 45.3)	Os olhos deles foram abertos e o reconheceram (Lucas 24.31)
Ficaram pasmados diante dele (Gênesis 45.3)	"[...] Olharão para mim, aquele a quem traspassaram, e chorarão por ele [...]." (Zacarias 12.10)
"[...] Eu sou José, o seu irmão, aquele que vocês venderam [...]." (Gênesis 45.4)	"[...] Eu sou Jesus, a quem você persegue." (Atos 9.5)
"Cheguem mais perto [...]."(Gênesis 45.4)	Foram aproximados (Efésios 2.13)
Deus o enviou (Gênesis 45.5,7)	Deus enviou o seu Filho unigênito (1João 4.9)
"[...] com grande livramento." (Gênesis 45.7)	Ele nos livrou de tão grande e mortal perigo (2Coríntios 1.10)
"[...] não foram vocês [...] mas sim o próprio Deus. [...]" (Gênesis 45.8)	Por propósito determinado e pré--conhecimento de Deus (Atos 2.23)
"Voltem depressa [...]." (Gênesis 45.9)	Agora é o tempo favorável (2Coríntios 6.2)
Providenciarei sustento (Gênesis 45.11)	"[...] Aquele que vem a mim nunca terá fome [...]." (João 6.35)
José sustentou seu pai e toda a família, de acordo com o número dos filhos (Gênesis 47.12)	"O SENHOR é o meu pastor, de nada terei falta." (Salmos 23.1)
"Vocês estão vendo com seus próprios olhos [...] que realmente sou eu que estou falando com vocês." (Gênesis 45.12)	"Vejam as minhas mãos e os meus pés. Sou eu mesmo! Toquem-me e vejam [...]." (Lucas 24.39)
"Contem a meu pai quanta honra me prestam [...]." (Gênesis 45.13)	O evangelho da glória de Cristo (2Coríntios 4.4)

José, um tipo de Cristo

Seus irmãos conseguiram conversar com ele (Gênesis 45.15)	"[...] o próprio Jesus se aproximou e começou a caminhar com eles." (Lucas 24.15)
Venham a mim (Gênesis 45.18,19)	"Venham a mim [...]." (Mateus 11.28)
"Não se preocupem com os seus bens, pois o melhor de todo o Egito será de vocês." (Gênesis 45.20)	"[...] esquecendo-me das coisas que ficaram para trás e avançando para que estão adiante." (Filipenses 3.13)
José ainda está vivo (Gênesis 45.26,28)	Um certo Jesus, o qual Paulo insistia que estava vivo (Atos 25.19)
"[...] O coração de Jacó quase parou! Não podia acreditar neles." (Gênesis 45.26)	Não creram ainda, devido à alegria (Lucas 24.41)
"[...] Agora já posso morrer, pois vi o seu rosto [...]." (Gênesis 46.30)	"[...] agora podes despedir em paz o teu servo. Pois os meus olhos já viram a tua salvação." (Lucas 2.29,30)
Meus irmãos (Gênesis 46.31; 47.1)	Jesus não se envergonha de chamá-los irmãos (Hebreus 2.11)
"[...] Não nos deixes morrer [...]." (Gênesis 47.15,19)	Eu sou a Ressurreição e a Vida (João 11.25)
"[...] a nossa prata acabou [...]." (Gênesis 47.18)	Depois de gastar tudo (Lucas 15.14; Marcos 5.26)
"nada mais nos resta [...], a não ser nossos próprios corpos [...]." (Gênesis 47.18)	Não tinham com que pagar (Lucas 7.42)
"[...] Hoje comprei vocês [...]." (Gênesis 47.23)	Comprados por alto preço (1Coríntios 6.20)
Sementes para os campos e alimentos para vocês (Gênesis 47.24)	Sementes para o semeador e pão para quem come (Isaías 55.10,11; 2Coríntios 9.10)
"Vendo os irmãos de José que seu pai havia morrido [...] mandaram um recado a José dizendo: Peço-lhe que perdoe [...] José chorou." (Gênesis 50.15-17)	"[...] Você não me conhece, [...] mesmo depois de eu ter estado com vocês durante tanto tempo? [...]" (João 14.9)
"[...] Deus o tornou em bem, para que hoje fosse preservada a vida de muitos." (Gênesis 50.20)	Ao levar muitos filhos à glória (Hebreus 2.10)
"Por isso, não tenham medo [...] e os tranquilizou [...]." (Gênesis 50.21)	"Não se perturbe o coração de vocês [...]." (João 14.1)

"José é uma árvore frutífera [...] cujos galhos passam por cima do muro." (Gênesis 49.22)	"Eu sou a videira; vocês são os ramos [...]." (João 15. 5)
"[...] árvore frutífera à beira de uma fonte [...]." (Gênesis 49.22)	Se tornará nele uma fonte de água (João 4.14)
"Com rancor arqueiros o atacaram, atirando-lhe flechas com hostilidade." (Gênesis 49.23)	Um homem de dores e experimentado no sofrimento (Isaías 53.3)
"Mas o seu arco permaneceu firme, os seus braços fortes, ágeis para atirar, pela mão do Poderoso de Jacó, pelo nome do Pastor [...]." (Gênesis 49.24)	'[...] Cobri de forças um guerreiro [...]." (Salmos 89.19)
Pelo nome do Pastor (Gênesis 49.24)	Aquele grande Pastor das ovelhas (Hebreus 13.20)
A Rocha de Israel (Gênesis 49.24)	"[...] A pedra que os construtores rejeitaram tornou-se a pedra angular [...]." (Mateus 21.42)
Que a bênção venha sobre a cabeça de José (Deuteronômio 33.16; Gênesis 49.25,26)	"[...] por isso Deus, o teu Deus, escolheu-te dentre os teus companheiros ungindo-te com óleo de alegria." (Salmos 45.7)
Separado de entre seus irmãos (Gênesis 49.26)	Separado dos pecadores (Hebreus 7.26)
A primogenitura era de José (1Crônicas 5.2)	O primogênito entre muitos irmãos (Romanos 8.29)
"[...] não se entristecem com a ruína de José." (Amós 6.6)	"Vocês não se comovem, todos vocês que passam por aqui? [...]" (Lamentações 1.12)
Um novo rei, que nada sabia sobre José (Êxodo 1.8)	"Nenhum dos poderosos desta era o entendeu [...]." (1Coríntios 2.8)
José ficará em seu território ao norte (Josué 18.5)	"Permaneçam em mim, e eu permanecerei em vocês. [...]" (João 15.4)
Josué disse à tribo de José: "Vocês são numerosos e fortes." (Josué 17.17)	"Tudo posso naquele que me fortalece" (Filipenses 4.13)
"[...] Somos um povo numeroso, e o SENHOR nos tem abençoado ricamente." (Josué 17.14)	Abençoados com todas as bênçãos espirituais (Efésios 1.3)
As tribos de José ficaram mais poderosas (Juízes 1.35)	Mais que vencedores, por meio daquele que nos amou (Romanos 8.37)

SEGUNDA PARTE

SACERDOTES E LEVITAS

COMO TIPOS DA IGREJA

INTRODUÇÃO

"No princípio, Deus [...]." Estas são as primeiras palavras que lemos ao abrir a Bíblia. Ao estudar a história dos levitas, ou outro assunto na Palavra, não podemos fazer melhor do que começar por aqui. Foi a livre graça de Deus que escolheu os levitas dentre as demais tribos, assim como foi a graça que chamou Abraão de Ur dos caldeus, e a nós, "das trevas para a sua maravilhosa luz". Nada havia em Levi que o recomendasse diante de Deus. Pelo contrário, diríamos, ao ler Gênesis 49, que Levi era um dos piores filhos de Jacó. Deus, todavia, na sua graça soberana, podia dizer: "[...] o SENHOR, o seu Deus, o escolheu dentre todas as tribos" (Deuteronômio 18.5). "Deus demonstra seu amor por nós: Cristo morreu em nosso favor quando ainda éramos pecadores." Os levitas deviam estar no meio daqueles que ficaram longe quando a lei foi promulgada no Sinai, mas Deus diz a Arão: "Mande chamar a tribo de Levi e apresente-a [...]" (Números 3.6), e os que de nós "antes estávamos longe, fomos aproximados pelo sangue de Cristo".

Quando estudamos a história da tribo de Levi em relação a Arão, o grande sumo sacerdote, aprendemos muitas lições belas.

Não existe tipo mais notável de Cristo que Arão, desde a primeira menção a ele, em Êxodo, até a última, em Hebreus. É citado pela primeira vez em Êxodo 4, texto no qual Deus diz a Moisés: "Não é Arão, o levita, o seu irmão? Sei que ele fala bem". Depois de Jesus, "que é mais chegado que um irmão", ter vindo habitar na carne humana, a primeira declaração de Deus foi: "Este é o meu Filho amado, em quem me agrado" e, no monte da transfiguração, acrescentou: "Escutem a ele". E os que realmente fizeram isso foram obrigados a confessar que "nunca um homem falou como este Homem".

A obra de Arão no tabernáculo, vestido de roupas de glória e de beleza, prefigura maravilhosamente aquele que, coroado de glória e honra, ainda caminha entre os candelabros de ouro. O sumo sacerdote levava nos ombros e no peitoral os nomes dos israelitas, assim como nosso Sumo Sacerdote nos leva sobre os ombros do seu poder inesgotável. Dentro daquele peitoral maravilhoso, suspenso dos ombros, havia o Urim e o Tumim, A luz e a perfeição, mediante os quais a vontade de Deus era revelada a Israel: "A respeito de Levi disse: 'O teu Urim e o teu Tumim pertencem ao homem a quem favoreceste [...]' " (Deuteronômio 33.8). A luz e a perfeição ainda estão com Jesus "em quem estão escondidos todos os tesouros da sabedoria e do conhecimento". Mas, ao mesmo tempo que disse de si mesmo: "Eu sou a luz do mundo", também disse aos seus seguidores: "Vocês são a luz do mundo", e "sejam perfeitos, como é perfeito o seu Pai no céu". É vontade sua agora que a luz e a perfeição sejam vistas nos seus seguidores. Mas isso só é possível quando habitamos no peito do Senhor e somos sustentados pelo seu poder. O Urim e o Tumim eram indicação da mente de Deus, e o mundo deve ter a possibilidade de aprendê-la agora mediante a vida do povo de Deus.

No tempo de Esdras, alguns sacerdotes não conseguiam comprovar sua ascendência. Acreditavam ser filhos de Arão, mas não podiam demonstrar o fato:

> Eles examinaram seus registros de família, mas não conseguiram achá-los e foram considerados impuros para o sacerdócio. Por isso o governador os proibiu de comer alimentos sagrados enquanto não houvesse um sacerdote capaz de consultar Deus por meio do Urim e do Tumim (Esdras 2.62,63). ∎

Introdução

Não precisamos esperar (como eles) que um sumo sacerdote apareça, antes, podemos nos regozijar porque o nosso nome está escrito no céu e "[...] o firme fundamento de Deus permanece inabalável e selado com esta inscrição: 'O Senhor conhece quem lhe pertence' [...]" (2Timóteo 2.19).

A contagem dos levitas nos apresenta uma questão de grande interesse e demonstra que, em associação com seu grande sumo sacerdote, ficaram inteiramente separados das demais tribos e lhes foi poupada a condenação que recaiu sobre o restante de Israel.

Em geral, se declara que, de todos os que saíram do Egito, somente a Calebe e Josué foi permitida a entrada na terra prometida. Entretanto, mediante o estudo cuidadoso da história dos levitas, mostra-se que eles também foram isentos da ruína geral no deserto. As razões que levam a essa conclusão são as seguintes.

A tribo de Levi não enviou nenhum espia para a missão de reconhecimento da terra de Canaã (v. Números 13.1-16), e a maldição caiu por causa do relatório errado dos espias e da consequente murmuração do povo:

> Cairão neste deserto os cadáveres de todos vocês, de vinte anos para cima, que foram contados no recenseamento e que se queixaram contra mim. [...] Durante quarenta anos vocês sofrerão a consequência dos seus pecados e experimentarão a minha rejeição; cada ano corresponderá a cada um dos quarenta dias em que vocês observaram a terra. [...] Os homens enviados por Moisés em missão de reconhecimento daquela terra voltaram e fizeram toda a comunidade queixar-se contra ele ao espalharem um relatório negativo; esses homens responsáveis por espalhar o relatório negativo sobre a terra morreram subitamente de praga perante o SENHOR. De todos os que foram observar a terra, somente Josué, filho de Num, e Calebe, filho de Jefoné, sobreviveram (Números 14.29,34,36-38). ■

Conforme declarado na passagem citada, os que caíram no deserto tinham sido contados de vinte anos em diante e são descritos ainda como "guerreiros".

> Como não me seguiram de coração íntegro, nenhum dos homens de vinte anos para cima que saíram do Egito verá a terra que prometi sob juramento a Abraão, a Isaque e a Jacó, com exceção de Calebe, filho de Jefoné, o quenezeu, e Josué, filho de Num, que seguiram o SENHOR com integridade de coração. (Números 32.11,12) ■

> Os israelitas andaram quarenta anos pelo deserto, até que todos os guerreiros que tinham saído do Egito morressem, visto que não tinham obedecido ao SENHOR. [...] (Josué 5.6) ■

> Passaram-se trinta e oito anos entre a época em que partimos de Cades-Barneia e a nossa travessia do vale de Zerede, período no qual pereceu do acampamento toda aquela geração de homens de guerra, conforme o SENHOR lhes havia jurado. (Deuteronômio 2.14) ■

Que os levitas não se contavam entre os guerreiros é mostrado muito claramente no primeiro capítulo de Números:

> O SENHOR falou a Moisés na Tenda do Encontro, no deserto do Sinai [...]. Ele disse: "Façam um recenseamento de toda a comunidade de Israel [...]. Você e Arão contarão todos os homens que possam servir no exército, de vinte anos para cima, organizados segundo as suas divisões". (Números 1.1-3) ■

Assim se fez, e no fim do capítulo lemos: "As famílias da tribo de Levi, porém, não foram contadas juntamente com as outras, pois o SENHOR tinha dito a Moisés: 'Não faça o recenseamento da tribo de Levi nem a relacione entre os demais israelitas' " (Números 1.1-3 e 47-49; tb. 2.33).

Introdução

Os levitas foram contados separadamente, "[...] de um mês de idade para cima [...]. Não foram contados junto com os outros israelitas porque não receberam herança entre eles" (Números 26.62). Essa última frase do texto explica também por que a tribo não era representada por nenhum espia.

Portanto, os israelitas que morreriam sem entrar na terra prometida foram os recenseados no deserto do Sinai, no qual, segundo vimos, os levitas não foram incluídos. Imediatamente antes de atravessarem o Jordão, a contagem foi feita de novo, não por Moisés e Arão, mas por:

> [...] Moisés e pelo sacerdote Eleazar quando contaram os israelitas nas campinas de Moabe, junto ao Jordão, frente a Jericó. Nenhum deles estava entre os que foram contados por Moisés e pelo sacerdote Arão quando contaram os israelitas no deserto do Sinai. Pois o SENHOR tinha dito àqueles israelitas que eles iriam morrer no deserto, e nenhum deles sobreviveu, exceto Calebe, filho de Jefoné, e Josué, filho de Num. (Números 26.63-65). ■

Eleazar e Fineias entraram na terra prometida. Eleazar estava com Josué quando este dividiu a herança entre as tribos (Números 34.17), ao passo que Fineias foi enviado como um dos mensageiros às tribos de Rúben, de Gade e à meia-tribo de Manassés. Nenhum desses homens, porém, foi mencionado como exceção à condenação geral. Eleazar, pelo menos, e talvez também seu filho, devia ter mais de vinte anos de idade quando saiu do Egito.

Os textos que se referem ao assunto mencionado foram citados com pormenores a fim de se enxergar claramente a posição dos levitas. Se a conclusão for correta, que realmente foram isentos da maldição que caiu sobre os demais israelitas, podemos ver neles, assim como também em tantos outros pormenores, um retrato notável dos crentes verdadeiros. A sentença de morte recai sobre todos a seu redor, mas agora já "não há condenação para os que estão em Cristo Jesus" (Romanos 8.1).

"Quem nele crê não é condenado, mas quem não crê já está condenado, por não crer no nome do Filho Unigênito de Deus." (João 3.18) "Eu lhes asseguro: Quem ouve a minha palavra e crê naquele que me enviou, tem a vida eterna e não será condenado, mas já passou da morte para a vida." (João 5.24)

A posição dos levitas era diferente da posição do restante dos israelitas em muitos aspectos. Posto que duas porções tinham sido dadas a José e que seus filhos foram contados como filhos de Jacó, Levi formou a décima terceira tribo e, desse modo, como se indicou, manteve uma posição entre elas semelhante à de Paulo entre os apóstolos.

Quando os levitas foram contados a partir de um mês de idade, foram contados na sua fraqueza (Números 3). Com isso, conforme alguém já disse, ficamos sabendo que a posição deles na tribo dependia não daquilo que tivessem feito em favor de Deus, mas do que Deus fizera em favor deles. No capítulo seguinte (Números 4), são recenseados segundo seus anos de força, a partir de 30 anos de idade — a idade de José quando compareceu diante do faraó, de Davi quando começou a reinar e de nosso Senhor quando iniciou seu ministério público. Era a idade para início do serviço dos levitas no período do deserto, mas, depois disso, quando os trabalhos exigiriam menos força física, embora mais ministros, a idade passou a ser de 25 anos; e Davi, em 1Crônicas 23.24-27, a altera para 20.

Na história da tribo de Levi, há um grande contraste entre antes e depois de ser tirada do Egito. Nos tempos antigos, Jacó disse: "Simeão e Levi são irmãos; suas espadas são armas de violência" (Gênesis 49.5), mas depois guardavam "todos os utensílios da Tenda do Encontro [...]" (Números 3.8). Jacó também disse: "Que eu não entre no conselho deles, nem participe da sua assembleia". Entretanto, depois de terem atravessado o mar Vermelho, Deus disse a Arão: "Traga também os seus irmãos levitas, que pertencem à tribo de seus antepassados, para se unirem a você [...]" (Números 18.2). Levi tinha sido motivo de

Introdução **201**

vergonha para Jacó, mas agora Deus o chama a essa posição de alto privilégio em associação com o sumo sacerdote. O significado do nome Levi é "apegado", conforme lemos em Gênesis 29.34, e é por estar apegado a Arão que é abençoado assim.

A história de crueldade e de derramamento de sangue à qual Jacó se refere acha-se em Gênesis 34, que narra o assassinato de todos os homens da cidade de Siquém. Quanta diferença do quadro de João 4, no qual se diz aos homens da mesma cidade que não eram melhores do que aqueles nos tempos de Simeão e Levi: ' "Venham ver um homem que me disse tudo o que tenho feito. Será que ele não é o Cristo?'. Então saíram da cidade e foram para onde ele estava" (v. 29,30). O próprio João, o discípulo amado, revelou algo do espírito desses filhos de Jacó quando quis pedir que fogo descesse dos céus contra os samaritanos. O Mestre o repreendeu, dizendo: "Vocês não sabem de que espécie de espírito são, pois o Filho do homem não veio para destruir a vida dos homens, mas para salvá-los" (Lucas 9.55).

Simeão e Levi foram amaldiçoados por sua crueldade e seu pecado, e o castigo foi assim declarado: "Eu os dividirei em Jacó e os espalharei em Israel". Essa sentença foi executada literalmente, mas a maldição foi transformada em bênção e, embora tenham sido dispersos entre as tribos, sem receber nenhuma herança na terra prometida, a razão, posteriormente citada, fala de graça incomparável, e uma promessa substitui a sentença do juízo. Os levitas foram separados:

> [...] para carregar a arca da aliança do SENHOR, para estar perante o SENHOR [...] pronunciar bênçãos em seu nome [...] É por isso que os levitas não têm nenhuma porção de terra ou herança entre os seus irmãos; o SENHOR é a sua herança, conforme o SENHOR, o seu Deus, lhes prometeu" (Deuteronômio 10.8,9). ∎

Nós também estávamos debaixo de uma maldição por causa do nosso pecado, mas "Cristo nos redimiu da maldição da lei, sendo feito maldição por nós", e agora estamos abençoados "com todas as bênçãos espirituais nas regiões celestiais em Cristo" (Efésios 1.3). A sentença pronunciada contra nós por causa do nosso pecado foi: "Você certamente morrerá". Mas Cristo tirou da morte o aguilhão, de modo que podemos dizer, juntamente com Paulo: "Para mim, o viver é Cristo, e o morrer é lucro".

Temos também um contraste marcante nas ocupações dos levitas nesses dois períodos de sua história. Na terra do Egito, os levitas, com os demais israelitas, foram sujeitos a "cruel escravidão", e os egípcios "Tornaram-lhes a vida amarga, impondo-lhes a árdua tarefa de preparar o barro e fazer tijolos, e executar todo tipo de trabalho agrícola; em tudo os egípcios os sujeitavam a cruel escravidão" (Êxodo 1.14). Construir as cidades-celeiros para o faraó não foi tarefa fácil, mas que diferente foi a vida deles mais tarde, quando "foram encarregados de cuidar de todo o serviço do tabernáculo, o templo de Deus" (1Crônicas 6.48) e "receberam a responsabilidade de tomar conta das salas e da tesouraria do templo de Deus" (1Crônicas 9.26).

Além disso, o trabalho era realizado para um Mestre muito diferente e sob supervisão muito diferente. Os egípcios: "Estabeleceram, pois, sobre eles chefes de trabalhos forçados, para os oprimir com tarefas pesadas [...]" (Êxodo 1.11). Mas Arão não era nenhum chefe cruel de trabalhos forçados e foi ele quem, nas peregrinações pelo deserto, designou "a cada homem a sua tarefa e o que deverá carregar" (Números 4.19). Depois foram sujeitos à ordem do Rei.

Os fardos no Egito eram pesados e lhes amargavam a vida, de modo que clamaram a Deus "por causa da escravidão", e Deus tirou "o peso dos seus ombros [...]" (Salmos 81.6). Mas Deus lhes deu um fardo leve quando "os levitas carregavam a arca de Deus nos ombros [...]" (1Crônicas 15.15), o que nos faz lembrar do convite amoroso que nosso Senhor nos faz em Mateus 11.28 — que todos os cansados

Introdução

e sobrecarregados vão até ele para descansar e depois carregarem seu jugo suave e seu fardo leve.

Os levitas, portanto, tanto em sua história remota quanto nos dias posteriores à nomeação para servir e adorar a Deus, tipificavam o sacerdócio real, de quem foi chamado "das trevas para a sua maravilhosa luz" e "do poder de Satanás para Deus".

CAPÍTULO 1

OS SACERDOTES E OS LEVITAS SÃO TIPOS DA IGREJA

EM RELAÇÃO A DEUS

■ POR PROPRIEDADE

"[...] os levitas serão **meus**." (Números 8.14)

"Eles são os israelitas que deverão ser **inteiramente** dedicados a mim. [...]" (Números 8.16)

"[...] Eu os **separei** para serem meus em lugar dos primogênitos, do primeiro filho homem de cada mulher israelita." (Números 8.16)

"Eu mesmo escolho os levitas dentre os israelitas em lugar do **primeiro filho** de cada mulher israelita [...]." (Números 3.12)

"[...] pois são **teus**. Tudo o que tenho é **teu,** e tudo o que tens é **meu**. E eu tenho sido glorificado por meio deles." (João 17.9,10)

[...] Assim, quer vivamos, quer morramos, pertencemos ao Senhor. (Romanos 14.8)

[...] a fim de **reunir** dentre as nações um povo para o seu nome. (Atos 15.14)

[...] à igreja dos **primogênitos,** cujos nomes estão escritos nos céus. [...] (Hebreus 12.23)

■ POR ALIANÇA E JURAMENTO

"Assim diz o Senhor: Se vocês puderem romper a minha aliança com o dia e a minha aliança com a noite, de modo que nem o dia nem a noite aconteçam no tempo que lhes está determinado, então poderá ser quebrada a minha **aliança** com

Querendo mostrar de forma bem clara a natureza imutável do seu propósito para com os herdeiros da promessa, Deus o confirmou com **juramento,** para que, por meio de duas coisas imutáveis, nas quais é impossível que Deus minta,

o meu servo Davi, e neste caso ele não mais terá um descendente que reine no seu trono; e também será quebrada a minha aliança com os levitas que são sacerdotes e que me servem". (Jeremias 33.20,21)

"[...] para que a minha **aliança** com Levi fosse mantida", diz o SENHOR dos Exércitos. (Malaquias 2.4)

sejamos firmemente encorajados, nós, que nos refugiamos nele para tomar posse da esperança a nós proposta. (Hebreus 6.17,18)

Agora, porém, o ministério que Jesus recebeu é superior ao deles, assim como também **a aliança** da qual ele é mediador é **superior** à antiga, sendo baseada em promessas superiores. (Hebreus 8.6)

■ POR ESCOLHA

"[...] pois, **de** todas as tribos, o SENHOR, o seu Deus, **escolheu** os levitas [...]." (Deuteronômio 18.5)

"[...] o SENHOR, o seu Deus, os **escolheu** para ministrarem e para **pronunciarem bênçãos** em nome do SENHOR [...]." (Deuteronômio 21.5)

"[...] Somente os levitas podem **carregar a arca** de Deus, pois para isso o SENHOR os **escolheu** [...]." (1Crônicas 15.2)

"[...] pois o SENHOR os **escolheu** para estarem **diante dele,** para ministrarem diante dele e queimarem incenso". (2Crônicas29.11)

Com eles estavam Hemã e Jedutum e os outros **designados** [...]. (1Crônicas 16.41)

Nominalmente **designados**. (1Crônicas 16.41)

"[...] mas eu os **escolhi, tirando-os** do mundo. (João 15.19)

Vocês, porém, são geração **eleita,** sacerdócio real, nação santa, povo exclusivo de Deus, para **anunciar as grandezas** daquele que os chamou das trevas para a sua maravilhosa luz. (1Pedro 2.9)

[...] "Este homem é meu instrumento **escolhido,** para **levar o meu nome** perante os gentios e seus reis, e perante o povo de Israel." (Atos 9.15)

Porque Deus nos **escolheu** nele antes da criação do mundo, para sermos santos e irrepreensíveis **em sua presença.** (Efésios 1.4)

Jesus subiu a um monte e chamou a si **aqueles que ele quis,** os quais vieram para junto dele. Escolheu doze, designando-os como apóstolos, para que estivessem com ele, os enviasse a pregar [...]. (Marcos 3.13,14)

"[...] Ele chama as suas ovelhas **pelo nome** e as leva para fora. (João 10.3)

■ POR POSIÇÃO

O Senhor disse a Moisés: "Mande chamar a tribo de Levi e **apresente-a** [...]". (Números 3.5)

Ele trouxe você e todos os seus irmãos levitas **para junto dele** [...]. (Números 16.10)

Mas agora, em Cristo Jesus, vocês, que outrora estavam longe, **foram aproximados** mediante o sangue de Cristo. (Efésios 2.13)

[...] pois por meio dele ambos temos **acesso** ao Pai, por um só Espírito. (Efésios 2.18)

ASSOCIAÇÃO COM ARÃO

■ PARENTESCO

[...] "Você, os seus filhos e a família de seu **pai** (Levi) [...]." (Números 18.1)

"[...] para se **unirem** a você (Levi = unir) [...]." (Números 18.2)

[...] Por isso, Jesus não se envergonha de chamá-los **irmãos.** (Hebreus 2.11)

Meu **Pai** e **Pai** de vocês. (João 20.17)

Mas aquele que se une ao Senhor é um espírito com ele. (1Coríntios 6.17)

[...] pois somos **membros** do seu corpo. (Efésios 5.30)

■ DÁDIVA

"[...] **dediquei** os levitas como dádivas a Arão [...]." (Números 8.19)

"[...] serão escolhidos entre os israelitas para serem **inteiramente dedicados** a Arão". (Números 3.9)

"[...] Eles eram teus; tu os **deste** a mim [...]." (João 17.6)

"Pai, quero que os que me **deste** estejam comigo onde eu estou [...]." (João 17.24)

"Eu mesmo escolhi os seus irmãos, os levitas, dentre os israelitas, como presente para vocês, **dedicados ao** SENHOR [...]." (Números 18.6)

"[...] eu os protegi e os **guardei** pelo nome que me deste. [...]" (João 17.12)

■ APRESENTAÇÃO

(A ele)

"[...] **apresente-a** (tribo de Levi) ao sacerdote Arão [...]." (Números 3.6)

[...] e **apresentá-la** a si mesmo como igreja gloriosa, sem mancha nem ruga ou coisa semelhante, mas santa e inculpável. (Efésios 5.27)

(Por ele)

"Arão apresentará os levitas ao SENHOR como **oferta** ritualmente movida da parte dos israelitas [...]." (Números 8.11)

[...] Arão os apresentou como **oferta** ritualmente movida perante o SENHOR [...]. (Números 8.21)

[...] para que os gentios se tornem uma **oferta** aceitável a Deus, santificados pelo Espírito Santo. (Romanos 15.16)

Àquele que é poderoso para impedi-los de cair e para **apresentá-los** diante da sua glória sem mácula e com grande alegria. (Judas 24)

■ ADORAÇÃO

Seus filhos (de Arão) levaram-lhe **o sangue** [...] Depois sacrificou o holocausto. Seus filhos lhe entregaram o sangue, e ele o derramou nos lados do altar. (Levítico 9.9,12)

Portanto, irmãos, visto que temos plena confiança para entrar no Santo dos Santos pelo sangue de Jesus, por um novo e vivo caminho que ele nos abriu por meio do véu, isto é, do seu corpo, e uma vez que temos um grande sacerdote sobre a casa de Deus, **aproximemo-nos** de Deus com um coração sincero e com plena convicção de fé, tendo os corações aspergidos para nos purificar de uma consciência culpada e tendo os nossos corações lavados com água pura. (Hebreus 10.19-22)

Os sacerdotes e os levitas são tipos da igreja **209**

■ COM ELE NA SEPARAÇÃO

"Chame seu irmão Arão e **separe-o** dentre os israelitas, e **também** os seus filhos [...]." (Êxodo 28.1)

[...] vocês morreram **com** Cristo [...]. (Colossenses 2.20)

[...] já que vocês ressuscitaram **com** Cristo [...]. Pois vocês morreram e agora a sua vida está escondida **com** Cristo em Deus. Quando Cristo, que é a sua vida, for manifestado, então vocês também serão manifestados **com ele** em glória. (Colossenses 3.1,3,4)

■ COM ELE NO SERVIÇO

(Para o Senhor)

"[...] os seus filhos Nadabe e Abiú, Eleazar e Itamar, para que me **sirvam** como sacerdotes". (Êxodo 28.1)

"[...] Fará coisas ainda maiores do que estas, porque eu estou indo para o Pai." (João 14.12)

"[...] sem mim, vocês não podem fazer coisa alguma." (João 15.5)

(Para Arão)

"[...] apresente-a ao sacerdote Arão para **auxiliá-lo.**" (Números 3.6)

Muitas mulheres estavam ali, observando de longe. Elas haviam seguido Jesus desde a Galileia, para o **servir.** (Mateus 27.55)

Deus não é injusto; ele não se esquecerá do trabalho de vocês e do amor que demonstraram **por ele,** pois **ajudaram** os santos e continuam a **ajudá-los.** (Hebreus 6.10)

[...] "Digo-lhes a verdade: o que vocês fizeram a algum dos meus menores irmãos, **a mim** o fizeram." (Mateus 25.40)

■ TRAZIDOS COM ELE

"**Traga também** os seus irmãos levitas [...]." (Números 18.2)

Ao **levar** muitos filhos à glória [...]. (Hebreus 2.10)

Pois também Cristo sofreu pelos pecados uma vez por todas, o justo pelos injustos, para **conduzir-nos** a Deus. [...] (1 Pedro 3.18)

MANUAL DE TIPOLOGIA BÍBLICA

■ VESTIDOS COM ELE

"Para o seu irmão Arão, faça vestes sagradas que lhe confiram dignidade e honra. [...] Depois de vestir seu irmão Arão e os filhos dele [...] [ou **com ele**]". (Êxodo 28.2,41)

[...] ainda não se manifestou o que havemos de ser, mas sabemos que, quando ele se manifestar, seremos **semelhantes a ele.** (1João 3.2)

■ UNGIDOS COM ELE

Unja-os **como** você ungiu o pai deles. (Êxodo 40.15)

[....] porque ele [Deus] dá o Espírito sem limitações. (João 3.34)

Mas vocês têm uma *unção* que procede do Santo, e todos vocês têm conhecimento. (1João 2.20)

■ SANTIFICADOS COM ELE

"[...] **consagrarei** também Arão e seus filhos para me servirem como sacerdotes. (Êxodo 29.44)

"Em favor deles eu me **santifico,** para que também eles sejam **santificados** na verdade." (João 17.19)

■ CONSAGRADOS COM ELE

[...] Assim você **dedicará** Arão e seus filhos." (Êxodo 29.9)

Pois em Cristo habita corporalmente toda a **plenitude** da divindade, e, por estarem nele [...] vocês receberam a **plenitude**. (Colossenses 2.9,10)

■ COM ELE NA OBEDIÊNCIA

Arão e seus filhos fizeram tudo o que o Senhor tinha ordenado por meio de Moisés. (Levítico 8.36)

"Se vocês obedecerem aos meus **mandamentos,** permanecerão no meu amor, assim como tenho obedecido aos **mandamentos** de meu Pai e em seu amor permaneço." (João 15.10)

■ COM ELE NA RESSURREIÇÃO

"Na vara de Levi escreva o nome de Arão, pois é preciso que haja uma vara para cada chefe das tribos." [...] No dia seguinte Moisés entrou na tenda e viu que a vara de Arão, **que representava a tribo de Levi,**

Mas de fato Cristo ressuscitou dentre os mortos, sendo as **primícias** dentre aqueles que dormiram. (1Coríntios 15.20)

tinha brotado, produzindo botões e flores, além de amêndoas maduras. (Números 17.3,8)

Por seu poder, Deus **ressuscitou** o Senhor e também nos **ressuscitará.** (1Coríntios 6.14)

E, se o Espírito daquele que ressuscitou Jesus dentre os mortos habita em vocês, aquele que ressuscitou a Cristo dentre os mortos também **dará vida** a seus corpos mortais, por meio do seu Espírito, que habita em vocês. (Romanos 8.11)

■ COM ELE EM LUZ E PERFEIÇÃO

A respeito de Levi disse: "O teu Urim e o teu Tumim pertencem ao homem a quem favoreceste. [...]" (Deuteronômio 33.8)

[...] "Eu sou a luz do mundo [...]". (João 8.12)

Eles examinaram seus registros de família, mas não conseguiram achá-los e foram considerados impuros para o sacerdócio. Por isso o governador os proibiu de comer alimentos sagrados enquanto não houvesse um sacerdote capaz de consultar Deus por meio do Urim e do Tumim. (Esdras 2.62,63)

Nele (Cristo) estão escondidos todos os tesouros da sabedoria e do conhecimento. (Colossenses 2.3)

Entretanto, o firme fundamento de Deus permanece inabalável e selado com esta inscrição: "O Senhor conhece quem lhe pertence" [...]. (2Timóteo 2.19)

"[...] alegrem-se [...] porque seus nomes estão escritos nos céus". (Lucas 10.20)

■ CARACTERÍSTICAS LEVÍTICAS E SACERDOTAIS

Vida e paz

"A minha aliança com ele foi uma aliança de **vida** e de **paz** [...]." (Malaquias 2.5)

[...] a inclinação do Espírito é **vida e paz.** (Romanos 8.6)

■ O TEMOR AO SENHOR

"[...] que na verdade lhe dei para que me **temesse**. Ele me **temeu, e tremeu** diante do meu nome." (Malaquias 2.5)

[...] sejamos agradecidos e, assim, adoremos a Deus de modo aceitável, com reverência e **temor.** (Hebreus 12.28)

■ PUREZA DE FALA

"[...] nenhuma falsidade achou-se em seus lábios". (Malaquias 2.6)

[...] livrem-se, pois, de toda maldade e de todo engano, hipocrisia, inveja e **toda espécie de maledicência**. (1Pedro 2.1)

■ CONHECIMENTO

"Porque os **lábios** do sacerdote devem guardar **o conhecimento**, e da sua boca todos esperam a instrução na Lei [...]." (Malaquias 2.7)

Você, porém, **fale** o que está de acordo com a sã doutrina. (Tito 2.1)

Plenamente **instruídos.** (Romanos 15.14)

■ COMUNHÃO

"[...] Ele andou **comigo** em paz e retidão [...]." (Malaquias 2.6)

[...] Nossa **comunhão é** com o Pai com seu Filho Jesus Cristo. (1João 1.3)

■ SANTIDADE

[...] pois os sacerdotes e os levitas haviam sido fiéis em se **consagrarem**. (2Crônicas 31.18).

[...] aperfeiçoando a **santidade** no temor de Deus. (2Coríntios 7.1)

■ RETIDÃO

[...] pois os levitas demoraram menos que os sacerdotes para **consagrar-se.** (2Crônicas 29.34)

[...] para discernirem o que é melhor, a fim de serem **puros** e irrepreensíveis até o dia de Cristo. (Filipenses 1.10)

Por isso, celebremos a festa, não com o fermento da maldade e da perversidade, mas com os pães sem fermento da **sinceridade** e da verdade. (1Coríntios 5.8)

■ SINCERIDADE

[...] disse do seu pai e da sua mãe: "Não tenho consideração por eles". Não reconheceu os seus irmãos, nem conheceu os próprios filhos [...]. (Deuteronômio 33.9)

"Se alguém vem a mim e ama seu pai, sua mãe, sua mulher, seus filhos, seus irmãos e irmãs e até sua própria vida mais do que a mim, não pode ser meu discípulo." (Lucas 14.26)

"E todos os que deixaram casas, irmãos, irmãs, pai, mãe, filhos ou campos, por minha causa, receberão cem vezes mais e herdarão a vida eterna." (Mateus 19.29)

■ OBEDIÊNCIA

[...] **guardaram** a tua palavra e **observaram** a tua aliança. (Deuteronômio 33.9)

"[...] ensinando-os a **obedecer** a tudo o que eu lhes ordenei [...]." (Mateus 28.20)

"Se alguém me ama, **obedecerá** à minha palavra [...]." (João 14.23)

■ CAPACIDADE

"[...] eram **capazes** e **aptos** para a obra [...]." (1Crônicas 26.8)

Ele nos **capacitou** para sermos ministros de uma nova aliança [...]. (2Coríntios 3.6)

Fortaleçam-se no Senhor e no seu forte poder. (Efésios 6.10)

■ SEPARAÇÃO

"Dessa maneira você **separará** os levitas do meio dos israelitas [...]." (Números 8.14)

"Não lhes é suficiente que o Deus de Israel os tenha **separado** do restante da comunidade de Israel e os tenha trazido **para junto de si** [...]?" (Números 16.9)

"Seus filhos (os israelitas) têm agido corruptamente para com ele, e não como filhos; que vergonha! São geração **perversa** e **depravada**." (Deuteronômio 32.5)

Portanto, "saiam do meio deles e **separem-se**", diz o Senhor. "Não toquem em coisas impuras, e eu os **receberei**". (2Coríntios 6.17)

[...] para que venham a tornar-se puros e irrepreensíveis, filhos de Deus inculpáveis **no meio de** uma geração **corrompida e depravada** [...]. (Filipenses 2.15)

■ DIVERSIDADE

[...] entre jovens e velhos, mestres e discípulos [...]. (1 Crônicas 25.8)

Assim, há muitos membros, mas um só corpo. O olho não pode dizer à mão: "Não preciso de você!". Nem a cabeça pode dizer aos pés: "Não preciso vocês!". Pelo contrário, os membros do corpo que parecem mais fracos são indispensáveis [...] Ora, vocês são o corpo de Cristo, e cada um de vocês, individualmente, é membro desse corpo. (1 Coríntios 12.20-22,27)

■ ABSTENDO-SE DO VINHO

Depois o Senhor disse a Arão: "Você e seus filhos não devem beber **vinho**[1] nem outra bebida fermentada antes de entrar na Tenda do Encontro, senão vocês morrerão. E um decreto perpétuo para as suas gerações". (Levítico 10.8,9)

Não se embriaguem com **vinho,** que leva à libertinagem, mas deixem-se encher pelo Espírito. (Efésios 5.18)

Não amem o **mundo** nem o que nele há. Se alguém amar o mundo, o amor do Pai não está nele. Pois tudo que há no mundo — a cobiça da carne, a cobiça dos olhos e a ostentação dos bens — não provém do Pai, mas do mundo. O mundo e a sua cobiça passam, mas aquele que faz a vontade de Deus permanece para sempre. (1 João 2.15-17)

■ PREPARAÇÃO PARA O SERVIÇO
Nascimento na família

[...] "Somente os levitas poderão carregar a arca de Deus [...]." (1 Crônicas 15.2)

É necessário que vocês nasçam de novo. (João 3.7)

---

1. O *vinho* tipifica os prazeres inebriantes.

Os sacerdotes e os levitas são tipos da igreja   **215**

Os que são dominados pela carne não podem agradar a Deus. (Romanos 8.8)

■ EXPIAÇÃO

[...] Arão [...] fez **propiciação** por eles para purificá-los. (Números 8.21)

Não apenas isso, mas também nos gloriamos em Deus, por meio de nosso Senhor, mediante quem recebemos agora a **reconciliação**. (Romanos 5.11)

■ IDENTIFICAÇÃO COM OS SACRIFÍCIOS

"Depois que os levitas **impuserem as mãos** sobre a cabeça dos novilhos, você oferecerá um novilho como **oferta pelo pecado** e o outro como **holocausto** ao Senhor, para fazer propiciação pelos levitas. (Números 8.12)

Se for o sacerdote ungido que pecar, trazendo culpa sobre o povo, trará ao Senhor um novilho sem defeito como **oferta pelo pecado** que cometeu. (Levítico 4.3)

(Com a oferta pelo pecado) [...] que me amou e se entregou por mim. (Gálatas 2.20)

(Com o holocausto) [a] qual nos deu gratuitamente no Amado. (Efésios 1.6)

Ora, se o sangue de bodes e touros e as cinzas de uma novilha espalhadas sobre os que estão cerimonialmente impuros os santifica de forma que se tornam exteriormente puros, quanto mais, então, o sangue de Cristo, que pelo Espírito eterno se ofereceu de forma imaculada a Deus, purificará a nossa consciência de atos que levam à morte, de modo que possamos servir ao Deus vivo! (Hebreus 9.13,14)

■ LIMPEZA

"Separe os levitas do meio dos israelitas e **purifique-os**. A purificação deles será assim: você aspergirá a água da purificação sobre eles; fará com que rapem o corpo todo e lavem

[...] tendo os corações aspergidos de uma consciência culpada e tendo os nossos corpos lavados com água pura. (Hebreus 10.22)

as roupas, para que se purifiquem."
(Números 8.6,7)

Examine o homem a si mesmo [...]. (1Coríntios 11.28)

Amados, visto que temos essas promessas, **purifiquemo-nos** de tudo o que contamina o corpo e o espírito [...]. (2Coríntios 7.1)

■ PURIFICAÇÃO

Os levitas se **purificaram** e lavaram suas roupas [...]. (Números 8.21)

[...] a fim de nos remir de toda a maldade e **purificar** para si mesmo um povo particularmente seu, dedicado à prática de boas obras. (Tito 2.14)

■ EXPURGAR

Ele se assentará como um refinador e purificador de prata; purificará os levitas e os **refinará** como **ouro** e **prata.** Assim trarão ao SENHOR ofertas com justiça. (Malaquias 3.3)

Numa grande casa há vasos não apenas de **ouro e prata,** mas também de madeira e barro; alguns para fins honrosos, outros para fins desonrosos. Se alguém se **purificar** dessas coisas, será vaso para honra, santificado, útil para o Senhor e preparado para toda boa obra. (2Timóteo 2.20,21)

[...] para que a fé que vocês têm, muito mais valiosa do que o **ouro** que perece, mesmo que **refinado** pelo fogo, seja comprovada como genuína e resulte em louvor, glória e honra, quando Jesus Cristo for revelado. (1Pedro 1.7)

■ CONFISSÃO PÚBLICA

Então ficou em pé, à entrada do **acampamento,** e disse: "Quem é **pelo** SENHOR, junte-se a mim." Todos os levitas se juntaram a ele. (Êxodo 32.26)

"Aquele que não está **comigo** é contra mim [...]." (Lucas 11.23)

Portanto, saiamos até ele, fora do **acampamento,** suportando a desonra que ele suportou. (Hebreus 13.13)

Os sacerdotes e os levitas são tipos da igreja

217

■ LAVAGEM

[...] traga Arão e seus filhos [...] e mande-os lavar-se. (Êxodo 29.4)

[...] Mas vocês foram **lavados** [...]. (1 Coríntios 6.11)

[...] Cristo amou a igreja e entregou-se a si mesmo por ela para santificá-la, tendo-a purificado pelo **lavar da água** mediante a palavra. (Efésios 5.25,26)

■ LAVAGEM DAS MÃOS E DOS PÉS

Colocou a bacia entre a Tenda do Encontro e o altar, e encheu-a de água; Moisés, Arão e os filhos deste usavam-na para lavar as **mãos** e os **pés**. Sempre que entravam na Tenda do Encontro e se aproximavam do altar, eles se lavavam, como o Senhor tinha ordenado a Moisés. (Êxodo 40.30-32)

Respondeu Jesus: "Quem já se banhou precisa apenas lavar os **pés**; todo o seu corpo está limpo[...]." (João 13.10)

■ ROUPAS[2]

"Traga os filhos dele, vista cada um com uma **túnica**". (Êxodo 29.8)

"O sacerdote que oferecer um holocausto por alguém ficará com **o couro do animal**". (Levítico 7.8)

[...] **revistam-se** do Senhor Jesus Cristo [...]. (Romanos 13.14)

Portanto, como povo escolhido de Deus, santo e amado, **revistam-se** de profunda compaixão, bondade, humildade, mansidão e paciência [...] Acima de tudo, porém, **revistam-se** do amor, que é o elo perfeito. (Colossenses 3.12,14)

[E] um **gorro** na cabeça. Ponha também os **cinturões** em Arão e em seus filhos [...]. (Êxodo 29.9)

Vistam-se de **retidão** os teus sacerdotes. (Salmos 132.9)

Vestirei de **salvação** os teus sacerdotes [...]. Salmos 132. 16)

[P]ara o louvor da sua gloriosa graça, a qual nos **deu gratuitamente** no Amado. (Efésios 1.6)

Assim, mantenham-se firmes, **cingindo-se** com o cinto da **verdade** [...]. (Efésios 6.14)

Respondeu Jesus: "Eu sou o caminho, a verdade e a vida [...]". (João 14.6)

---

2. V. "Vestidos com ele" (p. 210) e o capítulo "Repouso e serviço futuros" (p. 265)

[...] e o **capacete** da esperança da salvação. (1 Tessalonicenses 5.8)

[...] vestindo a couraça da **justiça.** (Efésios 6.14)

[...] e este é o nome pelo qual será chamado: O Senhor é a Nossa **Justiça.** (Jeremias 23.6)

É, porém, por iniciativa dele que vocês estão em Cristo Jesus, o qual se tornou sabedoria de Deus para nós, isto é, **justiça,** santidade e redenção. (1 Coríntios 1.30)

O Senhor é a minha luz e a minha **salvação** [...]. (Salmos 27.1)

Pois os meus olhos já viram a tua **salvação.** (Lucas 2.30)

[...] pois os que em Cristo foram batizados, **de Cristo se revestiram**. (Gálatas 3.27)

■ UNÇÃO

"[...] **Unja-os** e consagre-os [...]". (Êxodo 28.41)

[Deus] que nos **ungiu.** (2 Coríntios 1.21)

[...] a **unção** que receberam dele permanece em vocês [...]. (1 João 2.27)

■ SANTIFICAÇÃO E ASPERSÃO

"[...] **consagre-os,** para que me sirvam como sacerdotes." (Êxodo 30.30)

A seguir [Moisés] pegou um pouco do óleo da unção e um pouco do **sangue** que estava no altar e os **aspergiu** sobre Arão e suas vestes, bem como sobre seus filhos e suas vestes. Assim **consagrou** Arão e suas vestes, e seus filhos e suas vestes. (Levítico 8.30)

Que o próprio Deus da paz os **santifique** inteiramente [...]. (1 Tessalonicenses 5.23)

[E]scolhidos de acordo com o pré-conhecimento de Deus Pai, pela obra **santificadora** do Espírito, para a obediência a Jesus Cristo e a **aspersão do seu sangue** [...]. (1 Pedro 1.2)

Os sacerdotes e os levitas são tipos da igreja

[...] sangue **aspergido,** que fala melhor do que o sangue de Abel. (Hebreus 12.24)

■ DEDICAÇÃO

"[...] você o sacrificará [o cordeiro]. Pegue do sangue e coloque-o na ponta da orelha direita de Arão e dos seus filhos, no polegar da mão direita e do pé direito de cada um deles [...]". (Êxodo 29.20)

Portanto, irmãos, rogo-lhes pelas misericórdias de Deus que se **ofereçam** em sacrifício vivo, santo e agradável a Deus; este é o culto racional de vocês. (Romanos 12.1)

Acaso não sabem que o **corpo** de vocês é santuário do Espírito Santo que habita em vocês, o qual receberam de Deus, e que vocês não são de si mesmos? Vocês foram comprados por alto preço. Portanto, glorifiquem a Deus com o **corpo** de vocês. (1Coríntios 6.19,20)

■ PRONTIDÃO PARA O SERVIÇO

Depois disso os levitas passaram a ministrar na Tenda do Encontro sob a supervisão de Arão e dos seus filhos. Fizeram com os levitas como o SENHOR tinha ordenado a Moisés. (Números 8.22)

Vocês foram libertados do pecado e tornaram-se escravos da justiça. (Romanos 6.18)

■ PROVISÃO SACERDOTAL

Propiciação

"Eles comerão dessas ofertas com as quais se fez **propiciação** para sua ordenação e consagração; somente os sacerdotes poderão comê-las, pois são sagradas". (Êxodo 29.33)

Todo o que come a minha carne e bebe o meu sangue tem a vida eterna, e eu o ressuscitarei no último dia. Pois a minha carne é verdadeira comida e o meu sangue é verdadeira bebida. Todo o que come a minha carne e bebe o meu sangue permanece em mim e eu nele. Da mesma forma como o Pai que vive me enviou e eu vivo por causa do Pai, assim aquele que se alimenta de mim viverá por minha causa. (João 6.54-57)

■ A OFERTA DE CEREAL

"O que restar da **oferta de cereal** pertence a Arão e a seus descendentes; é parte santíssima das ofertas dedicadas ao Senhor preparadas no fogo." (Levítico 2.3)

Então Moisés disse a Arão e aos seus filhos que ficaram vivos, Eleazar e Itamar: "Peguem a oferta de cereal que sobrou das ofertas dedicadas ao Senhor, preparadas no fogo, e comam-na sem fermento **junto ao altar,** pois é santíssima. Comam-na em lugar sagrado, porquanto é **a porção que lhes cabe** por decreto, a vocês e a seus filhos, das ofertas dedicadas ao Senhor, preparadas no fogo; pois assim me foi ordenado. (Levítico 10.12,13)

"[E] toda oferta de cereal, amassada com óleo ou não, pertence **igualmente** aos descendentes de Arão." (Levítico 7.10)

[...] Nossa comunhão é com o Pai e com seu Filho Jesus Cristo, (1João 1.3)

Nós temos um **altar** do qual não têm direito de comer os que ministram no tabernáculo. (Hebreus 13.10)

Vocês não sabem que aqueles que trabalham no templo alimentam-se das coisas do templo, e que os que servem diante do altar participam do que é oferecido no altar? Da mesma forma o Senhor ordenou àqueles que pregam o evangelho, que vivam do evangelho. (1Coríntios 9.13,14)

Todos recebemos da sua plenitude, graça sobre graça. (João 1.16)

■ A OFERTA DE COMUNHÃO

"Das **ofertas de comunhão** dos israelitas, tomei o **peito**[3] que é movido ritualmente e a **coxa** que é ofertada, e os dei ao sacerdote Arão e a seus descendentes por decreto perpétuo para os israelitas." (Levítico 7.34)

[P]ara que Cristo habite em seus corações mediante a fé; e oro para que, estando arraigados e alicerçados em amor, vocês possam, juntamente com todos os santos, compreender a largura, o comprimento, a altura e a profundidade, e conhecer o **amor** de Cristo que excede todo conhecimento, para que vocês sejam cheios

---

3. O *peito* indica o local dos afetos; a *coxa* [lit. "ombro"], o local do poder.

Os sacerdotes e os levitas são tipos da igreja **221**

de toda a plenitude de Deus. (Efésios 3.17-19)

[E] a incomparável grandeza do seu **poder** para conosco, os que cremos, conforme a atuação da sua poderosa força. (Efésios 1.19)

■ NO LUGAR SAGRADO

"Pertencem a Arão e a seus descendentes, que os comerão **num lugar sagrado,** porque é parte santíssima de sua porção regular das ofertas dedicadas ao Senhor, preparadas no fogo. É decreto perpétuo." (Levítico 24.9)

Deus nos ressuscitou com Cristo e com ele nos fez assentar **nos lugares celestiais** em Cristo Jesus. (Efésios 2.6)

"[...] e se aproximarão da **minha mesa** [...]." (Ezequiel 44.16)

[...] não podem participar da **mesa do Senhor** e da mesa dos demônios. (1 Coríntios 10.21)

■ OS PRIMEIROS FRUTOS

"Todos os **primeiros frutos** da terra que trouxerem ao Senhor serão de você. Todos os da sua família que estiverem cerimonialmente puros poderão comê-los." (Números 18.13)

[...] Cristo, o **primeiro** [...] Mas de fato Cristo ressuscitou dentre os mortos, sendo as **primícias** dentre aqueles que dormiram. (1 Coríntios 15.23,20)

Ele foi entregue à morte por nossos pecados e **ressuscitou** para nossa justificação. (Romanos 4.25)

■ TUDO O QUE FOR CONSAGRADO

"[...] tudo o que em Israel for consagrado ao Senhor será deles." (Ezequiel 44.29)

"Tudo o que em Israel for consagrado a Deus pertencerá a você." (Números 18.14)

[...] porque **todas** as coisas são de vocês, seja Paulo, seja Apolo, seja Pedro, seja o mundo, a vida, a morte, o presente ou o futuro, **tudo** é de vocês, e vocês são de Cristo, e Cristo, de Deus. (1 Coríntios 3.21-23)

■ SUFICIENTE E COM SOBRAS

Ezequias perguntou aos sacerdotes e aos levitas sobre essas ofertas; o sumo sacerdote Azarias, da família de Zadoque, respondeu: "Desde que o povo começou a trazer suas contribuições ao templo do Senhor, temos tido **o suficiente** para comer e ainda tem **sobrado** muito, pois o Senhor tem abençoado o seu povo, e esta é a grande quantidade que sobra". (2Crônicas 31.9,10)

Comida de sobra. (Lucas 15.17)

Todos comeram e ficaram satisfeitos, e os discípulos recolheram doze cestos cheios de pedaços que sobraram. (Mateus 14.20)

[...] Estou amplamente suprido [...]. (Filipenses 4.18)

■ SATISFEITOS

"Satisfarei os sacerdotes com fartura; e o meu povo será **saciado** pela minha bondade", declara o Senhor. (Jeremias 31.14)

Então Jesus declarou: "Eu sou o pão da vida. Aquele que vem a mim nunca terá fome; aquele que crê em mim nunca terá sede". (João 6.35)

■ UMA PORÇÃO DIÁRIA

Eles estavam sujeitos às prescrições do rei, que regulamentavam suas atividades **diárias**. (Neemias 11.23)

"Dá-nos **cada dia** o nosso pão cotidiano." (Lucas 11.3)

Por isso não desanimamos. Embora exteriormente estejamos a desgastar-nos, interiormente estamos sendo renovados **dia após dia.** (2Coríntios 4.16)

■ NÃO DEVE SER COMIDA POR

Leproso ou imundo

"Nenhum descendente de Arão que tenha lepra [...] **poderá comer**

"Caindo em si, ele disse: 'Quantos empregados de meu pai têm

das ofertas sagradas até que esteja purificado [...] Aquele que neles tocar ficará impuro até a tarde. **Não poderá comer** das ofertas sagradas, a menos que se tenha banhado com água. **Depois do pôr do sol** estará puro, e então poderá comer as ofertas sagradas, pois são o seu alimento." (Levítico 22.4,6,7)

comida de sobra, e eu aqui, **morrendo de fome!**' " (Lucas 15.17)

Se afirmarmos que temos comunhão com ele, mas andarmos em **trevas,** mentimos, e não praticamos a verdade. Se, porém, andarmos na luz, como ele está na luz, temos **comunhão** uns com os outros, e o sangue de Jesus, seu Filho, nos purifica de todo pecado. (1João 1.6,7)

■ O ESTRANGEIRO

"Nenhum **estrangeiro** comerá das coisas sagradas [...]." (Levítico 22.10, ARA)

[N]aquela época vocês estavam sem Cristo, separados da comunidade de Israel, sendo **estrangeiros** quanto às alianças da promessa, sem esperança e sem Deus no mundo [...] Portanto, vocês já não são **estrangeiros nem forasteiros,** mas concidadãos dos santos e membros da família de Deus. (Efésios 2.12,19)

■ O HÓSPEDE

"[...] não poderá comê-la o seu **hóspede** [...]." (Levítico 22.10)

Eles saíram do nosso meio, mas na realidade não eram dos nossos, pois, se fossem dos nossos, teriam permanecido conosco; o fato de terem saído mostra que nenhum deles era dos nossos. (1João 2.19)

■ O EMPREGADO

"[...] nem o seu **empregado** [poderá comê-la]." (Levítico 22.10)

"Já não os chamo **servos,** porque o **servo** não sabe o que o seu senhor faz. Em vez disso, eu os tenho chamado amigos, porque tudo o que ouvi de meu Pai, eu lhes tornei conhecido." (João 15.15)

"Eu me porei a caminho e voltarei para meu pai, e lhe direi: 'Pai, pequei contra o céu e contra ti. Não sou mais digno de ser chamado teu filho; trata-me como um dos teus **empregados**' ". (Lucas 15.18,19)

■ DEVE SER COMIDA POR

Alguém que foi comprado pelo sacerdote

"Mas, se um sacerdote **comprar** um escravo [...] esse escravo poderá comer do seu alimento." (Levítico 22.11)

Vocês foram **comprados** por alto preço. [...] (1Coríntios 6.20)

Pois vocês sabem que não foi por meio de coisas perecíveis como prata ou ouro que vocês foram redimidos da sua maneira vazia de viver que lhes foi transmitida por seus antepassados, mas pelo precioso sangue de Cristo, como de um cordeiro sem mancha e sem defeito. (1Pedro 1.18,19)

[...] para **pastorearem** a igreja de Deus, que ele **comprou** com o seu próprio sangue. (Atos 20.28)

■ OU NASCIDO NA SUA CASA

"[...] ou se um escravo **nascer** em sua casa, esse escravo poderá comer do seu alimento." (Levítico 22.11)

Pois vocês foram **regenerados,** não de uma semente perecível, mas imperecível, por meio da palavra de Deus, viva e permanente. (1Pedro 1.23)

Como crianças **recém-nascidas,** desejem de coração o leite espiritual puro, para que por meio dele cresçam para a salvação. (1Pedro 2.2)

■ A DESIGNAÇÃO DO SERVIÇO

O modelo entregue

Entregou-lhe também as **plantas** de tudo o que o Espírito havia posto em seu coração acerca dos pátios do templo do SENHOR e de todas as salas ao redor, acerca dos depósitos dos tesouros no templo de Deus e dos depósitos das dádivas sagradas. Deu-lhes instruções sobre as divisões dos sacerdotes e dos levitas e sobre a execução de todas as tarefas no templo do SENHOR e os utensílios que seriam utilizados. [...] Disse Davi a Salomão: "Tudo isso a mão do SENHOR me deu por escrito, e ele me deu entendimento para executar todos esses **projetos**." (1 Crônicas 28.12,13,19)

E ele designou alguns para apóstolos, outros para profetas, outros para evangelistas, e outros para pastores e mestres, com o fim de preparar os santos para a obra do ministério, para que o corpo de Cristo seja edificado, até que todos alcancemos a unidade da fé e do conhecimento do Filho de Deus, e cheguemos à **maturidade,** atingindo a medida da plenitude de Cristo. (Efésios 4.11-13)

"Eu lhes dei **exemplo,** para que vocês façam como lhes fiz." (João 13.15)

■ A NOMEAÇÃO DE ARÃO

"[...] Arão e os seus filhos entrarão no santuário e **designarão a cada homem** a sua **tarefa** e o que deverá **carregar."** (Números 4.19)

"Todo o **serviço** deles, tudo o que devem fazer e **carregar** estará sob a **direção** de Arão e de seus filhos. **Designe** como responsabilidade deles tudo o que tiverem que carregar." (Números 4.27)

Seus parentes, os outros levitas, foram encarregados de **cuidar de todo o serviço** do tabernáculo, o templo de Deus. (1 Crônicas 6.48)

"É como um homem que sai de viagem. Ele deixa sua casa, **encarrega de tarefas cada um dos seus servos** e ordena ao porteiro que vigie." (Marcos 13.34)

Porque somos criação de Deus realizada em Cristo Jesus para fazermos boas obras, as quais Deus **preparou antes** para nós as praticarmos. (Efésios 2.10)

Deem graças em todas as circunstâncias, pois esta é a **vontade de Deus** para vocês em Cristo Jesus. (1 Tessalonicenses 5.18)

Assim, na igreja, Deus estabeleceu primeiramente apóstolos;

em segundo lugar, profetas; em terceiro lugar, mestres; depois os que realizam milagres, os que têm dom de curar, os que têm dom de prestar ajuda, os que têm dons de administração e os que falam diversas línguas. (1Coríntios 12.28)

A ORDEM DO REI

O serviço foi organizado e os sacerdotes assumiram os seus lugares com os levitas em seus turnos, **conforme o rei ordenara**. (2Crônicas 35.10)

[...] Asafe, Jedutum e Hemã **estavam sob a supervisão do rei**. (1Crônicas 25.6)

Todas as **ordens dadas pelo rei** aos sacerdotes e levitas, inclusive as ordens relativas aos tesouros, foram seguidas à risca. (2Crônicas 8.15)

De fato, Deus dispôs cada um dos membros no corpo, **segundo a sua vontade**. (1Coríntios 12.18)

"Quem tem os **meus mandamentos** e lhes obedece, esse é o que me ama. [...]" (João 14.21)

"Vocês serão meus amigos, se fizerem o que eu lhes **ordeno**." (João 15.14)

DE ACORDO COM AS NORMAS

[...] Eles exerciam suas funções **de acordo com as normas estabelecidas**. (1Crônicas 6.32)

Todas essas coisas, porém, são realizadas pelo mesmo e único Espírito, e ele as distribui individualmente, a cada um, **conforme determina**. (1Coríntios 12.11)

O PERÍODO DO SERVIÇO

Dia e noite

[...] pois **dia e noite** se dedicavam à sua própria tarefa. (1Crônicas 9.33)

CONTINUAMENTE

[...] oferecer, **continuamente, holocaustos** [...]. (Jeremias 33.18)

[...] Sejam **sempre** dedicados à obra do Senhor [...]. (1Coríntios 15.58)

Por meio de Jesus, portanto, ofereçamos **continuamente** a Deus um **sacrifício** de louvor, que é fruto de lábios que confessam o

Os sacerdotes e os levitas são tipos da igreja

seu nome. Não se esqueçam de fazer o bem e de repartir com os outros, pois de tais **sacrifícios** Deus se agrada. (Hebreus 13.15,16)

■ O TRABALHO DE TODOS OS DIAS

Davi deixou Asafe e seus parentes diante da arca da aliança do SENHOR para ali ministrarem regularmente, de acordo com **as prescrições para cada dia**. (1Crônicas 16.37)

Todos os dias, continuavam a reunir-se no pátio do templo. Partiam o pão em suas casas, e juntos participavam das refeições, com alegria e sinceridade de coração, louvando a Deus e tendo a simpatia de todo o povo. E o Senhor lhes acrescentava **todos os dias** os que iam sendo salvos. (Atos 2.46,47)

■ SEM IR EMBORA

[...] Os porteiros que guardavam cada porta **não precisaram deixar os seus postos** [...]. (2Crônicas 35.15)

Feliz o servo que seu senhor encontrar fazendo assim **quando voltar.** (Mateus 24.46)

CAPÍTULO 2

O LUGAR DO SERVIÇO

—

De modo geral, não podemos esperar que os tipos ofereçam um retrato de todos os aspectos de seu antítipo, porque não passavam de "sombra" das coisas boas vindouras. Entretanto, o assunto diante de nós é tão pleno de conteúdo que, ao comparar as figuras, parece que temos uma ilustração quase completa da posição do crente. Isso se nota claramente quando estudamos o lugar de serviço dos levitas, pois vemos os sacerdotes e levitas no *deserto,* na terra e no *santuário,* e desse modo vemos o aspecto tríplice do lugar no onde fomos chamados para servir e adorar. Não se trata de alguns no deserto, alguns na terra e alguns no santuário, mas de cada crente reconhecer sua posição em cada um desses lugares ao mesmo tempo.

Talvez seja verdade que os quarenta anos de peregrinação no deserto não eram o propósito de Deus para Israel. Não são mencionados em Hebreus 11 nos registros da fé, porque não foi "pela fé" que peregrinaram, mas por causa da incredulidade. Lemos, todavia, que todas "essas coisas", incluindo falhas constantes, "aconteceram a eles como exemplos" ou tipos. Se tivessem tido fé plena, a ponto de levarem poucos dias entre a travessia do mar Vermelho e o Jordão, teríamos ficado sem o belo quadro de Números 4, o testemunho no deserto, à medida que cada família da tribo de Levi levava seu próprio pedaço do tabernáculo de lugar a lugar. Nós também estamos no deserto e fomos chamados para viajar por dele "como estrangeiros e peregrinos", não para nos acomodar a ele como se fosse nosso lar, mas para seguir adiante, guiados pela coluna de nuvem e de fogo e, como expressa outra figura de linguagem, sair do deserto apoiados em nosso Amado. Embora estejamos no deserto por experiência, de outro modo já estamos na terra prometida, e a tipificação dos levitas não nos trai nesse aspecto. Depois de passado o Jordão, vemo-los ainda carregando a arca, e, fora dos muros de Jericó, os sacerdotes vão na frente da tropa vitoriosa até que, tendo dado várias voltas em torno da cidade, os muros de Jericó vêm abaixo. Muitos hinos que cantamos falam do Jordão como a morte e de Canaã como o céu. Entretanto, como frequentemente se demonstra, a morte prefigurada pelo Jordão é a nossa morte com Cristo; Canaã é a vida ressurreta em Cristo; as regiões celestiais mencionadas em Efésios, a respeito das quais se diz que "a nossa luta não é contra carne e sangue, mas contra os poderes e autoridades, contra os dominadores deste mundo de trevas, contra as forças espirituais do mal nas regiões celestiais" (Efésios 6.12). Como sacerdotes e levitas, há serviço para nós na terra prometida tanto quanto no deserto.

Em seguida, há um terceiro lugar para o qual somos chamados. Nesse aspecto, nosso tipo falha, a menos que considerado por oposição. Os sacerdotes tinham de fato o privilégio de entrar no lugar santo, mas não no Lugar Santíssimo. Neste, só entrava o sumo sacerdote, sozinho, e apenas uma vez por ano. Agora, porém, o véu foi rasgado, e podemos ter "plena confiança para entrar no Santo dos Santos pelo sangue de Jesus, por um novo e vivo caminho que ele nos abriu por meio do véu, isto é, do seu corpo" (Hebreus 10.19,20). Portanto, embora andemos pelo deserto como peregrinos e vençamos os inimigos na terra prometida, nosso coração deve estar constantemente diante do trono da graça com súplica e adoração.

O mesmo quadro multifacetado se vê na habitação dos levitas. No deserto, acampavam "em torno do tabernáculo", e, nos anos posteriores, na maioria das vezes, seu tempo era dividido entre a própria casa e o alojamento "em torno da casa de Deus". As 48 cidades doadas aos levitas pelas doze tribos eram espalhadas por todas as partes do país, e eles, a fim de servirem nos seus turnos, deviam alojar-se temporariamente em Jerusalém, enquanto os líderes das tribos moravam ali o tempo todo.

O lugar do serviço **231**

Tomaram-se providências, no entanto, para o levita que amasse tanto a casa de Deus que não se satisfizesse com o breve período de serviço a ele designado. Este teria licença de deixar para trás o seu lar distante e vir habitar em Jerusalém, ministrando e se alimentando com aqueles que serviam por turnos. Lemos em Deuteronômio 18.6-8:

> "Se um levita que estiver morando em qualquer cidade de Israel desejar ir ao local escolhido pelo SENHOR, poderá ministrar em nome do SENHOR, o seu Deus, à semelhança de todos os outros levitas que ali servem na presença do SENHOR. Ele receberá uma porção de alimento igual à dos outros levitas; além disso, ficará com o que receber com a venda dos bens da sua família". ■

Olhando a lista das cidades pertencentes aos levitas e estudando o significado desses nomes, encontramos muitas associações de ideias com verdades do Novo Testamento. Elas prefiguram maravilhosamente os vários aspectos do lugar onde habita o crente. Isso ocorre especialmente no caso das seis cidades de refúgio, segundo os significados geralmente aceitos dos seus nomes. Temos Quedes — "santo", que nos fala de Cristo, o "Santo"; Siquém — "ombro", ombro de Cristo, nossa força; Hebrom — "comunhão", com aquele que nos convida à comunhão com ele; Bezer — "fortaleza" ou "rocha", referente ao Senhor, que é nossa Rocha e nossa Fortaleza; "Ramote" — "exaltação", referente a Cristo, que Deus exaltou com sua mão direita para ser Príncipe e Salvador; finalmente, Golã — "alegria", que nos diz que, permanecendo em nossa cidade de refúgio, a alegria de Cristo permanecerá conosco e será completa. "Tu me farás conhecer [...] a alegria plena da tua presença [...]."

Entretanto, os sacerdotes e levitas devem deixar seu lar, quer nas cidades de refúgio, quer em outra cidade, a fim de cumprir o seu turno no serviço do santuário. Nesse aspecto, o nosso tipo falha, pois somente permanecendo em Cristo podemos fazer alguma coisa. Separados dele, tanto o nosso serviço quanto o nosso culto serão infrutíferos.

MANUAL DE TIPOLOGIA BÍBLICA

■ O LUGAR DO SERVIÇO
Diante do Senhor

[...] regularmente **diante** do SENHOR [...]. (1Crônicas 23.31)

[...] santos e irrepreensíveis **em sua presença**. (Efésios 1.4)

■ DIANTE DE ARÃO

Depois disso os levitas passaram a ministrar na Tenda do Encontro **sob a supervisão** de Arão [...]. (Números 8.22)

[R]esgatar-nos da mão dos nossos inimigos para o servirmos sem medo, em santidade e justiça, **diante dele** todos os nossos dias. (Lucas 1.74,75)

[...] Eleazar e Itamar serviram como sacerdotes **durante a vida** de Arão, seu pai. (Números 3.4)

[...] porque obedecemos aos seus mandamentos e fazemos o que **lhe** agrada. (1João 3.22)

■ DIANTE DO REI

"As divisões dos sacerdotes e dos levitas estão definidas para todas as tarefas que se farão no templo de Deus, e você **receberá ajuda** de homens peritos em todo tipo de serviço. [...]" (1Crônicas 28.21)

Então, os discípulos saíram e pregaram por toda parte; e o **Senhor cooperava com eles,** confirmando-lhes a palavra com os sinais que a acompanhavam. (Marcos 16.20)

"[...] E eu estarei sempre **com vocês,** até o fim dos tempos." (Mateus 28.20)

■ NO SANTUÁRIO

"Só eles **entrarão em meu santuário** [...]." (Ezequiel 44.16)

Portanto, irmãos, visto que temos plena confiança para **entrar no Santo dos Santos** pelo sangue de Jesus. (Hebreus 10.19)

■ NO DESERTO

Ver Números 4

Como estrangeiros e peregrinos. (1Pedro 2.11)

■ NA TERRA PROMETIDA

Ver Josué 3, 4, 6

Bendito seja o Deus e Pai de nosso Senhor Jesus Cristo, que nos

O lugar do serviço

Ver Josué 3, 4, 6

abençoou com todas as bênçãos espirituais nas **regiões celestiais** em Cristo. (Efésios 1.3)

[P]ois a nossa luta não é contra carne e sangue, mas contra os poderes e autoridades, contra os dominadores deste mundo de trevas, contra as forças espirituais do mal **nas regiões celestiais.** (Efésios 6.12)

■ A HABITAÇÃO E AS POSSES DOS LEVITAS

Em redor

"[...] Eles transportarão o tabernáculo e todos os seus utensílios; cuidarão dele e **acamparão ao seu redor**." (Números 1.50)

Eles **passavam a noite perto** do templo de Deus [...]. (1Crônicas 9.27)

[...] e os animou a **permanecer fiéis** ao Senhor, de todo o coração. (Atos 11.23)

[...] ali eu estou **no meio** deles. (Mateus 18.20)

[E] **entre** os candelabros alguém "semelhante a um filho de homem" [...]. (Apocalipse 1.13)

■ EM JERUSALÉM

Todos esses eram chefes de famílias levitas, alistados como líderes em suas genealogias, e **moravam em Jerusalém.** (1Crônicas 9.34)

"**Permaneçam** em mim, e eu permanecerei em vocês. [...]" (João 15.4)

"Eu lhes disse estas coisas para que em mim vocês tenham **paz**. [...]" (João 16.33)

■ NENHUMA HERANÇA

É por isso que os levitas não têm nenhuma **porção** ou **herança** entre os seus irmãos [...]. (Deuteronômio 10.9)

[...] "Você não terá **herança** na terra deles, nem terá **porção** entre eles [...]. (Números 18.20)

Pois não temos aqui uma **cidade permanente,** mas buscamos a que há de vir. (Hebreus 13.14)

[...] Que há **de comum** entre o crente e o descrente? (2Coríntios 6.15)

"[...] Vocês não lhes darão **propriedade alguma** em Israel [...]." (Ezequiel 44.28)

Sabendo que receberão do Senhor a recompensa da **herança**. [...] (Colossenses 3.24)

[...] nada tendo, mas **possuindo** tudo. (2Coríntios 6.10)

[...] Ninguém considerava unicamente sua coisa alguma que **possuísse** [...]. (Atos 4.32)

[...] os que compram algo, como se nada **possuíssem.** (1Coríntios 7.30)

■ SUA HERANÇA É O SENHOR

"[...] eu sou a sua porção e a sua **herança** entre os israelitas." (Números 18.20)

[...] o Senhor é a sua **herança,** conforme o Senhor, o seu Deus, lhes prometeu. (Deuteronômio 10.9)

"Eu serei a única **herança** dada aos sacerdotes. [...]" (Ezequiel 44.28)

Se somos filhos, então somos **herdeiros;** herdeiros de Deus e co-herdeiros com Cristo [...]. (Romanos 8.17)

[P]ara uma **herança** que jamais poderá perecer, macular-se ou perder o seu valor. (1Pedro 1.4)

Nele [...] em quem também fomos feitos **herança** [...]. (Efésios 1.11, ARC)

O meu amado é **meu,** e eu sou dele [...]. (Cantares 2.16)

■ FORTALEZAS

Estas foram as cidades e as regiões dadas aos levitas para nelas **habitarem.** Dentre os descendentes de Arão [...]. (1Crônicas 6.54)

O nome do Senhor é uma **torre forte;** os justos correm para ela e estão seguros. A riqueza dos ricos é a sua **cidade fortificada** [...]. (Provérbios 18.10,11)

As insondáveis riquezas de Cristo. (Efésios 3.8)

■ AS CIDADES DE REFÚGIO

"Seis das cidades que vocês derem aos levitas serão cidades de **refúgio,** para onde poderá fugir quem tiver matado alguém. Além disso, deem a eles

[P]ara que, por meio de duas coisas imutáveis, nas quais é impossível que Deus minta, sejamos firmemente ancorados, nós que nos **refugiamos** nele para tomar posse

O lugar do serviço

outras quarenta e duas cidades."
(Números 35.6)

da esperança a nós proposta. Temos esta esperança como âncora da alma, firme e segura, a qual adentra o santuário interior, por trás do véu. (Hebreus 6.18,19)

Aquele que teme o Senhor possui uma fortaleza segura, **refúgio** para os seus filhos. (Provérbios 14.26)

CAPÍTULO 3

TODOS OS TIPOS DE SERVIÇO

—

"Todo tipo de serviço." É isso mesmo que se vê quando procuramos em toda a Palavra as várias ocupações dos sacerdotes e levitas. Embora ocupassem posições muito diferentes, nem sempre é possível fazer distinção entre a obra dos filhos de Arão e dos demais levitas, pois, apesar de nem todos os levitas terem sido sacerdotes, todos os sacerdotes eram levitas e às vezes são mencionados como tais.

Uma vez que a própria Palavra às vezes deixa de lado essa distinção, não podemos torná-la rigidamente obrigatória.

Já se disse que o serviço dos sacerdotes era para com o Senhor, e o dos levitas, para com o povo, mas isso é subestimar muito a sublime vocação dos levitas, até mesmo do menor deles. Todo serviço destes visava ser para o Senhor, tão verdadeiramente como o dos sacerdotes, embora os últimos fossem levados à sua presença mais imediata. Deus deve ser o objeto tanto do serviço quanto da adoração. É verdade que boa parte do ministério era fazer os preparativos para os sacerdotes, mas podia ser seguramente "para Deus", como hoje pode ser um copo de água, mesmo que dado a um simples discípulo.

Na peregrinação do deserto e, posteriormente, no culto do templo, não havia trabalho independente. Tudo fazia parte de um todo, que ficaria incompleto se o trabalho de algum levita tivesse ficado por fazer. Esse fato se nota especialmente no relato do transporte do tabernáculo, cujos pormenores são citados tão minuciosamente em Números 4. Se os levitas tivessem falhado, ou deixado para traz qualquer peça, os sacerdotes seriam prejudicados no seu serviço mais sublime. Cada levita tinha seu próprio fardo para carregar, quer se tratasse de uma haste, quer de um soquete, de uma cortina ou de uma tábua — todas essas coisas eram necessárias. Não continua sendo assim no culto e testemunho da igreja? Os auxiliares são necessários tanto quanto os pastores e mestres, e os pedacinhos de serviço humilde são tão necessários no enaltecimento de Cristo quanto era a tarefa de carregar peças aparentemente insignificantes do tabernáculo pelos levitas pelo deserto.

Cada segmento da tribo de Levi tinha tarefas a serem desempenhadas e não podia fazer o de outro grupo, porque isso causaria uma grande confusão. Conforme escreveu McCheyne:

> Os coatitas carregavam nos ombros
> Os santos utensílios, cobertos com cuidado;
> Os gersonitas receberam um encargo mais fácil,
> Dois vagões cheios de cordas e cortinas grandes;
> Os filhos de Merari, a carga de quatro vagões pesados
> Com tábuas de colunas da Casa de Deus.

Na "rebelião de Corá" temos um exemplo de quem desejou um serviço diferente do que lhe fora designado. Sendo levita, mas não filho de Arão, cobiçava também para si o sacerdócio. E no relato terrível registrado em Números 16, lemos as consequências do descontentamento. A história dos filhos de Corá constitui um estudo bíblico muito interessante. Quando surgiu fogo da parte do Senhor e consumiu o pai à porta do tabernáculo com seus companheiros, vemos em Números 26.11 que "a descendência de Corá, contudo, não desapareceu".

Os aliados de Corá, Datã e Abirão, recusaram-se a comparecer quando Moisés os mandou chamar; ficaram diante da entrada das suas tendas com "suas esposas, filhos, e crianças pequenas", e, quando

Todos os tipos de serviço

a terra abriu a boca, todos foram engolidos, mas os filhos de Corá foram poupados. Viveram para preencher a vaga que o pai desprezara, e seus descendentes se tornaram porteiros e cantores na casa de Deus. Sabemos, pelos títulos, que muitos salmos foram escritos especialmente para os filhos de Corá. Quando estudamos esses cânticos em conexão com a triste história de Números 16, um novo impacto se acrescenta a muitas de suas passagens. Portanto, quando cantavam: "Deus é o nosso refúgio e a nossa fortaleza, auxílio sempre presente na adversidade. Por isso não temeremos, ainda que a terra trema e os montes afundem no coração do mar" (Salmos 46.1,2), o pensamento deles devia voltar à cena terrível de juízo, quando "a terra abriu a sua boca e os engoliu juntamente com suas famílias, com todos os seguidores de Corá e com todos os seus bens" (Números 16.32). Ainda assim, os filhos de Corá podiam confiar sem temor.

Quando cantavam, no salmo 84: "Melhor é um dia nos teus átrios do que mil noutro lugar; prefiro ficar à porta da casa do meu Deus a habitar nas tendas dos ímpios" (v. 10), parece que se referiam particularmente à ocasião em que Moisés advertiu: "Afastem-se das tendas desses ímpios! Não toquem em nada do que pertence a eles, senão vocês serão eliminados por causa dos pecados deles" (Números 16.26). Em 1Crônicas 9.19 lemos que os descendentes de Corá foram encarregados até de "guardar a entrada da habitação do SENHOR". O pai deles não estava satisfeito com o seu cargo e deu-lhes outro serviço, mas seus descendentes aprenderam alguma coisa da bem-aventurança com o homem mencionado em Provérbios 8.34 e 35: "Como é feliz o homem que me ouve, vigiando diariamente à minha porta, esperando junto às portas da minha casa. Pois todo aquele que me encontra, encontra a vida e recebe o favor [ou a aceitação] do SENHOR".

Os porteiros, se tivessem meditado no significado do holocausto, teriam tido oportunidade especial de aprender essa verdade, uma vez que, dia após dia, observavam a preparação daquele sacrifício que falava da aceitação do ofertante por meio da oferta. Na descrição do templo em Ezequiel 40.38 lemos que lavavam os holocaustos ao lado dos pórticos das entradas internas. Bem-aventurado mesmo é permanecer vigiando e esperando, e nos regozijando com nossa aceitação no Amado.

Corá não se satisfazia com o serviço levítico, mas cobiçava o cargo sacerdotal para poder oferecer o incenso; por isso, pereceu diante da porta do tabernáculo, no lugar onde seus filhos posteriormente ministraram. O salmo 45, um dos atribuídos aos "coraítas", parece ser o salmo com mais fragrância de incenso quando fala daquele cujas "vestes exalam aroma de mirra, aloés e cássia [...]" (v. 8) e, desse modo, como no versículo 16: "Os teus filhos ocuparão o trono dos teus pais [...]".

Temos uma bela figura do trabalho dos levitas, especialmente dos porteiros, em 2Crônicas 23 e 2Reis 11 em relação ao Filho do Rei, que reinará, e o "dia da coroação que haverá dentro de pouco". Atalia pensava ter destruído toda a família real, mas um dos que escaparam do massacre foi escondido na casa do Senhor "enquanto Atalia governava o país". Parecia que conseguira realizar suas intenções malignas, mas na hora certa o sumo sacerdote "reuniu de todas as cidades os levitas e os chefes das famílias israelitas" e lhes revelou o segredo. Mostrou-lhes o filho do rei e disse: "Reinará o filho do rei, conforme o Senhor prometeu acerca dos descendentes de Davi" (v. 3). O mesmo ocorre agora. No Calvário, Satanás pensou ter acabado com o Filho do Rei, mas este ressuscitou dentre os mortos e há dois mil anos é invisível aos olhos dos homens. Nós sabemos, entretanto, que o deus deste mundo não reinará para sempre sobre a terra. "Reinará o Filho do Rei", e "deve reinar até ter colocado todos os seus inimigos embaixo dos seus pés". Enquanto isso, existe um grupo secreto de seguidores seus, aqueles que foram chamados para o serviço de Deus e tiveram um vislumbre do Filho. A esses, o Filho disse: "O mundo não me vê mais; mas vocês me veem". E depois de terem tido esse vislumbre, os levitas foram postos como vigilantes "nas portas do templo", "no palácio real", e "na porta do Alicerce". Para eles, tudo foi mudado a partir de então. Antes talvez se lastimassem por causa do reinado da usurpadora,

Todos os tipos de serviço

mas agora sabiam que em breve cessaria. Estavam de prontidão para o herdeiro legítimo ser proclamado. Somente os sacerdotes e levitas tinham permissão de entrar na casa do Senhor, e eles se reuniam em volta do rei, de modo que, quando ele saía, eles saíam também. Joiada lhes dissera: "[...] Acompanhem o rei aonde quer que ele for" (v. 7). Isso não põe diante de nós a bendita esperança que é nossa? Estamos esperando para ser convocados a assumir nosso lugar ao lado do Filho quando ele vier para reinar. Quando formos reunidos, provenientes da terra ou da glória, teremos o direito de estar para sempre com o Senhor. "Até que ele venha", ele tem "mandado os porteiros vigiar", a fim de que, quando chegar, "os servos lhe abram imediatamente". "Felizes os servos cujo senhor os encontrar vigiando, quando voltar [...]" (Lucas 12.37). Enquanto os levitas esperavam em pé o sinal, foram-lhes fornecidas lanças e escudos grandes e pequenos — não armas novas e não experimentadas —, mas as que "haviam pertencido ao rei Davi e que estavam no templo de Deus" (v. 9). Toda a armadura de Deus nos foi dada a fim de que, tendo feito tudo, ainda permaneçamos firmes. O escudo e a espada que nos são fornecidos são os que foram utilizados por nosso Senhor nos seus embates contra o Inimigo.

Finalmente, "[...] trouxeram o filho do rei e o coroaram [...] e o proclamaram rei [...] e instalaram o rei no trono" (v. 11,20). Aquele que agora está oculto e tem apenas seu grupo pequeno de seguidores um dia será coroado com "muitas coroas", e se dirá: "[...] O reino do mundo se tornou de nosso Senhor e do seu Cristo, e ele reinará para todo o sempre" (Apocalipse 11.15). Mas, antes de o rei poder reinar, Atalia precisava ser executada. "[E] todo o povo se alegrou. A cidade acalmou-se depois que Atalia foi morta à espada [...]". Esse é apenas um prenúncio pálido da ocasião em que Satanás será amarrado, e "[o] Filho do homem enviará seus anjos, e eles tirarão do seu Reino tudo que faz tropeçar e todos os que praticam a iniquidade" (Mateus 13.41). Quando estudamos essa figura e o ouvimos dizer: "Sim, venho em breve!", nosso coração responde: "Amém. Vem, Senhor Jesus!" (Apocalipse 22.20).

No ministério dos sacerdotes e levitas, não havia lugar para melhorias humanas. Deus deu o modelo para o tabernáculo, para o templo e para o serviço deles. Quando, porém, procuravam alterar o plano de Deus, o castigo divino caía sobre eles. É possível que Davi tenha imaginado que a carroça nova na qual colocaram a arca fosse uma melhoria comparada com o método antiquado de carregá-la nos ombros dos sacerdotes, mas nisso simplesmente imitou os filisteus e teve de voltar ao plano original antes de finalmente a arca ser colocada no lugar devido. Uzá não teria imaginado que precisaria segurar a arca se esta tivesse sido carregada da maneira que Deus mandou e, portanto, não teria morrido por essa presunção.

A oferta do incenso e dos sacrifícios parece ter sido o aspecto mais sublime do ministério dos sacerdotes, algo que ninguém, a não ser os filhos de Arão, podia realizar. Mero zelo e sinceridade não teriam bastado para justificar que se aproximassem de Deus no Lugar Santo. Deviam ter nascido na família de Arão. Quando os que não estavam entre os filhos dele quiseram ocupar a posição dos sacerdotes e, desse modo, se afastaram do modelo determinado por Deus, caiu sobre eles o juízo. Jeroboão e Uzias, da mesma forma, foram feridos ao oferecer incenso, e a presunção de Saul em assumir a posição de sacerdote foi o primeiro dos atos de desobediência que lhe custaram o reino. Em vez de esperar Samuel, o próprio Saul ofereceu o holocausto. Samuel lhe disse: "Mas agora o seu reinado não permanecerá; o Senhor procurou um homem segundo o seu coração e o designou como líder de seu povo, pois você não obedeceu ao mandamento do Senhor" (1Samuel 13.14). Vemos, portanto, que não é fácil assumir a posição de adorador, pois, embora toda a família de Deus seja conclamada a adorá-lo como sacerdotes em espírito e em verdade, ninguém, a não ser quem nasceu de novo, pode fazê-lo.

O incenso oferecido pelos sacerdotes deve ter tipificado *aquele* "cujo nome é como unguento derramado". Certamente o fato de *nossas orações* serem oferecidas em seu nome explica por que elas são comparadas com o incenso. Em si mesmas, nada têm para ser aroma agradável a

Deus, mas somente quando são oferecidas por intermédio de Jesus, com o "muito incenso" dos seus méritos, podem subir como incenso. Havia estreita ligação entre a oferta do holocausto da manhã e da tarde, e o incenso (v. Êxodo 29.38,39;30.7,8); e Davi as associava — "Seja a minha oração como incenso diante de ti, e o levantar das minhas mãos, como a oferta da tarde" (Salmos 141.2) — como se reconhecesse que sua oração era aceita por causa da aceitabilidade do holocausto imaculado. Assinalou-se que o momento do sacrifício da tarde é em algumas ocasiões um tempo de crise e o momento de respostas especiais à oração. Portanto, em 1Reis 18.29, vemos que os sacerdotes de Baal invocaram o deus deles "até a hora do sacrifício da tarde. Mas não houve resposta alguma; ninguém respondeu, ninguém deu atenção". Por outro lado, lemos no versículo 36: "À hora do sacrifício, o profeta Elias colocou-se à frente do altar [...]" e, enquanto orava, o fogo do SENHOR caiu. A oração de Esdras foi proferida na hora do sacrifício da tarde (Esdras 9.4,5), e Daniel nos conta que, enquanto falava em oração, o homem Gabriel, levado a voar com velocidade, o tocou "à hora do sacrifício da tarde" (Daniel 9.21). Em Atos 3.1; 10.2,3,30, vemos que essa hora especial de oração era a hora nona, a mesma hora em que Jesus, o antítipo de todos os holocaustos, entregou o seu espírito "e se entregou por nós como oferta e sacrifício de aroma agradável a Deus". (Efésios 5.2). Quando Jesus expirou, o sacerdote devia estar em pé diante do altar de ouro, oferecendo o incenso. Quando o véu foi rasgado de cima para baixo, deixou de existir, pela primeira vez, qualquer barreira entre o altar de ouro e a tampa da arca.

A *comunhão* também se assemelha ao incenso em Provérbios 27.9: "Perfume e incenso trazem alegria ao coração; do conselho sincero do homem nasce uma bela amizade". Quando nosso coração está em comunhão com Cristo, isso lhe traz refrigério. Ele diz à noiva em Cantares: "Quão deliciosas são as suas carícias, minha irmã, minha noiva! Suas carícias são mais agradáveis que o vinho, e a fragrância do seu perfume supera o de qualquer especiaria!" (4.10). Mas, se o *nosso amor* é doce para ele, não é outra coisa senão o amor que ele mesmo implantou em nosso coração. As especiarias que crescem no jardim são todas do seu plantio. Por isso, se entendemos que o incenso representa as nossas orações, o nosso amor, a nossa comunhão com ele, ou o nosso amor, é necessário que ele primeiramente encha nossas mãos com incenso antes de nós, como sacerdotes, nos aproximarmos do altar de ouro. O aroma agradável precisa subir constantemente diante de Deus. Não somente nas ocasiões especiais de oração, mas durante *nossa vida inteira* devemos ser: "diante de Deus aroma suave de Cristo".

Além de oferecer incenso, os sacerdotes deviam oferecer holocaustos e apresentar as ofertas de cereal e sacrificar continuamente. Por isso se prefiguravam constantemente no altar de bronze os aspectos diferentes da obra de Cristo. O altar era quadrado e, ao mesmo tempo que seus quatro lados falam da salvação a ser oferecida para o mundo inteiro, aos habitantes do norte, do sul, do leste e do oeste, também nos fazem lembrar das quatro grandes ofertas (consideradas juntas a oferta pelo pecado e a oferta pela culpa), indicando, desse modo, o aspecto quádruplo da obra de Cristo prefigurado nas ofertas.

No primeiro capítulo da Epístola de João, parece que temos esse fato diante de nós na mesma ordem das ofertas, começando, como em Levítico 1, com o lado divino e terminando com a provisão para a nossa pecaminosidade. Nos versículos de 1 a 3, temos o aspecto do holocausto, a oferta que era colocada integralmente no altar de Deus, da qual os sacerdotes não podiam participar, mas só podiam olhar e apalpar com as mãos. Nos versículos de 3 a 7, há a ideia da comunhão e da alegria. Assim como na oferta de cereal e na oferta de comunhão, o sacerdote participava do "alimento da oferta", do "pão do seu Deus" (Levítico 3.16; 21.22). Por isso podemos dizer: "Nossa comunhão é com o Pai e com seu Filho Jesus Cristo". E nos versículos de 7 a 10 temos a provisão de Deus para a pecaminosidade e os pecados, tipificada pela oferta pelo pecado e a oferta pela culpa.

Todas essas ofertas eram apresentadas pelos sacerdotes, mas, em Levítico 21, lemos: "Nenhum descendente do sacerdote Arão que tenha

Todos os tipos de serviço

245

qualquer defeito poderá aproximar-se para apresentar ao Senhor ofertas preparadas no fogo [...] (v. 21). O pecado conhecido e consentido forçosamente interfere na adoração. Deve haver "santidade, sem a qual ninguém verá ao Senhor", e "os que o adoram devem adorá-lo em espírito e em verdade". Embora essa passagem de Levítico nos fale principalmente da santidade de Deus, também nos faz lembrar de um contraste entre a antiga e a nova aliança. De acordo com a lei levítica, nenhum defeituoso pode aproximar-se, mas, no Evangelho, Jesus diz: "Vá rapidamente para as ruas e becos da cidade e traga os pobres, os aleijados, os cegos e os mancos" (Lucas 14.21). Os defeitos não impediam que eles chegassem à casa de Deus; pelo contrário, foi exatamente por causa dos defeitos que receberam o convite. O mesmo aconteceu a cada um de nós. Éramos cheios de defeitos, mas o Grande Médico, que fez os cegos verem e os mancos andarem, pode nos curar. Com efeito, o faz, de modo que podemos nos aproximar com ousadia para "oferecer ao Senhor uma oferta em retidão".

Embora os sacrifícios tipificassem Cristo em primeiro lugar, Paulo fala de três outras ofertas de aroma agradável ao Senhor. Devemos oferecer *a nós mesmos* "em sacrifício vivo, santo e agradável a Deus" e, à semelhança dos holocaustos na antiguidade, continuamente. O sacrifício devia queimar "a noite inteira até ao amanhecer", nós devemos ser submissos a Jesus, não eventualmente, mas sempre; durante a noite escura inteira da sua ausência "antes que rompa o dia e fujam as sombras". Além disso, há "o sacrifício de *louvor*", que devemos oferecer continuamente a Deus, como o "fruto de lábios que confessam o seu nome". Paulo também fala das *ofertas* que os filipenses tinham mandado pelas mãos de Epafrodito como "aroma suave, um sacrifício aceitável e agradável a Deus" (Filipenses 4.18).

É impossível enumerar aqui todas as variedades de serviço que os sacerdotes e os levitas foram chamados a realizar, mas as passagens que seguem falam por si mesmas e ilustram o ministério variado para o qual fomos chamados, no duplo papel de servos e adoradores.

Que esse estudo da Palavra de Deus leve cada um de nós a uma dedicação mais plena à pessoa de nosso Senhor e a maior fidelidade no seu serviço. Que renovemos nosso reconhecimento de que pertencemos a ele e temos o privilégio de participar do testemunho unificado da Igreja durante o breve período entre a cruz do Calvário e a sua segunda vinda.

■ OS TIPOS DE SERVIÇO

Levitas e sacerdotes

"Eles cuidarão das obrigações próprias da Tenda do Encontro, fazendo o **serviço** do tabernáculo para Arão e para toda a comunidade." (Números 3.7)

Os levitas **servem** ao SENHOR. (2Crônicas 13.10)

[...] eram **responsáveis** pela música do templo de Deus. (Neemias 11.22)

[...] pois estes [os sacerdotes], descendentes de Arão, **ficaram** sacrificando os holocaustos e as porções de gordura até o anoitecer. [...] (2Crônicas 35.14)

"Encarregue Arão e os seus filhos de **cuidar** do sacerdócio [...]." (Números 3.10)

"[...] para que me **sirvam** como sacerdotes." (Êxodo 30.30)

"[...] O **sacerdócio** lhes pertence como ordenança perpétua." (Êxodo 29.9)

[...] É a Cristo, o Senhor, que vocês estão **servindo.** (Colossenses 3.24)

Nunca lhes falte o **zelo,** sejam fervorosos no espírito, **sirvam** ao Senhor. (Romanos 12.11)

Se o seu dom é servir, **sirva** [...]. (Romanos 12.7)

Vocês, porém, são [...] **sacerdócio** real [...]. (1Pedro 2.9)

[E] nos constituiu reino e **sacerdotes** para servir a seu Deus e Pai. [...] (Apocalipse 1.6)

■ MINISTRANDO PARA ELE

[...] para estar perante o SENHOR a fim de **ministrar** [...]. (Deuteronômio 10.8)

Sirvam [...] de boa vontade, como **ao Senhor,** e não aos homens. (Efésios 6.7)

Escravo de Cristo. (1Coríntios 7.22)

Todos os tipos de serviço

247

■ SERVINDO AOS SACERDOTES

O dever dos levitas era **ajudar os descendentes de Arão** no serviço do templo do SENHOR. Encarregavam-se dos pátios, das salas laterais, da purificação de todas as coisas sagradas e das outras tarefas da casa de Deus. (1Crônicas 23.28)

[Os levitas] os **ajudaram** até o fim da tarefa e até que outros sacerdotes se consagrassem [...]. (2Crônicas 29.34)

Mas não pregamos a nós mesmos, mas a Jesus Cristo, o Senhor, e a nós **como escravos de vocês, por causa de Jesus.** (2Coríntios 4.5)

[...] meus **colaboradores** em Cristo Jesus. (Romanos 16.3)

■ EM NOME DO SENHOR

"[P]ois, de todas as tribos, o SENHOR, o seu Deus, escolheu os levitas e os seus descendentes para estarem na presença do SENHOR, **e para ministrarem sempre em seu nome."** (Deuteronômio 18.5)

[...] **pronunciar bênçãos em seu nome** [...]. (Deuteronômio 10.8)

Tudo o que fizerem, seja em palavra ou em ação, façam-no **em nome do Senhor Jesus** [...]. (Colossenses 3.17)

Pela fé no nome de Jesus, **o Nome** curou este homem [...]. (Atos 3.16)

"[...] capacita os teus servos para anunciarem a tua palavra corajosamente. Estende a tua mão para curar e realizar sinais e maravilhas **por meio do nome** do teu santo servo Jesus. (Atos 4.29,30)

■ CARREGAR E ARMAR O TABERNÁCULO

"Sempre que o tabernáculo tiver que ser removido, os levitas o desmontarão e, sempre que tiver que ser armado, os levitas o farão. [...]" (Números 1.51)

Quando o tabernáculo era desmontado, os gersonitas e os meraritas o carregavam e partiam. [...] Então os coatitas partiam carregando as coisas sagradas. Antes que eles chegassem,

Todos os dias, no templo e de casa em casa, não deixavam de ensinar e proclamar que Jesus é o Cristo. (Atos 5.42)

Há diferentes tipos de dons, mas o Espírito é o mesmo. Há diferentes tipos de ministérios, mas o Senhor é o mesmo. Há diferentes formas de atuação, mas é o mesmo Deus quem

o tabernáculo já deveria estar armado. (Números 10.17,21)

■ CARREGAR A ARCA

Naquela ocasião o SENHOR separou a tribo de Levi para **carregar a arca** da aliança do SENHOR. (Deuteronômio 10.8)

[...] eles deveriam carregar nos **ombros** os objetos sagrados pelos quais eram responsáveis. (Números 7.9)

efetua tudo em todos [...] Assim, há muitos membros, mas um só corpo. O olho não pode dizer à mão: "Não preciso de você!" Nem a cabeça pode dizer aos pés: "Não preciso de vocês!" (1Coríntios 12.4-6,20,21)

"[...] é meu instrumento escolhido para **levar** o meu nome [...]." (Atos 9.15)

Trazemos sempre em nosso corpo o morrer de Jesus, para que a vida de Jesus também seja revelada em nosso corpo. (2Coríntios 4.10)

[...] reconheceram que eles haviam estado com Jesus. (Atos 4.13)

"Tomem sobre vocês o **meu jugo** e aprendam de mim, pois sou manso e humilde de coração, e vocês encontrarão descanso para as suas almas. Pois o meu jugo é suave e o meu fardo é leve." (Mateus 11.29,30)

■ GUARDAR A FIDELIDADE

"Eles **cuidarão** das obrigações próprias [...]." (Números 3.7)

[...] **guardei** a fé. (2Timóteo 4.7)

Quanto ao bom depósito, **guarde-o** por meio do Espírito Santo que habita em nós. (2Timóteo 1.14)

■ CONSTRUTORES

Depois deles **os reparos foram feitos** pelos levitas que estavam sob a responsabilidade de Reum, filho de Bani [...]. Os demais reparos foram feitos pelos sacerdotes das redondezas. (Neemias 3.17,22)

[O povo de Judá] que estava **construindo** o muro. Aqueles que

Conforme a graça de Deus que me foi concedida, eu, como **sábio construtor,** lancei o alicerce, e outro está construindo sobre ele. Contudo, veja cada um como **constrói.** Pois ninguém pode colocar outro alicerce além do que já está posto, que é Jesus Cristo. Se alguém constrói sobre esse

Todos os tipos de serviço

transportavam material faziam o trabalho com uma mão e com a outra seguravam uma arma, e cada um dos construtores trazia na cintura uma espada enquanto trabalhava; e comigo ficava um homem pronto para tocar a trombeta. (Neemias 4.17,18)

■ GUERREIROS

"Isto diz respeito aos levitas: os homens de vinte e cinco anos para cima, aptos para servir, **tomarão parte [combater o combate]** no trabalho que se faz na Tenda do Encontro." (Números 8.24) .

Declarou-lhes também: "Assim diz o SENHOR, o Deus de Israel: 'Pegue cada um sua **espada,** percorra o acampamento, de tenda em tenda, e mate o seu irmão, o seu amigo e o seu vizinho' ". Fizeram os levitas conforme Moisés ordenou [...]. (Êxodo 32.27,28)

■ TROMBETEIROS

"Os filhos de Arão, os sacerdotes, **tocarão as cornetas.** Este é um decreto perpétuo para vocês e para as suas gerações. Quando em sua **terra** vocês entrarem em **guerra** contra um adversário que os esteja oprimindo, **toquem as cornetas;** e o SENHOR, o Deus de vocês, se lembrará de vocês e os libertará dos seus inimigos. Também em seus dias festivos, nas festas fixas e no primeiro dia

alicerce, usando ouro, prata, pedras preciosas, madeira, feno ou palha, sua obra será mostrada como ela é, porque o Dia a trará à luz; pois será revelada pelo fogo, que provará a qualidade da obra de cada um. (1Coríntios 3.10-13)

[...] para que [...] você **combata o bom combate.** (1Timóteo 1.18)

Suporte comigo os sofrimentos, como bom **soldado** de Cristo Jesus. (2Timóteo 2.3)

[...] sabendo que aqui me encontro por **defesa** do evangelho. (Filipenses 1.16)

[...] e a **espada** do Espírito, que é a palavra de Deus. (Efésios 6.17)

Porque, partindo de vocês, **propagou-se** a mensagem do Senhor [...]. (1Tessalonicenses 1.8)

Além disso, se a **trombeta** não emitir um som claro, quem se preparará para a batalha? Assim acontece com vocês. Se não proferirem palavras compreensíveis com a língua, como alguém saberá o que está sendo dito? [...] (1Coríntios 14.8,9)

de cada mês, vocês deverão tocar as cornetas por ocasião dos seus holocaustos e das suas ofertas de comunhão [...]. (Números 10.8-10)

■ CANTORES

Eles ministraram o louvor diante do tabernáculo, da Tenda do Encontro. (1Crônicas 6.32)

Eles e seus parentes, todos capazes e preparados para **o ministério de louvor** do SENHOR, totalizavam 288. (1Crônicas 25.7)

Quenanias, o chefe dos levitas, ficou encarregado dos **cânticos;** essa era a sua responsabilidade, pois ele tinha competência para isso. (1Crônicas 15.22)

Os **músicos,** com seus instrumentos musicais, dirigiam os **louvores.** (2Crônicas 23.13)

Davi também ordenou aos líderes dos levitas que encarregassem os músicos que havia entre eles de **cantar** músicas alegres, acompanhados por instrumentos musicais: liras, harpas e címbalos sonoros. (1Crônicas 15.16)

Além disso, deviam se apresentar todas as manhãs e todas as tardes para **dar graças** e louvar ao SENHOR. — 1Crônicas 23.30.

Os que tocavam cornetas e os cantores, em **uníssono,** louvaram e agradeceram ao SENHOR. (2Crônicas 5.13)

Diariamente os levitas e os sacerdotes cantavam louvores ao SENHOR, ao som dos instrumentos

Falando entre si com salmos, hinos e cânticos espirituais; **cantando** e louvando de coração ao Senhor. (Efésios 5.19)

Habite ricamente em vocês a palavra de Cristo; ensinem e aconselhem uns aos outros com toda a sabedoria, e **cantem** salmos, hinos e cânticos espirituais com gratidão a Deus em seu coração. (Colossenses 3.16)

Alegrem-se sempre no Senhor. Novamente direi: alegrem-se! (Filipenses 4.4)

Deem graças em todas as circunstâncias. (1Tessalonicenses 5.18)

Para que com **um só** coração e **uma** boca glorifiquem ao Deus e Pai de nosso Senhor Jesus Cristo. (Romanos 15.6)

Todos os dias, continuavam a reunir-se no pátio do templo. Partiam o pão em suas casas, e juntos participavam das refeições, com **alegria** e sinceridade de coração, louvando a Deus e tendo a simpatia de todo o povo. (Atos 2.46,47)

ressonantes do SENHOR. (2Crônicas 30.21)

■ PROFETIZAR

Davi, junto com os comandantes do exército, separou alguns dos filhos de Asafe, de Hemã e de Jedutum para o ministério de **profetizar** ao som de harpas, liras e címbalos. Esta é a lista dos escolhidos para essa função: Dos filhos de Asafe: [...] **profetizava** sob a supervisão do rei. Dos filhos de Jedutum [...] que **profetizava** ao som da harpa para dar graças e louvar ao SENHOR (1Crônicas 25.1-3)

Sigam o caminho do **amor** e busquem com dedicação os dons espirituais, principalmente o dom de **profecia.** (1Coríntios 14-1)

Pelo Espírito, a um é dada a palavra da sabedoria [...] a outro, **profecia.** (1Coríntios 12.8,10)

Mas quem **profetiza** o faz para a edificação, encorajamento e consolação dos homens. (1Coríntios 14.3)

■ ORAR

Os sacerdotes e os levitas levantaram-se para abençoar o povo, e Deus os ouviu; **a oração deles chegou** aos céus, sua santa habitação. (2Crônicas 30.27)

Matanias, filho de Mica, neto de Zabdi, bisneto de Asafe, o dirigente que conduzia as **ações de graças** e as **orações.** (Neemias 11.17)

(Uma oração dos levitas. (Neemias 9.47)

Esta é a confiança que temos ao nos aproximarmos de Deus: se pedirmos alguma coisa de acordo com a vontade de Deus, ele nos **ouvirá.** E se sabemos que ele nos ouve em tudo o que pedimos, sabemos que temos o que dele pedimos. (1João 5.14,15)

Não andem ansiosos por coisa alguma, mas em tudo, pela **oração** e súplicas, e com **ação de graças,** apresentem seus pedidos a Deus. (Filipenses 4.6)

■ CONFESSAR

Durante os sete dias eles comeram suas porções das ofertas,

Se **confessarmos** os nossos pecados, ele é fiel e justo para

apresentaram sacrifícios de comunhão e louvaram o SENHOR, o Deus dos seus antepassados. (2Crônicas 30.22)

■ MENSAGEIROS

"[...] porque ele é o **mensageiro** do SENHOR dos Exércitos." (Malaquias 2.7)

■ MESTRES

Ezequias dirigiu palavras animadoras a todos os levitas que mostraram boa disposição para com o serviço do SENHOR. [...] (2Crônicas 30.22)

"Eles **ensinarão** ao meu povo a diferença entre o santo e o comum e mostrarão como fazer distinção entre o puro e o impuro." (Ezequiel 44.23)

"[...] e **desviou** muitos do pecado." (Malaquias 2.6)

■ RELATORES

E [Davi] pôs perante a arca do SENHOR alguns dos levitas por ministros; e isto para recordarem, e louvarem, e celebrarem ao SENHOR Deus de Israel. (1Crônicas 16.4, ARC)

■ SECRETÁRIOS

[...] Outros levitas eram **secretários** [...]. (2Crônicas 34.13)

perdoar os nossos pecados e nos purificar de toda injustiça. (1João 1.9)

Portanto, somos **embaixadores** de Cristo [...]. (2Coríntios 15.20)

Portanto, somos **embaixadores** de Cristo [...]. 2Coríntios 15.20

[...] seja um **exemplo** para os fiéis na palavra, no procedimento, no amor, na fé e na pureza. (1Timóteo 4.12)

[...] os quais eu o envio para abrir-lhes os olhos e **convertê-los** das trevas para a luz, e do poder de Satanás para Deus [...]. (Atos 26.17,18)

[...] que **dá testemunho** de tudo o que viu — isto é, a palavra de Deus e o testemunho de Jesus Cristo. (Apocalipse 1.2)

Chegando ali, reuniram a igreja e **relataram** tudo o que Deus tinha feito por meio deles e como abrira a porta da fé aos gentios. (Atos 14.27)

Vocês mesmos são a **nossa carta,** escrita em nosso coração, conhecida e lida por todos. Vocês demonstram que são uma **carta de Cristo,** resultado do nosso ministério, escrita não com tinta, mas com o

Todos os tipos de serviço

Espírito do Deus vivo, não em tábuas de pedra, mas em tábuas de corações humanos. (2Coríntios 3.2,3)

■ OUVINTES DA PALAVRA

Depois subiu ao templo do Senhor acompanhado por todos os homens de Judá, todo o povo de Jerusalém, os sacerdotes e os levitas: todo o povo, dos mais simples aos mais importantes. Para todos o rei **leu** em alta voz todas as palavras do Livro da Aliança, que havia sido encontrado no templo do Senhor. (2Crônicas 34.30)

Aquele que pertence a Deus **ouve** o que Deus diz [...]. (João 8.47)

Meus amados irmãos, tenham isto em mente: Sejam todos prontos para **ouvir,** tardios para falar e tardios para irar-se, pois a ira do homem não produz a justiça de Deus. Portanto, livrem-se de toda impureza moral e da maldade que prevalece, e **aceitem** humildemente a palavra implantada em vocês, a qual é poderosa para salvá-los. Sejam praticantes da palavra, e não apenas **ouvintes,** enganando-se a si mesmos. (Tiago 1.19-22)

■ GUARDADORES DO LIVRO

"[...] mandará fazer num rolo, para o seu uso pessoal, uma cópia da lei que está aos cuidados dos sacerdotes levitas." (Deuteronômio 17.18)

Eles percorreram todas as cidades do reino de Judá, levando consigo **o Livro da Lei** do Senhor e ensinando o povo. (2Crônicas 17.9)

Moisés escreveu esta lei e a deu aos sacerdotes, filhos de Levi, que transportavam a arca da aliança do Senhor, e a todos os líderes de Israel. (Deuteronômio 31.9)

[...] nos confiou **a mensagem da reconciliação**. (2Coríntios 5.19)

[Falamos] como homens aprovados por Deus, a ponto de nos ter sido confiado por ele **o evangelho** [...]. (1Tessalonicenses 2.4)

Habite ricamente em vocês **a palavra de Cristo** [...]. (Colossenses 3.16)

■ PROCLAMADORES DA PALAVRA

E Moisés lhes ordenou: "Ao final de cada sete anos, no ano do cancelamento das dívidas, durante a festa das cabanas, quando todo o Israel vier apresentar-se ao SENHOR, o seu Deus, no local que ele escolher, vocês **lerão** esta lei perante eles para que a escutem. Reúnam o povo, homens, mulheres e crianças, e os estrangeiros que morarem nas suas cidades, para que ouçam e aprendam a temer o SENHOR, o seu Deus, e sigam fielmente todas as palavras desta lei". (Deuteronômio 31.10-12)

[R]etendo firmemente a palavra da vida [...]. (Filipenses 2.16)

Pregue a palavra, esteja preparado a tempo e fora de tempo, repreenda, corrija, exorte com toda paciência e doutrina. (2Timóteo 4.2)

■ A ABERTURA, OU A CHAVE

Pois tinham o dever de vigiá-lo e de abrir[1] as portas todas as manhãs. (1Crônicas 9.27)

"Ai de vocês, peritos na lei, porque se apoderaram da **chave** do conhecimento. Vocês mesmos não entraram e impediram os que estavam prestes a entrar!" (Lucas 11.52)

[...] obrigue-os a entrar, para que a minha casa fique cheia. (Lucas 14.23)

■ SELAR

Por causa de tudo isso, estabelecemos aliança fiel e o escrevemos; e **selaram-na** os nossos príncipes, os nossos levitas e os nossos sacerdotes. (Neemias 9.38, ARA)

Aquele que o aceita **confirma** que Deus é verdadeiro. (João 3.33)

---

1. A mesma palavra para "abertura" é traduzida em duas outras passagens (Juízes 3.25 e Isaías 22.22) por "chave".

Todos os tipos de serviço

■ PORTEIROS

Salum, filho de Coré, neto de Ebiasafe e bisneto de Corá, e seus parentes, os coreítas, **guardas das portas,** responsáveis por **guardar as entradas** da Tenda, como os seus antepassados tinham sido responsáveis por **guardar a entrada** da habitação do Senhor. (1Crônicas 9.19)

A soma total dos escolhidos para **serem guardas das portas,** registrados nas genealogias dos seus povoados, era de 212. [...] (1Crônicas 9.22)

Mas os quatro principais guardas das portas, que eram levitas, receberam a **responsabilidade** [...]. (1Crônicas 9.26).

Estes são pois os que ali **estavam** com seus filhos [...]. (1Crônicas 6.33, ARC).

Naquela ocasião o Senhor separou a tribo de Levi [...] para **estar perante** o Senhor [...]. (Deuteronômio 10.8)

[...] receberam a responsabilidade de tomar conta das **salas** e da **tesouraria** do templo de Deus. (1Crônicas 9.26)

■ ENCARREGADOS

Alguns levitas estavam **encarregados** dos **utensílios** utilizados no culto no templo; eles os contavam

"É como um homem que sai de viagem. Ele deixa sua casa, encarrega de tarefas cada um dos seus servos e ordena ao **porteiro** que vigie." (Marcos 13.34)

[C]omo aqueles que esperam seu senhor voltar de um banquete de casamento; para que, quando ele chegar e bater, possam **abrir-lhe** a porta imediatamente [...] Mesmo que ele chegue na segunda ou na terceira vigília da noite, os servos que o senhor encontrar preparados são bem-aventurados. (Lucas 12.36-38)

Conforme o glorioso evangelho do Deus bendito, o qual me foi **confiado.** (1Timóteo 1.11, ARA)

"Como é feliz o homem que me ouve, **vigiando** diariamente à minha porta, **esperando** junto às portas da minha casa." (Provérbios 8.34)

[...] para que possam [...] **permanecer inabaláveis,** depois de terem feito tudo. (Efésios 6.13).

Ele lhes disse: "Por isso, todo mestre da lei instruído quanto ao Reino dos céus é como o dono e uma casa que tira do seu **tesouro** coisas novas e coisas velhas." (Mateus 13.52)

Numa grande casa há **vasos** não apenas de ouro e prata, mas também de madeira e barro;

quando eram retirados e quando eram devolvidos. Outros eram responsáveis pelos móveis e por todos os demais utensílios do santuário [...]. (1Crônicas 9.28-29)

Esses homens fizeram o trabalho com fidelidade. Eram **dirigidos** por Jaate e Obadias, levitas descendentes de Merari, e por Zacarias e Mesulão, descendentes de Coate. Todos os levitas que sabiam tocar instrumentos musicais estavam **encarregados** dos operários e **supervisionavam** todos os trabalhadores em todas as funções. [...] (2Crônicas 34.12,13)

Sabetai e Jozabade, dois dos líderes dos levitas, **encarregados** do trabalho externo do templo de Deus. (Neemias 11.16)

alguns para fins honrosos, outros para fins desonrosos. Se alguém se purificar dessas coisas, será vaso para honra, santificado, útil para o Senhor e preparado para toda boa obra. (2Timóteo 2.20,21)

Obedeçam aos seus **líderes** e submetam-se à autoridade deles. Eles cuidam de vocês como quem deve prestar contas. Obedeçam-lhes, para que o trabalho deles seja uma alegria e não um peso, pois isso não seria proveitoso para vocês. (Hebreus 13.17)

Agora lhes pedimos, irmãos, que tenham consideração para com os que se esforçam no trabalho entre vocês, que **os lideram no Senhor** e os aconselham. Tenham-nos na mais alta estima em amor, por causa do trabalho deles. Vivam em paz uns com os outros. (1Tessalonicenses 5.12,13)

■ ENCARREGADOS DAS ESPECIARIAS ETC.

Outros eram responsáveis pelos móveis e por todos os demais utensílios do santuário, bem como pela farinha, pelo vinho, pelo óleo, pelo incenso e pelas especiarias. (1Crônicas 9.29)

Mas o fruto do Espírito é amor, alegria, paz, paciência, amabilidade, bondade, fidelidade, mansidão e domínio próprio. Contra essas coisas não lei. (Gálatas 5.22,23)

■ PRONUNCIAR PURO OU IMPURO O LEPROSO

[...] será levado ao sacerdote Arão ou a um dos seus filhos que seja sacerdote. (Levítico 13.2)

"Se perdoarem os pecados de alguém, estarão perdoados; se não os perdoarem, não estarão perdoados." (João 20.23)

Assim foram alguns de vocês. Mas vocês foram lavados, santificados, justificados no nome do Senhor Jesus Cristo e no Espírito de nosso Deus. (1Coríntios 6.11)

Todos os tipos de serviço

■ PURIFICAR O TEMPLO

Os sacerdotes entraram no santuário do Senhor para **purificá-lo** e trouxeram para o pátio do templo do Senhor todas as coisas impuras que lá havia, e os levitas as levaram para o vale de Cedrom. (2Crônicas 29.16)

Também pôs guardas nas portas do templo do Senhor, para que não entrasse ninguém que de alguma forma estivesse **impuro.** (2Crônicas23.19)

Que acordo há entre **o templo** de Deus e os ídolos? Pois somos santuários do Deus vivo. Como disse Deus: "Habitarei com eles e entre eles andarei; serei o seu Deus, e eles serão o meu povo". Portanto, "saiam do meio deles e **separem-se",** diz o Senhor. "Não toquem em coisas **impuras,** e eu os receberei, e lhes serei Pai, e vocês serão meus filhos e minhas filhas", diz o Senhor todo-poderoso. (2Coríntios 6.16-18)

■ OFERTANTES DE INCENSO

[...] Ele te oferece **incenso** [...]. (Deuteronômio 33.10)

Todas as manhãs e todas as tardes eles apresentam holocaustos e **incenso aromático** ao Senhor [...]. (2Crônicas 13.11)

E ainda outros cuidavam da manipulação das especiarias. (1Crônicas 9.30)

[P]orque para Deus somos **o aroma** de Cristo [...]. (2Coríntios 2.15)

Seja a minha oração como **incenso** diante de ti [...]. (Salmos 141.2)

[...] taças de ouro cheias de **incenso,** que são as orações dos santos. (Apocalipse 5.8)

[...] A ele foi dado muito **incenso** para oferecer, com as orações de todos os santos, sobre o altar de ouro diante do trono. E da mão do anjo subiu diante de Deus a fumaça do incenso juntamente com as orações dos santos. (Apocalipse 8.3,4)

[...] **o seu nome** é como perfume derramado. Não é à toa que as jovens o amam! (Cantares 1.3)

[...] Eu lhes asseguro que meu Pai lhes dará tudo o que pedirem **em meu nome.** (João 16.23)

Enquanto o rei estava em seus aposentos, o meu nardo espalhou sua fragrância. (Cantares 1.12)

Quão deliciosas são as suas carícias, minha irmã, minha noiva! Suas carícias são mais agradáveis que o vinho, e a fragrância do seu perfume supera o de qualquer especiaria! (Cantares 4.10)

[A]proximou-se dele uma mulher com um frasco de alabastro contendo um perfume muito caro. Ela o derramou sobre a cabeça de Jesus [...]. (Mateus 26.7)

■ OFERTANTES DE SACRIFÍCIO

Como Deus havia poupado os levitas que carregavam a arca da aliança do Senhor, sete novilhos e sete carneiros foram sacrificados. (1 Crônicas 15.26)

"[N]em os sacerdotes, que são levitas, deixarão de ter descendente que esteja diante de mim para oferecer, continuamente, holocaustos, queimar ofertas de cereal e apresentar sacrifícios." (Jeremias 33.18)

"[...] e holocaustos completos no teu altar." (Deuteronômio 33.10)

[...] Assim trarão ao Senhor ofertas com justiça. (Malaquias 3.3)

"Mas tenho contado com **a ajuda de Deus** até ao dia de hoje [...] dou testemunho tanto a gente simples como gente importante [...] que o Cristo haveria de **sofrer** e, sendo o primeiro a ressuscitar dentre os mortos [...]." (Atos 26.22,23)

Pois decidi nada saber entre vocês, a não ser Jesus Cristo, e este, crucificado. (1 Coríntios 2.2)

[P]ara o louvor da sua gloriosa graça, a qual nos deu gratuitamente no Amado. Nele temos a redenção por meio de seu sangue, o perdão dos pecados, de acordo com as riquezas da graça de Deus. (Efésios 1.6,7)

[...] para serem sacerdócio santo, oferecendo **sacrifícios espirituais** aceitáveis a Deus, por meio de Jesus Cristo. (1 Pedro 2.5)

Portanto, irmãos, rogo-lhes pelas misericórdias de Deus que se ofereçam **em sacrifício vivo,** santo e agradável a Deus; este é o culto racional de vocês. (Romanos 12.1)

Todos os tipos de serviço

■ PREPARAR A PÁSCOA

Os **cordeiros da Páscoa** foram abatidos, e os sacerdotes aspergiram o sangue que lhes fora entregue, enquanto os levitas tiravam a pele dos animais. [...] Assaram os animais da Páscoa sobre o fogo, conforme prescrito, cozinharam as ofertas sagradas em potes, caldeirões e panelas, e serviram rapidamente todo o povo. Depois disso, os levitas prepararam a parte deles e a dos sacerdotes [...]. (2Crônicas 35.11,13,14)

Por isso, celebremos a **festa,** não com o fermento velho, nem com o fermento da maldade e da perversidade, mas com os pães sem fermento da sinceridade e da verdade. (1Coríntios 5.8)

■ DISTRIBUIR PORÇÕES

Coré, filho do levita Imna, guarda da porta leste, foi encarregado das ofertas voluntárias feitas a Deus, **distribuindo** as contribuições dedicadas ao SENHOR e as ofertas santíssimas. Sob o comando dele estavam Éden, Miniamim, Jesua, Semaías, Amarias e Secanias, que, nas cidades dos sacerdotes, com toda a fidelidade, **distribuíam ofertas** aos seus colegas sacerdotes de acordo com seus turnos, tanto aos idosos quanto aos jovens. (2Crônicas 31.14,15)

[...] porque esses homens eram **de confiança.** Eles ficaram responsáveis pela distribuição de suprimentos aos seus colegas. (Neemias 13.13)

O Senhor respondeu: "Quem é, pois, o **administrador** fiel e sensato, a quem seu senhor encarrega dos seus servos, para lhes dar sua **porção** de alimento no tempo devido? Feliz o servo a quem o seu senhor encontrar fazendo assim quando voltar." (Lucas 12.42,43)

Portanto, que os homens nos considerem como servos de Cristo e encarregados dos mistérios de Deus. O que se requer destes encarregados é que sejam **fiéis**. (1Coríntios 4.1,2)

■ CONTRIBUIR E COLHER

"Diga o seguinte aos levitas: Quando receberem dos israelitas o dízimo que lhes dou como herança, vocês deverão **apresentar** um décimo daquele dízimo como **contribuição pertencente ao SENHOR**." (Números 18.26)

Recebi tudo e tenho mais que o suficiente. Estou amplamente suprido, agora que recebi de Epafrodito as ofertas que vocês enviaram. São uma oferta de aroma suave, um sacrifício **aceitável e agradável** a Deus. (Filipenses 4.18)

Um sacerdote descendente de Arão acompanhará os levitas quando receberem os dízimos, e os levitas terão que trazer um décimo dos dízimos ao templo de nosso Deus, aos **depósitos do templo.** (Neemias 10.38)

Ele reuniu os sacerdotes e os levitas e lhes disse: **"Vão** às cidades de Judá e **recolham** o imposto devido anualmente por todo o Israel, para fazer reparos no templo de seu Deus. Vão agora mesmo!" [...] Fez-se a seguir uma proclamação em Judá e em Jerusalém para que trouxessem Jerusalém para que trouxessem ao SENHOR o **imposto** que Moisés, servo de Deus, havia exigido de Israel no deserto. [...] Sempre que os levitas levavam a caixa até os supervisores do rei e estes viam que havia muita prata, o secretário real e o oficial do sumo sacerdote esvaziavam-na e a levavam de volta. Fazendo isso regularmente, ajuntaram uma grande quantidade de prata. O rei e Joiada entregavam essa prata aos homens que executavam os trabalhos necessários no templo do SENHOR. Eles contratavam pedreiros, carpinteiros, e também operários que trabalhavam em ferro e em bronze para restaurarem o templo do SENHOR. Os homens encarregados do trabalho eram diligentes, o que garantiu o progresso da obra da reforma. Eles reconstruíram o templo de Deus de acordo com o modelo original e o reforçaram. (2Crônicas 24.5,9,11-13)

Quanto à **coleta** para o povo de Deus, façam como ordenei às igrejas da Galácia. No primeiro dia da semana, cada um de vocês separe uma quantia, de acordo com a sua renda, reservando-a para que, quando eu chegar, não seja preciso fazer coletas. (1Coríntios 16.1,2)

[...] escolhido pelas igrejas para nos acompanhar quando formos ministrar esta doação, o que fazemos para honrar o próprio Senhor e mostrar a nossa disposição. Queremos evitar que qualquer pessoa nos critique quanto ao nosso modo de ministrar essa generosa oferta, [...] eles são **representantes** das igrejas e uma honra para Cristo. Portanto, diante das demais igrejas, demonstrem a esses irmãos a prova do amor que vocês têm e a razão do orgulho que temos de vocês. (2Coríntios 8.19,20,23,24)

Todos os tipos de serviço

■ EXPULSOS EM REJEIÇÃO

"Mas, não foram vocês que **expulsaram** os sacerdotes do Senhor, descendentes de Arão, e os levitas [...]?" (2Crônicas 13.9)

"Bem-aventurados serão vocês, quando os homens os odiarem, expulsarem e insultarem, e eliminarem o nome de vocês, como sendo mau, por causa do Filho do homem. Regozijem-se nesse dia e saltem de alegria, porque grande é a recompensa de vocês no céu. Pois assim os antepassados deles trataram os profetas." (Lucas 6.22,23)

"Assim, **lançaram-no fora** da vinha e o mataram. [...]" (Lucas 20.15)

[...] E o **expulsaram.** Jesus ouviu que o haviam expulsado [...]. (João 9.34,35)

■ ENCORAJAMENTOS E RECOMPENSAS

Ele nomeou os sacerdotes para as suas responsabilidades e os **encorajou** a se dedicarem ao serviço no templo do Senhor. (2Crônicas 35.2)

Os cantores, chefes de famílias levitas, permaneciam nas salas do templo e estavam **isentos** de outros deveres [...]. (1Crônicas 9.33)

[...] "Aceite as ofertas deles para que sejam usadas no trabalho da Tenda do Encontro. Entregue-as aos levitas, conforme **exigir o trabalho** de cada homem". Então Moisés recebeu as carroças e os bois e os entregou aos levitas. (Números 7.5,6)

Conforme a ordem do Senhor anunciada por Moisés, a cada um foi **designado o seu trabalho** e foi dito o que deveria carregar. [...] (Números 4.49)

"Vocês e suas famílias poderão comer dessa porção em qualquer lugar, pois é o **salário** pelo trabalho de vocês na Tenda de Encontro." (Números 18.31)

Portanto, meus amados irmãos, mantenham-se firmes, e que nada os abale. Sejam sempre dedicados à obra do Senhor, pois vocês sabem que, no Senhor, o trabalho de vocês não é vão. (1Coríntios 15.58)

Mas agora que vocês foram **libertados** do pecado e se tornaram escravos de Deus, o fruto que colhem leva à santidade, e o seu fim é a vida eterna. (Romanos 6.22)

Portanto, se o Filho os **libertar,** vocês de fato serão **livres**. (João 8.36).

O meu Deus suprirá todas as necessidades de vocês, de acordo com suas gloriosas riquezas em Cristo Jesus. (Filipenses 4.19)

> Deus não é injusto; ele não se esquecerá do trabalho de vocês e do amor que demonstraram por ele [...]. (Hebreus 6.10)

> [...] e cada um será **recompensado** de acordo com o seu próprio trabalho. (1 Coríntios 3.8)

Sofrer perdas

"Os levitas, que tanto se distanciaram de mim quando Israel se desviou e que vaguearam para longe de mim, indo atrás de seus ídolos, sofrerão as consequências da sua iniquidade. Poderão servir no **meu santuário** como encarregados das portas do templo e também farão o serviço nele; poderão matar os animais dos holocaustos e outros sacrifícios **em lugar do povo** e colocar-se diante do povo e **servi-lo.** Mas, porque os serviram na presença de seus ídolos e fizeram a nação de Israel cair em pecado, jurei de mão erguida que eles sofrerão as consequências de sua iniquidade. Palavra do Soberano, o SENHOR. **Não se aproximarão** para me servir como sacerdotes, nem se aproximarão de nenhuma das minhas coisas sagradas e das minhas ofertas santíssimas; carregarão a vergonha de suas práticas repugnantes." (Ezequiel 44.10-13)

Receber recompensa

"Contudo, eu os encarregarei dos deveres do templo e de todo o trabalho que nele deve ser feito. Mas os sacerdotes levitas e descendentes de Zadoque e que fielmente executaram os deveres do meu santuário quando os israelitas se desviaram de mim, se aproximarão para ministrar **diante de mim;** eles estarão **diante de mim** para oferecer sacrifícios de gordura e de sangue. Palavra do Soberano, o SENHOR. Só eles entrarão em meu santuário e se aproximarão da minha mesa para ministrar **diante de mim** e realizar o meu serviço." (Ezequiel 44.14-16)

Se alguém constrói sobre esse alicerce, usando ouro, prata, pedras preciosas, madeira, feno ou palha, sua obra será mostrada como ela é, porque o Dia a trará à luz; pois será revelada pelo fogo, que provará a qualidade da obra de cada um. Se o que alguém construir permanecer, esse receberá **recompensa.** Se o que alguém construiu se queimar, esse **sofrerá prejuízo;** contudo, será salvo como alguém que escapa através do fogo. (1 Coríntios 3.12-15)

Todos os tipos de serviço

■ ORAÇÕES

"Abençoa todos os seus **esforços** [...]". (Deuteronômio 33.11)

"[...] **E aprova** a obra das suas mãos [...]." (Deuteronômio 33.11)

"[...] **Despedaça** os lombos dos seus adversários, dos que o odeiam, sejam quem forem." (Deuteronômio 33.11)

"[...] **todas** estas coisas lhes serão acrescentadas." (Mateus 6.33)

[...] como não nos dará, juntamente com ele, gratuitamente todas as coisas? (Romanos 8.32)

Por isso, temos o propósito de lhe **agradar,** quer estejamos no corpo, quer ausentes dele. (2Coríntios 5.9)

[A]quele que assim serve a Cristo é **agradável** a Deus e aprovado pelos homens. (Romanos 14.18)

Mas, em todas estas coisas somos mais que vencedores, por meio daquele que nos amou. (Romanos 8.37)

Mas graças a Deus que nos dá a **vitória** por meio de nosso Senhor Jesus Cristo. (1Coríntios 15.57)

■ PROMESSAS

O Senhor [...] **abençoará** os sacerdotes. (Salmos 115.12)

"Farei os descendentes do meu servo Davi e os levitas, que me servem, tão **numerosos** como as estrelas do céu e incontáveis como a areia das praias do mar." (Jeremias 33.22)

[...] que nos **abençoou** com todas as bênçãos espirituais nas regiões celestiais em Cristo. (Efésios 1.3)

Ao levar **muitos filhos** à glória, convinha que Deus, por causa de quem e por meio de quem tudo existe, tomasse perfeito, mediante o sofrimento, o autor da salvação deles. (Hebreus 2.10)

A igreja passava por um período de paz em toda a Judeia, Galileia e Samaria. Ela se edificava e, encorajada pelo Espírito Santo, **crescia em número,** vivendo no temor do Senhor. (Atos 9.31)

■ PRECEITOS

Confiem no SENHOR, sacerdotes! Ele é o seu socorro e o seu escudo. (Salmos 115.10).

Os sacerdotes digam: "O seu **amor** dura para sempre!" (Salmos 118.3)

[...] **Bendigam** o SENHOR, ó sacerdotes! **Bendigam** o SENHOR, ó levitas! [...] (Salmos 135.19,20)

Não andem ansiosos por coisa alguma, mas em tudo, pela oração e súplicas, e com ação de graças, apresentem seus pedidos a Deus. (Filipenses 4.6)

[...] Deus, que é rico em **misericórdia** [...]. (Efésios 2.4)

[...] Conforme a sua grande **misericórdia,** nos regenerou para uma esperança viva, por meio da ressurreição de Jesus Cristo dentre os mortos. (1Pedro 1.3)

Bendito seja o Deus e Pai de nosso Senhor Jesus Cristo, Pai das misericórdias e Deus de toda consolação. (2Coríntios 1.3)

[...] "Digno é o Cordeiro que foi morto de receber poder, riqueza, sabedoria, força, honra, glória e louvor!" (Apocalipse 5.12)

■ ESTA É A RELAÇÃO

Esta é **a relação** do material usado para o tabernáculo, o tabernáculo da aliança, registrada por ordem de Moisés pelos levitas, sob a direção de Itamar, filho de Arão, o sacerdote. (Êxodo 38.21)

O mais importante do que estamos tratando é que temos um sumo sacerdote como esse, o qual se assentou à direita do trono da Majestade nos céus e serve no santuário, no verdadeiro tabernáculo que o Senhor erigiu, e não o homem. (Hebreus 8.1,2)

■ ELO DE LIGAÇÃO

[...] também um grande número de **sacerdotes** obedecia à fé. (Atos 6.7).

José, um **levita** de Chipre a quem os apóstolos deram o nome de Barnabé, que significa encorajador [filho da consolação], vendeu um campo que possuía, trouxe o dinheiro e o colocou aos pés dos apóstolos. (Atos 4.36,37).

CAPÍTULO 4

REPOUSO E SERVIÇO FUTUROS

Quando estudamos o trabalho dos porteiros, examinamos um dos quadros proféticos. Existem várias outras passagens associadas com o serviço sacerdotal e levítico que nos falam do repouso e do serviço futuros. Eles não deveriam carregar a arca para sempre. Veio a ocasião em que, depois de muitas peregrinações, a arca foi levada para o seu lugar — primeiro, para a tenda em Jerusalém preparada por Davi e, finalmente, para o templo de Salomão. "Pois Davi dissera: 'Uma vez que o SENHOR, o Deus de Israel, concedeu descanso ao seu povo e veio habitar para sempre em Jerusalém, os levitas não mais precisam carregar o tabernáculo nem os utensílios usados em seu serviço' " (1Crônicas 23.25,26). E Josias "disse aos levitas que instruíam todo o Israel e haviam sido consagrados ao SENHOR: 'Ponham a arca sagrada no templo construído por Salomão, filho de Davi, rei de Israel. Vocês não precisam mais levá-la de um lado para outro sobre os ombros [...]' " (2Crônicas 35.3). Essas imagens não prefiguram o tempo em que farão parte do passado o testemunho terrestre e os dias no deserto, e o templo estará completo? A cena de 2Crônicas 5 prefigura lindamente esse tempo. Os materiais tinham sido preparados, mas agora os preparativos chegaram ao fim, e o templo se completou. Salomão realizou aquilo que ele mesmo menciona em Provérbios 24.27: "Termine primeiro o seu trabalho a céu aberto; deixe pronta a sua lavoura. Depois constitua sua família [construa a sua casa]". Cada pedra "foi preparada antes de ser levada para lá; de modo que não se ouvia no templo nenhum martelo, machado, nem ferramenta de ferro durante a construção". Os vasos e utensílios para a casa do Senhor, "o rei os mandou fundir, em moldes de barro, na planície do Jordão" (2Crônicas 4.17). Mas no capítulo 5 a obra está completa, e tudo quanto Davi dedicara é trazido e colocado entre os tesouros da casa de Deus. O templo de Salomão, como é frequentemente mencionado, é mera prefiguração daquele outro templo "edificado sobre o fundamento dos apóstolos e profetas, tendo Jesus Cristo como pedra angular, no qual todo o edifício é ajustado e cresce para tornar-se um santuário santo no Senhor" (Efésios 2.20,21). Esse templo também está sendo construído de pedras preparadas antes de serem levadas para lá. "O campo é o mundo", e o próprio Deus prepara a sua obra lá fora no campo e depois edifica a sua casa. Ele também molda seus utensílios no terreno de barro nas planícies do Jordão, mas está chegando o tempo em que a sua casa ficará pronta e "[e]le colocará a pedra principal aos gritos de 'Deus abençoe! Deus abençoe!' " (Zacarias 4.7). O retrato de 2Crônicas 5 é uma pálida prefiguração do dia em que esse templo se completará. Como aquele referido por Davi, "o templo a ser construído para o Senhor deve ser muito magnífico, de fama e glória por todos os países". Quando Paulo escreveu aos crentes de Éfeso, é possível que também tenha pensado naquele outro templo de Éfeso, onde se tinha o perigo de, devido aos ensinos de Paulo: "[...] o templo da grande deusa Ártemis cair em descrédito e de a própria deusa, adorada em toda a Província da Ásia e em todo o mundo, ser destituída de sua majestade divina" (Atos 19.27). Quando entramos no salão dedicado às ruínas do templo de Diana, no Museu Britânico, vemos que lhe aconteceu isso mesmo. Mas o templo do qual os desprezados crentes efésios faziam parte tem resistido a todos os ataques do inimigo e será a admiração não somente de toda a Ásia e de todo o mundo, mas também do universo inteiro.

Repouso e serviço futuros

No belo retrato de Crônicas, os sacerdotes e os levitas desempenham papel de destaque e, ali em pé, vestidos de linho branco, com harpas nas mãos, fazendo um som harmonioso de louvores e graças ao Senhor, lembram o grupo glorioso do capítulo 5 de Apocalipse:

> [...] Cada um deles tinha uma harpa e taças de ouro cheias de incenso, que são as orações dos santos; e eles cantavam um cântico novo: "Tu é digno de receber o rolo e de abrir os seus selos, pois foste morto, e com teu sangue compraste para Deus homens de toda tribo, língua, povo e nação. Tu os constituíste reino e sacerdotes para o nosso Deus, e eles reinarão sobre a terra" (v. 8-10). ■

Os sacerdotes e os levitas de Crônicas ficavam em pé na extremidade oriental do altar. Nisso vemos a prefiguração da nossa posição por toda a eternidade. A extremidade oriental do altar era o lugar das cinzas (Levítico 1.16), e as cinzas falavam do sacrifício aceito. No salmo 20, Davi ora: "Que o Senhor te responda no tempo de angústia [...] Lembre-se de todas as tuas ofertas e aceite ["torne em cinzas" — nota de margem da Versão *do Rei Tiago* (KJV)] os teus holocaustos". Deus demonstrava sua aceitação da oferta mandando fogo, e as cinzas comprovavam que o fogo dissera: "É o bastante" (Provérbios 30.16). O fogo fez sua obra no Calvário. Deus ficou satisfeito, e tomamos a nossa posição agora e por toda a eternidade nesse fato glorioso, e cantamos: "[...] Ele que nos ama e nos libertou dos nossos pecados por meio do seu sangue, e nos constituiu reino e sacerdotes para servir a seu Deus e Pai, a ele sejam glória e poder para todo o sempre! Amém" (Apocalipse 1.5,6).

■ REPOUSO E SERVIÇO FUTUROS
Sem mais nenhum fardo

Pois Davi dissera: "Uma vez que o Senhor, o Deus de Israel, concedeu **descanso** ao seu povo e veio habitar para sempre em Jerusalém, os levitas

Assim, ainda resta um **descanso** sabático para o povo de Deus. (Hebreus 4.9)

não mais precisam carregar o tabernáculo nem os utensílios usados em seu serviço" (1Crônicas 23.25,26)

Ele disse aos levitas que instruíam todo o Israel e haviam sido consagrados ao SENHOR: "Ponham a arca sagrada no templo construído por Salomão, filho de Davi, rei de Israel. Vocês não precisam mais levá-la de um lado para outro sobre os ombros. Agora sirvam ao SENHOR, o seu Deus, e a Israel, o povo dele". (2Crônicas 35.3)

Estes são os homens a quem Davi encarregou de dirigir os cânticos no templo do SENHOR, depois que a arca foi levada para lá. (1Crônicas 6.31)

Farei do vencedor uma coluna no santuário do meu Deus, e **dali ele jamais sairá** [...]. (Apocalipse 3.12)

"Por isso, eles estão diante do trono de Deus e o servem dia e noite em seu santuário; e aquele que está assentado no trono estenderá sobre eles o seu tabernáculo. Nunca mais terão fome, nunca mais terão sede. O sol não cairá sobre eles, nem qualquer calor abrasador." (Apocalipse 7.15,16)

[...] Diz o Espírito: "Sim, eles descansarão das suas fadigas, pois as suas obras os seguirão". (Apocalipse 14.13)

■ SERVIÇO DE DIA E DE NOITE

Os cantores, chefes de famílias levitas, permaneciam nas salas do templo e estavam isentos de outros deveres, pois **dia e noite** se dedicavam à sua própria tarefa. (1Crônicas 9.33)

"Por isso, eles estão diante do trono de Deus e o servem **dia e noite** em seu santuário." (Apocalipse 7.15)

■ O TEMPLO COMPLETO E CHEIO

Terminada toda a obra que Salomão havia realizado para o templo do SENHOR, ele trouxe as coisas que seu pai Davi tinha consagrado e as colocou junto com os tesouros do templo de Deus: a prata, o ouro e todos os utensílios. [...]

[E] para apresentá-la a si mesmo como igreja gloriosa, sem mancha nem rugas ou coisa semelhante, mas santa e inculpável. (Efésios 5.27)

Repouso e serviço futuros

Os **sacerdotes** saíram do Lugar Santo. Todos eles haviam se consagrado, não importando a divisão a que pertenciam. E todos os levitas que eram músicos — Asafe, Hemã, Jedutum e os filhos e parentes deles — ficaram a leste do altar, vestidos de linho fino, tocando címbalos, harpas e liras, e tocando cometas. Os que tocavam cometas e os cantores, em uníssono, louvaram e agradeceram ao Senhor. Ao som de cornetas, címbalos e outros instrumentos, levantaram suas vozes em louvor ao Senhor e cantaram: "Ele é bom; o seu amor dura para sempre". Então uma nuvem encheu o templo do Senhor, de forma que os sacerdotes não podiam desempenhar o seu serviço, pois a glória do Senhor encheu o templo de Deus. (2Crônicas 5.1,11-14)

Isso acontecerá no dia em que ele vier para ser glorificado em seus santos e admirado em todos os que creram, inclusive vocês que creram em nosso testemunho. (2Tessalonicenses 1.10)

Ao recebê-lo, os quatro seres viventes e os vinte e quatro anciãos prostraram-se diante do Cordeiro. Cada um deles tinha uma **harpa** e taças de ouro cheias de incenso, que são as orações dos santos. (Apocalipse 5.8)

[E] eles cantavam um **cântico novo:** "Tu és digno de receber o livro e de abrir os seus selos, pois foste morto, e com teu sangue compraste para Deus gente de toda tribo, língua, povo e nação. Tu os constituíste reino e **sacerdotes** para o nosso Deus, e eles reinarão sobre a terra". (Apocalipse 5.9,10)

O santuário ficou cheio da fumaça da glória de Deus e do seu poder, e ninguém podia entrar no santuário [...]. (Apocalipse 15.8)